项目投资与企业管理

PROJECT INVESTMENT & BUSINESS MANAGEMENT

荀照杰·著

·北京·

图书在版编目（CIP）数据

项目投资与企业管理/荀照杰著. ——北京：中国经济出版社，2021.8
ISBN 978-7-5136-6664-0

Ⅰ.①项… Ⅱ.①荀… Ⅲ.①企业管理-项目管理-文集 Ⅳ.①F272-53

中国版本图书馆 CIP 数据核字（2021）第 200322 号

责任编辑　李玄璇
责任印制　马小宾

出版发行　中国经济出版社
印　刷　者　北京中石油彩色印刷有限责任公司
经　销　者　各地新华书店
开　　　本　710mm×1000mm　1/16
印　　　张　16.75
字　　　数　260 千字
版　　　次　2021 年 8 月第 1 版
印　　　次　2021 年 8 月第 1 次
定　　　价　68.00 元
广告经营许可证　京西工商广字第 8179 号

中国经济出版社 网址 www.economyph.com 社址 北京市东城区安定门外大街 58 号 邮编 100011
本版图书如存在印装质量问题，请与本社销售中心联系调换（联系电话：010-57512564）

版权所有　盗版必究（举报电话：010-57512600）
国家版权局反盗版举报中心（举报电话：12390）　服务热线：010-57512564

序 preface

纵观国内建筑行业的演变，投资作为一个重要环节加入建筑产业链并发挥重要作用，是21世纪开始的大趋势。二十年间，灵活的资本引入方式与旺盛的基建改善需求相结合，催化出了巨大的社会变迁：全国城镇化率提高了20多个百分点，高速公路总里程增长了近10倍，轨道交通繁荣发展，城市面貌日新月异……与此同时，中国经济迎来了从高速发展阶段到高质量发展阶段的重大转向，投资行业的法律法规和机制标准不断完善，BT、BOT、BOO、ABO、PPP[①]等新模式层出不穷，市场形势越发复杂多变。在这种"百年未有之大变局"中，要构建出一套关于投资业务的科学认知体系，确实不是一件容易的事情。

本书作者荀照杰是中国铁建股份有限公司投资开发部的"元老"，从2003年开始接触基础设施投资业务，见证了中国铁建投资产业从小到大的全过程，参与了很多项目的论证和评审，积累了丰富的理论知识和实践经验。他理论知识丰富，勤于观察思考，善于归纳总结，在不同的历史时段针对有代表性的项目，以"解剖麻雀"的方式深入研究不同模式的优势、短板及投资风险所在，从中找出规律，产生了很多闪光的观点，发表了一批既有理论研究又有实践总结的论文和研究报告，值得朋友们借鉴。

本书分为两篇：第一篇是"项目投资"，侧重于投资项目理论与实践，

---

① 编者注：BT全称为Build–Transfer，即建设—移交，是基础设施项目建设领域中采用的一种投资建设模式；BOT全称为Build–Operate–Transfer，即建设—经营—移交，是基础设施投资、建设和经营的一种方式；BOO全称为Build–Own–Operate，即建设—拥有—经营；ABO全称为Authorize–Build–Operate，即授权—建设—经营；PPP全称为Public–Private Partnership，即政府和社会资本合作，是指政府与社会资本之间合作建设城市基础设施项目。

引用了大量的项目投资案例，专业性强，既有具体的分析模型，又有翔实的决策数据，还有健全的管控体系和周密的风控措施，涵盖了高速公路、市政工程、公共项目、股权项目等多个投资领域。很多模型和思路可以为当下大部分基建投资项目提供指导。第二篇是"企业管理"，侧重于对企业管理和企业发展的研究。不同于枯燥的理论阐述，作者选取了一个个具体的案例，结合理论分析给出自己的思考，视野开阔，既涉及国企改制、项目评估论证、风险管控等宏观层面，又涵盖职业生涯管理、企业领导人能力、企业信息化建设等微观问题。更难能可贵的是，本书中文章的写作时间横跨了2001—2021年。与宏大的历史叙事相比，本书提供一个宏观项目投资与微宏企业管理相结合的管理切入口和全新的维度，更加方便读者对21世纪以来基建投资行业的演变和建筑企业的管理形成立体的认识。

《中华人民共和国国民经济和社会发展第十四个五年规划和2035年远景目标纲要》明确，要"深化投融资体制改革，发挥政府投资撬动作用，激发民间投资活力，形成市场主导的投资内生增长机制"。当前，建筑行业投资业务仍在持续演进，理论和实践都在不断丰富，新矛盾、新问题也在不断涌现。"他山之石，可以攻玉"，希望本书的出版能为有志于从事基础设施投资建设行业的广大同行提供一本集理论研究与实际应用于一体的参考读物，促进行业间的交流互鉴、取长补短，共同推动中国基础设施投资建设事业不断迈向更高水平。

中国铁建股份有限公司副总裁

正高级经济师评委会主任

李　宁

2021年4月25日

目录 contents

第一篇 项目投资

基本建设交通投融资项目风险识别、预警和防范研究 ·················· 3
    一、交通领域投融资项目的风险特点 ·················· 3
    二、交通投融资项目的风险分类 ·················· 4
    三、交通基建投融资项目风险概率树数学模型 ·················· 6
    四、建立交通投融资项目的风险预警防范系统 ·················· 10
    五、交通投融资项目常见重点风险防范和化解措施 ·················· 12
    六、关于交通基建领域投融资项目风险管理的深入思考 ·················· 16

投标报价均衡指标评标计分研究 ·················· 19
    一、选取假设条件与研究样本 ·················· 19
    二、建立均衡报价评标计分数学模型 ·················· 20
    三、均衡报价计分模型应用案例 ·················· 22
    四、均衡报价计分模型应用注意事项 ·················· 23

社会资本眼中的高速公路PPP模式 ·················· 25
    一、PPP模式助力社会资本转型升级 ·················· 25
    二、合作双方应尽之职 ·················· 26
    三、社会资本面露难色 ·················· 28
    四、有变化才有发展 ·················· 29

如何实现203个投资项目均正常运行？中国铁建这样做 ·················· 33
    一、十条原则规避投资风险 ·················· 33
    二、六大投资重点监控投资方向 ·················· 35

BOT 融资方式在公共项目上的推广应用 ································ 37
 一、陕西省咸阳市渭河三号大桥 BOT 项目简介 ······················· 38
 二、投资效益预测基础数据 ··· 38
 三、项目资本金 ·· 41
 四、成本分析 ··· 41
 五、现金流出和现金流入分析 ··· 48
 六、工程经济指标预测 ··· 48
 七、项目投资预测结果分析 ··· 51
 八、项目敏感性分析 ·· 51
 九、结论与思考 ·· 54

两个 BT 公路投资项目的经济效益案例分析 ······························ 56
 一、两个公路 BT 项目概况 ··· 56
 二、BT 项目合作条件 ·· 57
 三、BT 项目合作利弊分析 ·· 57
 四、BT 项目建设投资收益初步测算 ··· 58
 五、提高 BT 项目投资收益的建议和思考 ·································· 62
 六、项目运作结果 ··· 63

新兴 BT 投融资模式实例研究 ··· 64
 一、项目简况 ··· 64
 二、融资、回购与提供保函 ·· 65
 三、BT 投资主体的合格条件 ··· 66
 四、BT 项目效益分析 ·· 67
 五、BT 项目风险分析 ·· 68
 六、结论 ··· 69

潮揭高速公路 BOT 项目工程经济分析 ··· 71
 一、潮揭高速公路 BOT 项目基本情况 ······································· 71
 二、潮揭高速公路 BOT 项目工程经济指标 ································ 72
 三、潮揭高速公路 BOT 项目工程经济综合评价 ·························· 91

目录

潮揭高速公路 BOT 项目投资风险分析 …… 92
- 一、潮揭高速公路 BOT 项目敏感性分析 …… 92
- 二、用 SWOT 分析法分析投资可行性和风险 …… 107
- 三、潮揭高速公路 BOT 项目风险评价结论与建议 …… 112

纳叙铁路 BOO 项目继续投资与否调研分析 …… 114
- 一、纳叙铁路现况 …… 114
- 二、纳叙铁路周边运量调研 …… 115
- 三、纳叙铁路成本分析 …… 120
- 四、影响纳叙铁路实现投资效益的因素 …… 127
- 五、投资结论与建议 …… 128

重组收购西安天创数码大厦项目分析 …… 131
- 一、天创大厦项目概况 …… 131
- 二、中国铁建在天创项目投入情况 …… 132
- 三、天创项目建设遇到困难分析 …… 133
- 四、天创公司财务状况 …… 134
- 五、天创公司有关事项 …… 141
- 六、天创大厦项目投入产出预测 …… 142
- 七、重组收购天创公司投资决策 …… 145
- 八、重组收购天创项目结果 …… 146

中铁集贤焦电项目投资分析 …… 148
- 一、项目简介 …… 148
- 二、项目现时困难 …… 150
- 三、项目现况 …… 151
- 四、政府优惠政策 …… 159
- 五、待建方案经济评价 …… 159
- 六、波特五力模型分析 …… 161
- 七、最大风险分析 …… 165
- 八、投资建议 …… 166

基于决策数据赋权 TOPSIS 法在房地产多项目投资方案比选中的应用研究
.... 168
 一、构建房地产项目综合评价指标体系 169
 二、基于决策数据赋权 TOPSIS 法数学模型 169
 三、模型应用注意事项 175
 四、结语 176

基于决策数据赋权 RSR 法揭示公路 PPP 项目深层投资风险探究 ... 177
 一、构建 PPP 项目综合评价指标体系 178
 二、决策数据指标权重赋值 179
 三、样本秩定义 182
 四、PPP 多项目比选 RSR 法数学模型和应用步骤 182
 五、RSR 法揭示深层投资项目风险注意事项 188
 六、结论 188

第二篇　企业管理

把职业生涯管理应用于中国建筑企业 193
 一、职业生涯管理概述 194
 二、我国建筑企业实施职业生涯管理的必要性 194
 三、我国建筑企业的职业生涯目标的确定 196
 四、我国建筑企业职业生涯管理的五个特点 201
 五、建筑企业实施职业生涯管理的关键点 203

现代企业领导人必须学习领导科学知识 206
 一、领导权变理论观点 207
 二、现代经济发展形势对领导者的能力素质要求提升 207
 三、不断学习和实践，提高领导能力和素质 209

提高建筑企业经济效益的途径和方法 211
 一、加强资本管理是提高建筑企业经济效益之本 211
 二、加强建筑企业内部经济管理和生产管理是提高经济效益之基 ... 211

三、做好思想政治工作是提高建筑企业经济效益的动力 ……… 214

国有企业改制后在公司治理方面存在的问题及解决办法 ………… 216
一、现代国有企业改制后存在的公司治理问题 ……………… 216
二、现代国有企业改制后公司治理成功案例 ………………… 218
三、改制后不断完善适应市场机制的公司治理模式 ………… 223
四、走中国特色的公司治理之路 ……………………………… 225

中国铁建资本运营信息管理系统功能和信息化实现途径 ………… 228
一、投资需求催生企业资本运营信息管理系统 ……………… 228
二、CRCC_COM系统开发过程 ……………………………… 229
三、CRCC_COM系统功能概述 ……………………………… 230
四、计分考核推广应用CRCC_COM系统 …………………… 240
五、CRCC_COM系统开发经验 ……………………………… 242
六、CRCC_COM系统后续工作方向 ………………………… 243

中国铁建长期股权投资回报率低的问题分析和解决措施 ………… 245
一、长期股权投资回报率低的原因分析 ……………………… 245
二、解决长期股权投资回报率低的措施 ……………………… 250
三、避免后续出现长期股权投资回报率低的问题 …………… 252

参考文献 …………………………………………………………… 253

后　记 ……………………………………………………………… 255

第一篇
项目投资

基本建设交通投融资项目风险识别、预警和防范研究

目前PPP、BOT、BOO等投融资模式在我国基本建设领域得到广泛应用。交通投融资项目在实施过程中存在各种风险，分类研究交通投融资项目风险，对投资风险进行预警和防范，提前化解风险和控制风险损失，有利于保持我国交通领域投融资项目持续健康发展。

一、交通领域投融资项目的风险特点

当前学术界对投资风险的科学定义尚未取得统一认识，本文所论述的风险是指交通基建领域投融资项目在实施过程中，可能与预测结果产生差异的不确定性变化。交通基建领域投融资项目的风险具有以下特点：

（一）风险具有自然存在的客观性

投资风险伴随投融资全过程而自然产生，风险具有客观性。投资收益的实现过程就是防控投资风险发生的过程。对投资风险的防控能力，决定投资预期收益的可实现程度。

（二）风险具有突发性

投资项目风险的产生具有突发性，可由内外投资条件的变化诱发。提前准备风险防范预案，在风险不期而至时采取正确的应对预案，可以化解控制投资风险，为实现预期投资收益创造条件。

（三）投资项目全生命周期风险存在多样性

从投资人角度分析，PPP、BOT等交通基建投融资项目全生命周期包括前

期经济收益和风险评估、项目竞争、项目公司成立运作、项目投融资、项目建设、项目运营、项目移交全过程。项目投融资风险存在于项目全生命周期的各个阶段，且各阶段表现形式都不同。只有对全生命周期各阶段的投资风险全面科学评估，才能做出科学的投资决策。

（四）投资风险与投资收益正相关

投资项目的投资收益与投资风险呈正相关，投资收益越高，投资风险越大。投资主体是在项目公司起实际控制作用的投资人。为了获取稳健的投资收益，投资主体必须对自身承受投资风险的能力进行科学评估，让投资收益对冲投资风险，才能获取稳健收益。

（五）投资风险的不确定性可以识别、预测和防范

除了系统性风险和不可抗力，投融资类项目的风险是可以进行识别、预测和防范的。投资主体可以根据以往风险防控经验，结合投融资项目实际情况，对投资全过程可能出现的各类风险进行识别、预测，建立风险预警系统，提前制定防范预案，提前科学应对投资风险，以有效避免风险失控带来的经济损失。

（六）风险防控水平取决于投资主体的投融资经济行为

投资人的投融资经济行为越规范、越重视投资风险，风险出现的概率就会越小，风险造成的经济损失也会越少。为了规避投资风险，避免风险造成经济损失，投资主体须依法依规严格遵守投资管理制度，规范投资经济行为，提前做好风险防控各项工作。

二、交通投融资项目的风险分类

对于交通基建领域投融资项目的风险，常见分类方法有三种：一是根据风险可控性，分为系统性风险和非系统性风险；二是根据风险的波及范围，分为宏观风险和微观风险；三是根据项目进程，分为准备阶段风险、建设阶段风险、运营阶段风险和移交阶段风险。

根据投融资项目实践经验，本文采用投融资项目利益攸关方新的分类方法，将交通基建领域投融资项目风险划分为一级五大类、二级45个风险。

（一）一级风险

一级风险分为五大类：①政府方风险；②投资方风险；③参与方风险；④融资方风险；⑤相关方风险。

（二）二级风险

基本建设交通投融资项目的二级风险是对一级五大类风险的详细分类。只有对一级投融资风险进行更加详细的分类，才能从中确定系列重点风险，从而制定针对性的风险预警防范系统。

第一类一级政府方风险包含以下 11 个二级风险：①法律法规变更；②政治风险；③政府财政承受能力风险；④政府信用；⑤审批延迟；⑥招标依法；⑦土地供应；⑧设计变更；⑨技术更新；⑩股权变更；⑪回购款延迟。

第二类一级投资方风险包含以下 19 个二级风险（全部二级风险顺序编号，以下类同）：⑫合同完备性；⑬合同变更；⑭组织管理；⑮项目公司信用；⑯技术风险；⑰工程质量；⑱工期延误；⑲投资超支；⑳勘察设计不当；㉑安全风险；㉒运维成本；㉓网线与站点运营管理；㉔商业运营；㉕客流量变化；㉖过路费定价；㉗过路费调价；㉘性能功能；㉙运营维护；㉚移交组织管理不善。

第三类一级参与方风险包含以下 3 个二级风险：㉛资本金不能按时到位；㉜合作方守约性；㉝合作协调。

第四类一级融资方风险包含以下 5 个二级风险：㉞融资结构合理性；㉟融资可得性；㊱利率变动；㊲汇率波动；㊳通货膨胀。

第五类一级相关方风险包含以下 7 个二级风险：㊴税收变动；㊵环境保护；㊶文物保护；㊷公众反对；㊸拆迁风险；㊹不利地质条件；㊺不可抗力。

（三）重点风险

重点风险属于二级风险中发生概率较高的系列风险。交通基建领域投融资项目在实施过程中，对重点风险需要严加预警防控，制定防范预案。确定投资项目的重点风险，需要对投资项目的全部风险进行科学的识别确认。

三、交通基建投融资项目风险概率树数学模型

（一）假设条件

（1）五大类一级风险中的每类风险占项目总体风险的概率已经确定。

（2）二级45个风险中每个风险占其一类风险中的概率值已经确定。

（二）样本选取

选取交通基本建设领域具有完整的一级五大类风险、二级45个风险的投融资项目作为标准样本（见表1）。

表1 交通基建领域投融资样本项目风险分类

一级风险	二级风险	重点风险（本文举例）
政府方风险 (X^1)	（1）法律法规变更（X^1_{1-1}）	
	（2）政治风险（X^1_{1-2}）	
	（3）政府财政承受能力风险（X^1_{1-3}）	
	（4）政府信用（X^1_{1-4}）	
	（5）审批延迟（X^1_{1-5}）	1. 政府财政承受能力风险（X^1_3）
	（6）招标依法（X^1_{1-6}）	2. 回购款延迟风险（X^1_{11}）
	（7）土地供应（X^1_{1-7}）	3. 征地拆迁风险（X^3_{43}）
	（8）设计变更（X^1_{1-8}）	4. 资本金不能按时到位风险（X^3_{31}）
	（9）技术更新（X^1_{1-9}）	5. 融资不能落实风险（X^4_{35}）
	（10）股权变更（X^1_{1-10}）	6. 车流量达不到预测流量风险（X^2_{25}）
	（11）回购款延迟（X^1_{1-11}）	最重要风险：X^1_3
投资方风险 (X^2)	（12）合同完备性（X^2_{2-12}）	
	（13）合同变更（X^2_{2-13}）	
	（14）组织管理（X^2_{2-14}）	
	（15）项目公司信用（X^2_{2-15}）	
	（16）技术风险（X^2_{2-16}）	
	（17）工程质量（X^2_{2-17}）	
	（18）工期延误（X^2_{2-18}）	
	（19）投资超支（X^2_{2-19}）	
	（20）勘察设计不当（X^2_{2-20}）	
	（21）安全风险（X^2_{2-21}）	

续表

一级风险	二级风险	重点风险（本文举例）
投资方风险 (X^2)	（22）运维成本（X^2_{2-22}）	
	（23）网线与站点运营管理（X^2_{2-23}）	
	（24）商业运营（X^2_{2-24}）	
	（25）客流量变化（X^2_{2-25}）	
	（26）过路费定价（X^2_{2-26}）	
	（27）过路费调价（X^2_{2-27}）	
	（28）性能功能（X^2_{2-28}）	
	（29）运营维护（X^2_{2-29}）	
	（30）移交组织管理不善（X^2_{2-30}）	
参与方风险 (X^3)	（31）资本金不能按时到位（X^3_{3-31}）	
	（32）合作方守约性（X^3_{3-32}）	
	（33）合作协调（X^3_{3-33}）	
融资方风险 (X^4)	（34）融资结构合理性（X^4_{4-34}）	
	（35）融资可得性（X^4_{4-35}）	
	（36）利率变动（X^4_{4-36}）	
	（37）汇率波动（X^4_{4-37}）	
	（38）通货膨胀（X^4_{4-38}）	
相关方风险 (X^5)	（39）税收变动（X^5_{5-39}）	
	（40）环境保护（X^5_{5-40}）	
	（41）文物保护（X^5_{5-41}）	
	（42）公众反对（X^5_{5-42}）	
	（43）拆迁风险（X^5_{5-43}）	
	（44）不利地质条件（X^5_{5-44}）	
	（45）不可抗力（X^5_{5-45}）	

1. 一级风险

一级风险用 X 表示，不同的一级风险用 X^n 表示，$n \in \{1, 2, 3, 4, 5\}$，n 取不同正整数值分别依次代表归属一级风险中的五大类风险，即：政府方风险、投资方风险、参与方风险、融资方风险、相关方风险，一级五大类风险概率值依次为 $P(X^n)$，且 $\sum_{n=1}^{5} P(X^n) = 1$。

2. 二级风险

每类一级风险所包含的二级风险表示为 X_{n-m}^n，其相应风险概率值为 $P(X_{n-m}^n)$，其中，n 的含义同上，m 表示如上按五大类一级风险中依次排序的二级风险序数。本文所列 45 个二级风险，如果每个风险发生概率值都大于 0，或概率值等于 0 的风险参与概率计算，则 $m \in \{1, 2, \cdots, 45\}$。例如：$n = 5$ 代表排序在第五类的一级相关方风险，$m = 43$ 表示在二级风险整体排序中排第 43 位的拆迁风险，X_{5-43}^5 表示一级相关方风险所包含的二级拆迁风险，$P(X_{5-43}^5)$ 表示二级拆迁风险占一级相关方风险的概率值。

（1）一级政府方风险之下的 11 个二级风险中，$m \in \{1, 2, \cdots, 11\}$，该类二级风险对应的 11 个概率值为 $P(X_{1-m}^1)$，且 $\sum_{m=1}^{11} P(X_{1-m}^1) = 1$。

（2）一级投资方风险之下的 19 个二级风险中，$m \in \{12, 13, \cdots, 30\}$，该类二级风险对应的概率值为 $P(X_{2-m}^2)$，且 $\sum_{m=12}^{30} P(X_{2-m}^2) = 1$。

（3）一级参与方风险之下的 3 个二级风险中，$m \in \{31, 32, 33\}$，该类二级风险对应的概率值为 $P(X_{3-m}^3)$，且 $\sum_{m=31}^{33} P(X_{3-m}^3) = 1$。

（4）一级融资方风险之下的 5 个二级风险中，$m \in \{34, 35, \cdots, 38\}$，该二级风险对应的概率值为 $P(X_{4-m}^4)$，且 $\sum_{m=34}^{38} P(X_{4-m}^4) = 1$。

（5）一级相关方风险之下的 7 个二级风险中，$m \in \{39, 40, \cdots, 45\}$，该类二级风险对应的概率值为 $P(X_{5-m}^5)$，且 $\sum_{m=39}^{45} P(X_{5-m}^5) = 1$。

（三）建立交通基建投融资项目风险概率树数学模型

1. 交通基建投融资项目风险概率树数学模型

X_m^n 表示自然排序的二级 45 个风险，$P(X_m^n)$ 表示第 m 个二级风险在整个样本投融资项目中的风险概率值，其中，n 和 m 含义与以上相同。

交通基建投融资项目风险概率树数学模型为：

$$P(X_m^n) = P(X^n) \cdot P(X_{n-m}^n)$$

$$\sum P(X_m^n) = 1$$

2. 最重要风险的确定

对计算出来的不同二级风险概率值 $P(X_m^n)$ 进行从大到小逆序排列，得出如下集合：

$$\{\max P(X_m^n), \cdots, \min P(X_m^n)\}$$

$$P(X_m^n) \in \{\max P(X_m^n), \cdots, \min P(X_m^n)\}$$

在样本投融资项目中，最重要的风险就是最大风险概率值 $\max P(X_m^n)$ 对应的二级风险 X_{n-m}^n。

（四）确定重点风险

从以下二级风险占样本项目整体风险的概率值 $P(X_m^n)$ 从大到小逆序排列集合 $\{\max P(X_m^n), \cdots, \min P(X_m^n)\}$ 中，提取前 q 项组成的新集合，即构成重点风险概率值集合，即：

$$\{\max_{k=1} P(x_m^n), \max_{k=2} P(X_m^n), \cdots, \max_{k=q} P(X_m^n)\}$$

$\{\max\limits_{k=1} P(x_m^n), \max\limits_{k=2} P(X_m^n), \cdots, \max\limits_{k=q} P(X_m^n)\} \subseteq \{\max P(X_m^n), \cdots, \min P(X_m^n)\}$

k 为二级风险概率值降序排列集合 $\{\max P(X_m^n), \cdots, \min P(X_m^n)\}$ 中的元素个数，$k \in \{1, 2, \cdots, 45\}$ 且 $k \leq m$。

q 为重点风险概率值集合 $\{\max\limits_{k=1} P(X_m^n), \max\limits_{k=2} P(X_m^n), \cdots, \max\limits_{k=q} P(X_m^n)\}$ 中的元素个数，$q \leq k$。

样本项目所确定的重点风险，就是重点风险概率值集合 $\{\max\limits_{k=1} P(X_m^n), \max\limits_{k=2} P(X_m^n), \cdots, \max\limits_{k=q} P(X_m^n)\}$ 所对应的系列风险 X_m^n。

（五）应用风险概率树数学模型应注意的问题

风险概率树数学模型在交通基建投融资项目风险防控中得到实际应用，该数学模型具有广泛的适用性，但是应用时需要注意以下问题：

（1）一级风险占项目总风险的概率值 $P(X^n)$、二级风险占相应一级风险

的概率值 $P(X_{n-m}^n)$ 一般通过投资历史统计数据统计法或特尔菲法确定，不建议采用利益相关方的主观概率值。

（2）为了简便计算，在计算中可将 $P(X^n)=0$ 的一级风险 X^n，$P(X_{n-m}^n)=0$ 的二级风险 X_{n-m}^n 直接剔除，不参与后续概率值计算。例如，对于国内不涉及使用外汇的投融资项目，可以直接排除汇率变动风险；对于政府一次性直接交净地的投融资项目，可以直接排除土地供应风险和拆迁风险。

（3）在交通基建领域，对较复杂或较重要的投融资项目，一般选取 5～10 个风险，即 $q\in\{1,2,\cdots,10\}$；对不复杂的投融资项目，一般选取 3～5 个风险，即 $q\in\{1,2,\cdots,5\}$。

（4）一级风险个数 n、二级风险个数 m，随着投资经验积累可以进行适当增减，即项目风险数据库可以更新调整，但是风险概率树数学模型计算方法不变。

（5）该数学模型通过 Excel 表格或计算机编程比较容易实现，本文省略。

四、建立交通投融资项目的风险预警防范系统

交通基建领域投融资项目的风险预警防范系统，是对投融资项目的风险发生条件指标进行监控、提前发出风险预警信号、启动风险防范预案，避免风险造成经济损失的系统。该系统由风险识别、风险分析、风险预警、风险防控、风险后评价五个子系统构成循环提升的闭环系统（见图1）。

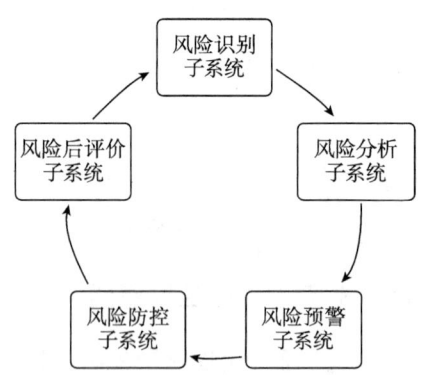

图1　交通投融资项目风险预警防范系统构成

（一）风险识别子系统

采用本文提供的风险识别方法，从利益相关方对项目风险分类，先进行一级、二级分类，再通过风险概率树数学模型，计算每个二级风险占项目整体风险的发生概率，选取出概率值较大的风险，即识别出项目重点风险，对非重点风险进行合并考虑。

（二）风险分析子系统

风险分析子系统要对重点风险逐个详细分析，分析风险发生条件，以及风险对项目收益、项目工期、社会和企业信誉等造成的影响，建立风险发生条件指标体系。

（三）风险预警子系统

根据灵敏性、可测性、可靠性原则，对风险发生条件指标体系中每个指标波动区间进行分解，划定预警区间。对单个重点风险指标体系中各个指标进行三级分类，依据强、中、弱划定风险预警警报；对多个重点风险同时发生的指标进行重点监控和预警。预警风险发出警报，经过风险处理警报解除后，再经审核流程后取消预警；如未通过审核流程，则风险预警信号始终存在。

（四）风险防控子系统

风险防控子系统就是针对投融资项目的重点风险建立风险处置预案，一旦预警系统发出警报，立即启动风险预案，进行风险处置；排除或化解风险后系统解除警报。

（五）风险后评价子系统

风险后评价是投资项目后评价的重要组成部分。风险后评价子系统是对投资项目风险识别、风险分析、风险预警、风险防控经验进行积累总结，将成功的风险预警防控经验纳入升级的系统，更好地为本项目和后续投融资项目提供服务。

五、交通投融资项目常见重点风险防范和化解措施

本文所列两级五大类 45 个风险，是对国内外交通基建投融资项目的风险归类总结。国内交通基建投融资项目的常见重点风险包括政府财政承受能力风险、回购款延迟风险、征地拆迁风险、资本金不能按时到位风险、融资不能落实风险、车流量达不到预测流量风险。下面针对此六个常见重点风险提出防范和化解措施：

（一）政府承受能力风险

投资主体对政府承受能力风险在投资前容易控制，因为经过公开信息评估，如果发现政府承受能力有风险，投资主体可以提出投资优待条件对冲风险或放弃投资。投资项目实施后该风险难以控制，因为投资主体无法控制政府后续扩大投资规模和扩张性财政支出。投资主体要充分认识政府承受能力风险对投融资项目的影响。

风险防范和化解措施。政府的各项投资承诺都建立在当时财政支付能力基础之上，为了化解投资实施后政府投资无限扩张风险，投资主体可以采取以下措施：①在合同谈判时，要求政府承诺本项目合同条件具有优先权，政府在有条件支付时要优先履约本合同。②投资主体投资合同实施过程中，要通过公开财政信息，掌握政府财政收支状况，对政府扩大财政支出、财政状况恶化要预先警觉，早采取措施，争取主动。③投资合同签订前，要掌握之前的类似合同优待条件，在与政府谈判时要极力争取优厚优待条件。④投资主体要诚信履约合同，获取政府各部门认可，在进行合同谈判时，以最佳信誉赢得政府信任。

（二）回购款延迟风险

回购款延迟风险是政府给投资主体造成投资损失最大的风险，投资主体为此风险丧失的投资机会成本最高，为此风险所获得延迟滞纳金和罚金，远远抵不上丧失的投资机会成本。为此，投资主体要高度重视回购款延迟风险，在投资合同中避免留下延迟支付的漏洞。

风险防范和化解措施。回购款延迟风险来自政府承受能力风险和政府信

用风险，政府承受能力风险的化解和排除措施在此风险上完全适用。此外，投资主体还要做到：①在项目投资合同中设立回购延迟滞纳金和罚金，加大政府延迟支付回购款的成本。②合同中要约定政府工程完工或政府接收项目就付款，不要出现工程验收、项目结算或审计之后再付款的不利条款。③提前安排回购款事项。在政府财政尚有支付能力时就提前与政府协商，安排如何按期回款。根据以往投资经验，需要提前半年到一年与政府协商支付回购款。④投资主体与政府协商，设立回款专用账户（可由政府立户，也可以由投资主体立户），催促政府有支付能力就提前将回款打入专户。⑤投资主体需要安排专人负责催收回款事项。⑥如果已经发生延期支付回购款，投资主体要成立专门的催款小组，领导亲自挂帅，不厌其烦地讨要回购款（含罚息与滞纳金）。⑦投资主体要发挥催款责任人的积极性，年初设立回购款讨要计划，完成回款计划要重奖责任人。⑧如延迟支付不是因为政府财政支付能力不足，而是来自政府信用风险，建议投资主体尽早转让股权，退出项目投资，在政府换届前或政府信用提升前，不在该地区继续投资。

（三）征地拆迁风险

征地拆迁风险是所有基本建设项目会遇到的最难以解决的风险。为了社会安定和谐，有时投资主体不得不为此多支付征拆成本；如果遇到当地民众阻工上访，矛盾激化后问题将更难解决。该风险会使项目建设工期延长，由此造成的丧失过路费收入和增加成本损失极大，投资主体必须高度重视项目征地拆迁风险。

风险防范和化解措施：①投资主体在与政府签署项目投资合同时，要将项目的征地拆迁责任完全过渡给政府。②如若征地拆迁风险带来建设工期延长、投资成本上升，要在合同中约定由政府方承担并支付工期和投资成本，增加索赔补偿。③投资主体要无条件支持政府拆迁工作，要人给人，要车给车，配合、催促政府按时完成拆迁工作。④在征地拆迁全部完成前，投资主体要尽量减少真实投入，避免拆迁钉子户阻工带来停工损失。⑤政府一旦将拆迁钉子户诉至法院，法院判决后要立即督促执行判决，强制执行后立刻占用土地，避免判决久拖不决，或钉子户反复阻工。⑥征地拆迁过程中投资主体要主动配合政府和法院,多给政府拆迁办公室提良性建议,也可以短期垫付征地拆迁办公经费和拆迁款,推动拆迁工作尽快完成。

(四) 资本金不能按时到位风险

在项目实施中,资本金不能按时到位风险一般来自联合投资的政府方和其他合作方。投资主体要重视该风险,提前做好应对工作。

风险防范和化解措施:①在投资合同中约定,如项目资本金不能按时到位,晚出资方要向早出资方支付滞纳金和罚金。②在投资项目收益满足要求的条件下,建议投资主体在投资合作合同中约定,若无资金实力投资人的资本金不能限期到位,须重新调整项目公司股份,由具有资金实力的投资人增持股份。该措施适用于民营企业和自然人出资的情况,政府方出资不建议采用该措施。③若政府以国债资金、专项债资金入股项目资本金,可以在合作合同中定资本金到位限期,如政府资本金逾期,有资金实力的投资人可代替政府提供短期过桥资本金,政府要支付利息或用其他方式予以垫资方合理补偿。④在合作投资时,如果无资金实力的投资人资本金不能限期到位,有实力的投资人又无增持股份的意愿,说明该项目投资风险大,建议投资主体依据投资合作合同,结束项目退出投资,规避后续风险。

(五) 融资不能落实风险

任何投融资项目都要有融资方参与并提供融资资金,项目才能正常推进。投资实施后,如果不能落实计划融资或融资中断,对任何投资主体来说都是较重大的投资风险,要及时分析风险产生的原因,找准应对方案,否则该项投资只能陷入延迟或投资进退不能的境地。

风险防范和化解措施:①在前期调研考察项目期间,安排融资方(银行、基金、保险公司等)参与前期考察调研,便于融资方提前了解项目内情,增强融资信心,做出正确的融资决策。②遇到宏观金融危机或国内金融环境变化,融资方无法提供融资支持,投资主体要及时找到其他融资方替代。③融资方暂时不能履约或融资中断,投资主体要征得项目所在地政府支持,请政府多提供优厚投资条件或合理延迟项目工期。④国内融不到资金,在征得政府同意后，投资主体可以到国际金融市场宣介项目，获取国外融资。境外融资审批环节多，程序繁杂，需早做准备。⑤投资主体要规避融资贷款担保风险，投资人要按自己股份比例提供融资担保，不可超出所占股份比例越位担保。在项目风险加大时，不宜擅自增加自方风险。⑥原融资方中断融资，各方又找不到替代融资方，有实力的投资人无加大自有资金投入的意愿，说明项目风险比原决策时增大，建议投资主体结束项目，退出投资。

（六）车流量达不到预测流量风险

车流量达不到预测流量风险是指 PPP、BOT 等模式的投资主体在特许经营期负责运营的高速（或高等级）公路项目，在建成通车运营后车流量没有达到可研报告预测流量。该风险对投资主体来说是较大的投资风险，需要详细分析原因并采取措施，尽快扭转项目收益过少的被动局面。

风险防范和化解措施：①投资主体在投资前进行项目评估时，要独自重新预测车流量，以此作为投资决策依据，不可直接采用政府或第三方提供的车流量预测数据做决策。②对于政府提供（或政府委托第三方提供）的车流量数据，在投资合同中要求政府对此车流量予以托底保证，最好要求 100% 托底。如项目收益有保障，投资主体也可以让步到 70%~80% 托底车流量；达不到托底车流量，投资主体可要求政府提供补偿。③投资主体加强项目运营管理，降低运营成本。④加大项目宣传力度，增设路牌指引，吸引车流量。⑤任何交通运输类 PPP、BOT 投资项目，运营初期车流量都存在培育期。培育期一般 1~2 年，最多 3 年，培育期内达不到可研报告车流量属于正常状况；超过培育期仍然达不到可研报告车流量，属于非正常状况。若培育期过后车流量仍未达到可研报告车流量，要分析原因，判断是否存在政府方为了上报项目通过审批或吸引投资人投资，主观调高车流量的情况。如果投资人在投资前期调研时没有发现、在投资过程中才发现虚假车流量，要如实向政府反映，与政府协商，争取增加项目达不到可研报告车流量补偿。投资过程中索要车流量补偿，理由要充分，方式要灵活，例如可用其他项目授予的方式进行补偿。⑥整合资源，做好项目经营，开展多种经营，发展其他产业，扩大收入来源。例如：增加公路沿线路牌广告业务，利用互联网等融媒体拓展广告收益；搭建能源经营新平台，与中石油、中石化联合成立油品合资公司；开展增设充电桩等新能源建设；合理开发项目沿线旅游资源；在高速公路沿线服务区开展特色餐饮服务；取得政府支持，在项目沿线发展绿色农业、观赏农业、养殖业、房地产开发等服务。⑦提升项目运维水平，推进新兴运维产业的"精准供给"；实施规模化、专业化经营路线，促进经营战略的统一制定和实施，提升资产经营的整体形象，以此提升投资项目的经济效益。

六、关于交通基建领域投融资项目风险管理的深入思考

为了获取投资收益，防范投资风险，科学管理投融资项目收益和风险的矛盾，是所有领域投融资项目都在深入研究的课题。

（一）投资收益与投资风险的对立统一

投资收益与投资风险是项目投融资领域的基本矛盾，伴随投资全过程。有投资收益就有投资风险，追求投资高收益必然冒投资高风险。为了获取稳健的投资收益，投资主体要实事求是地科学评估自身对风险的管理能力和可以承受风险的能力，在能够承担投资风险的前提下，获取合理的投资收益。

（二）投资收益与投资风险的表象互换

投资收益与投资风险这对矛盾的主要方面和次要方面的外在现象是不同的。政府方、投资主体、投资参与方倾向于把投资收益看作矛盾的主要方面，把投资风险看作矛盾的次要方面；而融资方、投资相关方倾向于把投资风险看作矛盾的主要方面，把投资收益看作矛盾的次要方面。在投资按计划正常推进过程中，这种理解基本正确，但是如果宏观经济条件发生变化、投资微观条件发生调整，投资风险有时会突然成为矛盾的主要方面，此时投资利益相关各方都要放下分歧，共同应对风险。只有解决矛盾的主要方面问题，化解和排除投资风险，投资各方的投资收益才能有保障。

（三）高投资收益对冲投资风险

投融资前期，政府和投资各方都要暂时放弃利益之争，先把投资风险分析全面透彻，把投资项目中隐含的各项风险揭示出来，用较高投资收益对冲

投资风险，以此获取的收益才是稳健的投资收益。

（四）缩短化解投资风险时间，争取投资收益空间

在投融资项目推进过程中，时刻不可放松对投资风险的预警防范。接到风险预警，要立即启动风险防范系统，启动风险排除预案，抢时间化解风险，这样才能避免或控制风险造成的经济损失。化解投资风险的时间越短，越能为投资收益争取更大空间。

（五）投资风险共担与投资收益共享

投资各方共担投资风险之策，在于完善投资合作合同和项目投资合同。投资利益相关各方要在投资合作合同和项目投资合同上多下功夫，每项分析出来的风险都要对应相应的合同条款。只有合同条款不留死角，各方按合同各尽其责，才能实现投资收益共享。

（六）风险管理经验来自投资实践积累

任何投资项目的成功，都是在化解投资风险之后取得的成果。每个成功项目的投资风险识别、预警、防范和化解经验，都是宝贵的投资经验财富，只有通过投资风险后评价将这些经验总结积累起来，才能为后续投资项目提供借鉴。失败的投资项目可以提供风险教训，成功的投资项目可以共享成功经验。投资分析方法、投资风险库、风险预警防控系统都需要在投资实践中不断更新，不断补充完善现有数据库，才能不断推进PPP、BOT、BOO等投融资模式在我国基本建设领域持续健康发展。

在基本建设交通领域，投资风险管理是投融资项目永恒的主题。本文对交通投融资项目的风险进行了新的系统总结和归类，并对风险的识别、预警和防范进行研究，对常见风险提出防范和化解措施。随着我国交通投融资项目逐年增多，投融资规模逐年增大，不断分析研究总结投融资项目风险出现的新问题、新情况，不断积累风险管控经验，逐步提升投资风险管理能力和水平，才能实现投资预期收益，顺利推进项目建设，为实现我国交通强国梦提供保障。

（2020年11月）

注：经交通运输部中国公路学会专家组评选，本文被评为"2020中国交通投融资年度优秀论文"，入选《2020中国交通投融资年会论文集》，并刊载于《中国公路》杂志2021年第4期（总第584期）。

投标报价均衡指标评标计分研究

招标投标是商业领域确定交易合作对象、降低交易成本的主要商业形式。清单报价法是目前招标投标中应用较广泛的投标报价方法。在招标投标过程中，招标人为了防止投标人出现不均衡报价，防止中标签订合同后出现索赔问题，在制定评标办法和评标计分过程中，一定要限制不均衡报价行为。本文对清单报价法中的均衡数据指标和不均衡数据指标的科学评标计分问题进行研究探讨，建立均衡报价指标评标计分数学模型，列举应用实例，并提出应用该模型时应该注意的问题。

一、选取假设条件与研究样本

（一）假设条件

（1）在开标前，招标人给投标人统一的工程量清单，并直接确定或开标后在投标人报价中按一定规则确定均衡指标。

（2）投标人开标前确定的均衡指标在投标人报价范围内为正确均衡指标，在投标人报价范围之外则需按规则重新确定均衡指标。

（二）样本选取

在商业投标中，每位投标人参加清单报价的数据指标数量 M 个，投标人数量 n 个，每个投标人具有的数据指标数量如下：

第 1 个投标人报价的数据指标数量　　$x_{11}, x_{12}, \cdots, x_{1M}$

第 2 个投标人报价的数据指标数量　　$x_{21}, x_{22}, \cdots, x_{2M}$

……

第 n 个投标人报价的数据指标数量　　x_{n1}，x_{n2}，$\cdots$，x_{nM}

在 M 个数据指标中，选取具有代表性的数据指标 m 个，其中 $m \leqslant M$。每个投标人参加均衡性评分的代表性数据指标如下：

第 1 个投标人的代表性报价数据指标　　x_{11}，x_{12}，$\cdots$，x_{1m}

第 2 个投标人的代表性报价数据指标　　x_{21}，x_{22}，$\cdots$，x_{2m}

……

第 n 个投标人的代表性报价数据指标　　x_{n1}，x_{n2}，$\cdots$，x_{nm}

为便于研究，在以上 n 个投标人的 m 个代表性报价数据指标中，选取同一个指标，即选取相同指标的一列，作为研究不均衡性报价指标的样本数据 $\{x_{1q}, x_{2q}, \cdots, x_{nq}\}$，其中 $1 \leqslant p \leqslant m$。

二、建立均衡报价评标计分数学模型

（一）确定均衡报价指标

在投标报价中，确定均衡指标的情形有两种，一是开标前招标人在标底中事先确定均衡数据指标，开标后要分析招标人事先确定的均衡指标是否合理，如不合理，需要重新确定均衡报价指标，替代投标人不合理的均衡指标；二是开标前招标人在标底中没有确定均衡报价指标，开标后根据投标人代表性报价数据指标确定均衡报价指标。

1. 开标前招标人事先在标底中确定均衡报价指标

招标人在标底中事先确定 α_p 值作为代表性报价指标样本数据 $\{x_{1q}, x_{2q}, \cdots, x_{nq}\}$ 的均衡指标，代表性指标样本数据 $\{x_{1q}, x_{2q}, \cdots, x_{nq}\}$ 的均值、最大值、最小值、均衡值、最不均衡报价指标分别表示为：$\overline{x_q}$、$\max x_q$、$\min x_q$、α_q、β_q。

均值 $\overline{x_q}$ 为样本数据 $\{x_{1p}, x_{2p}, \cdots, x_{np}\}$ 中不含 $\max x_q$ 和 $\min x_q$ 的算术平均值，即

$$\overline{x_q} = \frac{\sum_{i=1}^{n-2} x_{iq}}{n-2}$$

且 $\max x_q \notin \{x_{1q}, x_{2q}, \cdots, x_{(n-2)q}\}$、$\min x_q \notin \{x_{1q}, x_{2q}, \cdots, x_{(n-2)q}\}$、$\{x_{1q},$

$x_{2q}, \cdots, x_{(n-2)q}, \max x_q 、 \min x_q\} = \{x_{1q}, x_{2q}, \cdots, x_{nq}\}$ 。

样本数据 $\{x_{1q}, x_{2q}, \cdots, x_{nq}\}$ 中出现超过 $\max x_q$ 或小于 $\min x_q$ 的情况时，要确定均衡指标 α_q 的合理性与不合理性：

投标人报价开标后，当 $\min x_q \leqslant \alpha_q \leqslant \max x_q$ 时，开标前招标人在标底中确定的均衡指标 α_q 值为合理。

当 $\alpha_q < \min x_q$ 或 $\alpha_q > \max x_q$ 时，开标前招标人在标底中确定的均衡指标 α_q 值认定为不合理，均衡性指标重新确定为 $\overline{x_q}$，即重新确定 $\alpha_q = \overline{x_q}$。

2. 开标前招标人在标底中没有确定均衡指标

开标前招标人在标底中没有确定均衡指标，报价指标样本数据 $\{x_{1q}, x_{2q}, \cdots, x_{nq}\}$ 中的均衡性指标确定为 $\overline{x_q}$，即 $\alpha_q = \overline{x_q}$。

（二）理解分析招标人确定均衡指标 α_q 的三种状态

状态 1：$\alpha_q < \min x_q$，即招标人在标底中事先确定的均衡指标低于所有投标人对同一项指标的报价，标底确定的均衡指标 α_q 不合理，重新确定均衡值 α_q 为不含投标人最高报价 $\max x_q$ 和最低报价 $\min x_q$ 的算术平均值，即 $\alpha_q = \overline{x_q}$。

状态 2：$\alpha_q > \max x_q$，即招标人在标底中事先确定的均衡指标高于所有投标人对同一项指标的报价，标底确定的均衡指标 α_q 不合理，重新确定均衡值 α_q 为不含投标人最高报价 $\max x_q$ 和最低报价 $\min x_q$ 的算术平均值，即 $\alpha_q = \overline{x_q}$。

状态 3：$\min x_q \leqslant \alpha_q \leqslant \max x_q$，即招标人在标底中事先设定均衡指标 α_q 不高于也不低于所有投标人对同一项指标的报价，均衡指标 α_q 事先设定合理。

（三）均衡报价指标评标计分数学模型建立

在全部工程评标总分值中，设均衡报价总分值为 F'，评标选定 m 个数据指标列入均衡指标报价评分。假设每一项指标所占分值权重相同，则每一项具有代表性的数据指标最均衡得分为 $\dfrac{F'}{m}$。

最不均衡指标 $\beta_q \in \{x_{1q}, x_{2q}, \cdots, x_{mq}\}$

β_q 满足 $|\alpha_q - x_{iq}| \leqslant |\alpha_q - \beta_q|$，其中 $i \in \{1, 2, \cdots, m\}$。

均衡报价指标评标计分数学模型：

$$F_x = \frac{F'}{m} \sum_{i=1}^{m} \left(1 - \frac{|\alpha_q - x_{iq}|}{|\alpha_q - \beta_q|}\right)$$

其中，$x \in \{1, 2, \cdots, n\}$，$n$ 为投标人数量，F_x 为第 x 位投标人的均衡报价指标得分值。

在商业招标评标中，应用均衡报价指标评标计分数学模型，可以对有均衡要求的报价指标进行相对公平的评审和计分，能为投标人控制不均衡报价、引导投标人合理有序地进行投标报价，以及顺利建设工程起到积极的作用。

三、均衡报价计分模型应用案例

中国四川省新建地方铁路隆昌至叙永线纳溪至叙永段工程，线路长度77.599正线千米，总投资14.50亿元，列入工程招标总价11.44亿元。2004年11月3日该工程开标，参加投标共有6家企业（中铁二局、中铁三局、中铁五局、中铁十五局、中铁十二局、中国铁建）。该工程招标投标报价有均衡性要求，评标办法规定对有代表性的数据指标采取均衡性评标计分，在100分的总评分中，均衡性报价占5分。评标中，评标委员会专家组选取了区间路基土方工程、区间路基石方工程、站场土方工程、站场石方工程、特大桥延长米、大桥延长米、隧道延长米、轨道正线千米、房屋建筑面积、临时工程每正线千米共10个单价报价指标列入均衡性评标计分。为方便计算，本文在以上10个指标中选取前5个单价指标作为案例研究。该工程开标前业主在标底中没有确定均衡指标，开标后采用6家报价去掉最高和最低两个报价后的算术平均值作为均衡指标。

投标人代表性均衡指标真实报价在纳叙铁路投标报价及均衡计分总表（表1）中第1~6行与1~5列对应数值。采用均衡报价指标评标计分的数学模型，5项代表性报价指标，即 $m = 5$；投标人个数 $n = 6$；每一指标中的最均衡指标得分最高值为1分；每一指标报价中去掉最高和最低报价后的算术平均值，为均衡指标 α_q，最不均衡指标报价值为 β_q，α_q、β_q 值详见表1中对应第1~5列各数值。

表1 纳叙铁路投标报价及均衡计分总表

序号	投标人名称	区间路基土方数据指标/（元/米³）	区间路基石方数据指标/（元/米³）	站场土方数据指标/（元/米³）	站场石方数据指标/（元/米³）	特大桥延长米指标/（元/延长米）	F均衡报价计算分值（满分$F=5$）
1	中铁二局	3.56	25.95	2.76	24.24	21341.82	3.59
2	中铁三局	10.72	24.93	13.45	25.58	19265.9	2.19
3	中铁五局	2.34	15.97	4.07	13.73	18691.29	1.91
4	中铁十五局	3.31	23.46	2.42	24.12	20642.16	4.40
5	中铁十二局	3.34	23.61	2.44	24.28	20501.69	4.48
6	中国铁建	3.11	21.98	2.27	22.6	19207.84	4.16
7	α_q	3.33	23.50	2.92	23.81	19904.4	
8	β_q	10.72	15.97	13.45	13.73	21341.82	
9	F'/m	1	1	1	1	1	

四、均衡报价计分模型应用注意事项

（一）合理选择具有代表性的均衡计分指标

在投标报价中选择价值较高、报价比重较大、实施中可能发生数量变化的具有代表性的数据指标作为均衡控制的重点指标，列入计分指标，这有利于投标人选择最合理的报价商业对象。一般不要选择非永久性工程的单项指标，如果非永久性工程所占工程总造价比重较高，可以将全部非永久性工程定为一项代表性指标列入评分计分指标中。

（二）开标前预先确定代表性指标均衡值的利弊分析

若业主（或招标人）预先确定代表性均衡指标（α_q值），该均衡指标值偏高或偏低都不利。偏高不利于招标人确定合理总价值，失去招标确定合理价值的意义；偏低不利于中标人正常履行合同，在履行合同过程中容易带来合同纠纷，出现中标人向招标人索赔现象。如果业主（或招标人）对确定均衡指标较有经验，在标底中预先确定均衡指标（α_q值）对均衡计分是有利的；若经验欠缺，建议在标底中不事先确定均衡指标（α_q值）。目前，投标单位的合同履行能力、劳动生产率水平、物资供应渠道等都各有专长和特点，工程管理水平参差不齐，综合反映在商业投标报价中，代表性指标均衡值具有随机特征，投标人事先很难确定代表性指标均衡值（α_q值）。而以去掉最低值和最高值的均值作为均衡指标，对所有投标人是公平的，只是没有更多体现业主（招标人）的主观需求。

（三）均衡报价指标评标计分数学模型的不足之处

均衡报价指标评标计分数学模型的不足之处在于：①没有考虑投标人投标报价确定指标的准确性。②没有考虑投标人实现指标的执行能力。投标人是否具有指标执行能力，将通过均衡指标分数以外的其他项得分确定。

（四）均衡报价指标评标计分数学模型的优点

均衡报价指标计分数学模型的优点在于：①使用该模型均衡计分较简便；②采用该数学模型，不易人为操控，对均衡报价指标计分客观性和科学性较强；③不涉及投标人指标计算和执行过程，该数学模型体现投标人数据报价指标之间的相互均衡关系。

（2014 年 1 月）

> **注：** 本文刊载于《铁道建筑技术》杂志 2014 年第 2 期，作者：荀照杰、荀健、杨博。

社会资本眼中的高速公路 PPP 模式

PPP 模式，即政府和社会资本合作，是公共基础设施中的一种常见的项目运作模式。PPP 模式鼓励私营企业、民营资本与政府进行合作，参与公共基础设施的建设。PPP 模式是合作多方参与，以实现"双赢"或"多赢"为目的的合作形式，其核心是政府与社会资本之间建立长期稳定的合作关系，以合同为基础实现风险共担、利益共享。PPP 模式参与各方可以实现比预期单独行动更为有利的结果，实现"帕累托最优"、总体收益最大化，即社会效益最大化。

一、PPP 模式助力社会资本转型升级

PPP 模式服务基础设施和公共领域，是投融资体制机制改革的创新发展方向，也为具一定实力的大型建筑企业实现升级发展提供了广阔的市场空间和强劲的动力。

企业由产业链低端向高端迈进，逐步实现了产业升级，促进了企业发展。在产业链条上，过去的传统建筑企业处于产业链低端，但是通过投融资带动，可直接进入产业链的高端。在盈利模式上，传统建筑企业从过去赚取工程承包费的一次性盈利，变为通过长效项目收费管理运营获取长期稳定的盈利。通过高速公路 PPP 项目的带动，传统建筑企业从产业链低端的"建造者"，华丽转身为产业链高端的"投资者+建造者"，实现了从"打工者到老板"的转变。

如果投资是高风险低收益的，而且没有政府的财政补贴，那么就没有社会资本愿意投资公路建设 PPP 项目。

企业在市场开发和订单获取方面，逐步实现了由单一模式向多元模式迈

进。在投融资带动下，传统建筑企业通过单一传统投标获取订单的状况得以改善，订单获取渠道逐步实现了多元化：投资、设计、建设、运营、维护、服务等全产业链一体化项目逐步增多；除征地拆迁费用外，项目投资可全部转化为企业的新签合同和营业收入。此外，通过大量参与高速公路PPP项目，传统建筑企业在项目所在区域市场确立了优势竞争地位，也为拓展其他业务创造了条件。

企业在创效空间方面，逐步实现了由施工承包的微利向基建产业链利润空间合理化迈进。当前建筑市场竞争激烈，传统的工程承包业务一直处于微利维持状态。在高速公路PPP项目这一新型投资模式的带动下，传统建筑企业获得了更为合理的盈利空间。

准经营性高速公路PPP项目不但具有巨大的社会效益，在政府给予一定可行性缺口补贴的情况下，投资主体也能够获得较为合理的投资回报。

二、合作双方应尽之职

PPP模式中，政府部门的转变就是从原来的购买"产品"，转变为购买长期"服务"；企业的转变就是从原来的一次性提供一项或几项资产，转变为复合的、长期的"产品或服务"交付。高速公路和其他一些PPP项目在项目运作与管理上，还存在一些亟待深入分析和研究的问题。

PPP模式下政府与投资人是利益共同体的关系。在传统投资模式下，政府的角色是"出资人+监管者"，企业的角色是单一的"建造者"。在PPP模式下，政府的角色转变为"合作方+监管者"，企业的角色转变为"合作方+建造者"。PPP模式下的合作方（即政府与投资人）都是PPP项目的受益人，政府与投资人形成了利益共同体：政府受益于投资促进地方经济增长、解决当地就业和财政增收问题；企业受益于投资的长期收益，分享当地经济增长带来的项目收益和政府补贴。

既然合作双方是利益共同体，就要求作为合作方之一的政府，为企业提供尽可能多的优惠政策（如减免税政策），让企业获得合法合规的投资收益，协助企业解决难以解决的问题（如征地拆迁及与当地的利益纠纷等）。另外，企业作为投资人，要负起应尽的责任，要维护地方稳定，要按时缴纳税款，要尽可能多地聘用当地人在投资企业就业，负起支持当地经济发展的责任。只有PPP合作双方——政府与投资人共同努力，PPP项目才能进展顺利。

实现资金的良性循环是PPP模式的关键。首先是PPP项目的资金来源问题。PPP项目融资渠道要实现多样化，既要拓宽国内融资渠道，也要放开海外融资渠道。一方面，目前融资渠道比较单一，基本上只有银行和产业基金两种融资途径，大部分产业基金也是银行控股，实际上融资的主要渠道还是银行。近年，地方政府和传统建筑企业都追求高增长，因此政府和企业的资产负债率较大，杠杆率较高，自有资金普遍紧张。融资渠道不通畅，资金来源问题不解决，PPP模式的项目发展难度就很大。另一方面，社会上大量的民间资本和海外资本，因为找不到合适的投资路径，只能存放在银行或购买收益极低的理财产品。要让"躺下睡觉"的钱活起来，把民间资本、海外低成本资金依法合规地引入PPP投资领域和投资项目，特别是投资收益相对稳定的高速公路PPP项目，需要政府和投资商共同努力，大力实施投融资方式创新。

其次，PPP模式的资金回收要得到保障。PPP项目就是要通过使用者付费与政府财政补贴相结合，让社会资本得到合理的投资收益。其中，PPP项目的定价及调整机制是核心和关键。高速公路作为准经营性PPP项目，特别是在老少边穷地区的大部分PPP项目，仅通过收费收入不能收回全部投资与运营成本。这就需要国家、政府给予一定的补贴，从而让投资人获得合理的收益，吸引投资人投资高速公路PPP项目。

国内PPP项目来源正从发达地区向蓬勃发展地区转变。根据近期对投资项目的调研、论证，发达地区适合并能够采用PPP模式的好项目已经不多了。近期发达地区推出的高速公路项目，受投资成本增加、车流量不大等因素的影响，项目的经济价值普遍不高，特别是在项目培育期（即运营初期），经济性更差，需要政府给予一定的收入缺口补贴。而现在国内蓬勃发展的地区，如西北地区，特别是"一带一路"沿线地区，随着经济快速发展，好项目逐渐增多，过去认为车流量不多的项目在向好的方面转变。快速发展地区的高速公路PPP项目对社会资本投资的吸引力正在不断增强。

PPP项目要有合理的风险分担机制。PPP项目是政府与社会资本合作的项目，如果项目出现了合作双方都不愿意看到的风险，那么政府和投资方要进行合理的风险分担。在PPP模式运作下，要想找到一种让政府、社会资本及使用者都能满意的风险分担机制，需要PPP合作方、投资方共同深入分析、反复论证，需要各方平等友好沟通协商。利益共同体的各方需要在收益分配、管理理念和管理方式方法上变革与创新。

三、社会资本面露难色

近年在高速公路PPP项目实施过程中，投资高速公路的社会资本面临一些难题和严峻的挑战。

市场竞争激烈，低价中标的PPP项目投资收益难以保证。高速公路交通基础设施项目兼具公共产品的特性，投资规模大、回收周期长、收益不高且风险较大，而且目前PPP模式运作与管理不够规范、投资回报机制不健全、各个地方政府的操作模式千差万别。按照常理，PPP项目存在这么多风险，投资收益应该高一些才能抵消风险获取收益。但是恰恰相反，目前PPP项目市场竞争激烈，企业都在以较低的价格获得项目。企业以较高风险投资获取较低的收益，将导致社会资本的投资积极性普遍不高，政府不作出一定的承诺，社会资本就不愿意冒险投资。

建筑企业完全靠自有资金去融资，采用银行借贷的传统融资方式，路会越走越窄。融资渠道必须得到拓宽。专业保障方面，PPP项目要求从资产评估、定价机制、评估论证、融资筹划、风险管控、运营维护等多方面储备人力资源，涉及投资全过程各个管理环节，专业性强，涉及面广，整合度高，对中国铁建这样的建筑集团来说都是一个严峻的挑战，对其他中小投资企业来说困难更多。

政府对投资企业关心不足，企业担心投资收益难以保障。在PPP模式下，政府和社会资本是利益共同体，共同体的本质在于各方秉承契约精神，平等协商、风险共担、收益共享。但在实践中往往并非如此，出于种种原因，政府往往表现强势，企业处于弱势地位，企业应该得到的政府与社会关心不够，对投资收益存在较大担心。显著表现在：社会投资较早的处于运营期的高速公路项目，运营近 10 年，人工费、运营维护成本持续增长，可是收费标准却一直未曾上调，政府不关心提高收费单价问题；政府未与投资企业协商，就实施高速公路免费政策，如节假日免费通行、绿色农产品免费通行等。

投资项目前期评估时，节假日的收费收入是平时的几倍，但是节假日投资企业不仅不能收费，还必须保障比平时多几倍的车辆安全通行。企业在节假日失去的收益如何得到补偿？如果节假日不收费，那么平时收费单价是否应该适当提高？如果不提高收费单价，是否应该延长收费期限？对这些关系到投资企业切身利益的问题，政府和社会关心远远不够，从而打击了社会资本、投资企业的投资信心。

在 PPP 项目实施过程中，一旦遇到征地拆迁钉子户（既包括个人，也包括当地企业），就涉及社会稳定问题，完全靠市场解决不了。政府不出面，问题就难以解决。而解决这些问题往往要耽误很长的时间，要在预算外多增加征地拆迁投资。这些额外增加的投资成本，企业往往难以得到合理的补偿。

四、有变化才有发展

困难和问题并存，加之受 PPP 项目过程复杂、准备周期长等多种因素的制约，目前 PPP 项目"唱得多"、落地难、签约率不高，在一定程度上制约了 PPP 模式的进一步推广发展。因此需要创造条件，进一步调整和完善 PPP 模式。

（一）亟待完善运作模式

目前，一个完整的 PPP 模式的项目，运作周期较长，涉及的领域、专业、部门较多，特别是前期准备，半年时间是比较短的，还存在需要几年时间准备的案例。实践中 PPP 模式更是各具特色，投资回报具有很大的不准确性，合同模式极难统一。同时，影响 PPP 项目的因素和遇到的困难千奇百怪。中国本土企业尚面临如此难题，何况不熟悉国情的外国企业，又如何能来投资我国的 PPP 项目？我国 PPP 项目怎样才能吸引外国资本？

在实践来看，从业人员迫切感到 PPP 模式需要统一，对操作中遇到的问题需要归类，要建立法律法规，保障 PPP 各方利益，否则很难做到有效推广。

当前，PPP模式的推广从政府到企业，主要靠责任心、使命感驱动，这样很难大力推广PPP模式。国家要下决心规范PPP项目的运作和管理，使PPP项目模式有法可依，能够在法律法规下有效运作。

（二）出台全过程PPP运作标准与规范

PPP项目涉及的部门和单位比较多，有利时很多部门都想参与，需要解决困难时很多部门都想推诿。解决问题的关键在于，总结近年PPP运作的实践经验，出台一套可以适用于全过程的、系统的PPP运作体系与标准规范，就像国际通用的菲迪克条款一样，完善PPP模式。目前，国际通用的高铁技术标准已采用中国技术标准，这是中国高铁对世界的贡献。不远的将来，通过总结中国的PPP经验，中国完全可以出台一套世界性的PPP标准与规范，让参与PPP的各方都有一个统一的标准。把中国的PPP标准推广到世界各个国家，就是中国对世界PPP作贡献，这样有利于中国企业和投资商开拓"一带一路"沿线及世界其他国家的基建投资市场。

（三）坚持市场化运作并保证一定收益

PPP模式的项目是基础设施及公共服务类项目，普遍投资规模较大，投资周期较长，收益测算较困难。如高速公路等投资项目，长期收益要跟随市场和地方经济的发展而变化。若想吸引社会资本采用PPP模式投资高速公路项目，政府推出的项目要有足够的吸引力，才能让社会资本建立投资信心。

因此，政府推出PPP项目，要保证项目的质量，提高项目的知名度，保障合作方有合理回报；要建立风险分担机制，让长期投资有合理的投资收益；也要有股权转让机制，让投资方可以合理转让、合法合规退出，投资权益有保障。PPP项目物有所值，投资方才能有信心，项目才能有市场，商业运作上才可行。

利益机制无保障、风险分担机制不健全、退出机制不明确，项目就谈不上有吸引力，无吸引力就谈不上引入社会资本。尤其在保障投资者合理回报方面，要平衡各方利益，充分听取合作方建议，建立合理的定价收费机制和调价听证机制。项目自身收费低时政府补偿要及时到位，补偿的方式可以多样化。PPP 利益保障机制健全后，社会资本对 PPP 项目的参与积极性就能提高，PPP 项目运作成功的希望就会增大。

（四）走融资创新之路

"十三五"期间，我国将改建新建高速公路通车里程 3 万千米。2016 年，预计全国将新增高速公路约 4500 千米，国省干线改扩建约 1.6 万千米，公路建设投资规模在 1.65 万亿元左右。高速公路投资建设市场巨大，对资金需求巨大，而建筑企业的自有资金毕竟有限，只有走融资创新之路，引入大量的社会资本和海外资本，才能有源源不断的资金投资于高速公路项目。

投资模式的创新是无止境的，需要政府、企业、金融机构和民间资本各方共同努力寻找创新之路。因此，建议国家适度开放非银行的金融机构，加大融资创新力度。以股权融资为主，采用多种金融创新手段，包括应收账款买断、资产证券化、资产置换等，创新社会资本进入的方式和途径，引入信托资金、保险资金、产业基金、互联网金融、产融结合等融资模式，多渠道吸引社会资本特别是民间资本和海外资本投资高速公路。只有让社会资本、国外资本更好、更多、更顺畅地进入高速公路 PPP 项目市场，我国的高速公路建设才能更快捷、更顺畅。

（五）不断加大政策扶持力度

优质的高速公路项目可以通过收费实现项目自身资金流循环，投资人因此获得投资收益。对于收益不足的高速公路项目，政府要加大扶持力度，吸引社会资本投资。PPP 项目存在前期一次性投资规模大、建设成本高、回收期长、投资回报不稳定、风险分担机制不健全等问题，如果政府政策扶持力度不到位，一般难以满足企业投资回报的要求。

地方政府在有限的财力上，只有优先对 PPP 项目给予收入缺口补贴承诺、保证项目收益具有一定的持续性，并给企业提供增信支持，企业的投资回报才能得到有效保障，投资项目才能最终落地。为此，建议从政府层面进一步加大对 PPP 项目的政策支持力度，帮助企业渡过收益难关，与企业共同应对和处置风险，树立社会资本的投资信心，共同做成 PPP 项目。

PPP模式在我国高速公路投资建设领域应用的时间还不长，在推广应用过程中，要不断积累总结PPP模式成功的经验和不成功的教训，不断探索创新完善PPP模式，将PPP模式的实践经验上升到理论环节，拓宽融资渠道，协调各方利益，尽早形成一套标准的PPP准则或规则。未来，PPP模式在高速公路等基础设施投资建设领域必将得到广泛运用，PPP模式会更好地促进我国高速公路等基础设施的发展。

（2016年9月20日）

注：本文是记者根据作者于2016年9月20日在甘肃省张掖市召开的"交通基础设施建设投融资创新暨助力地方政府推动PPP项目对接会"上，所作专题报告《高速公路PPP项目投融资的实践与思考》录音整理而成；大、小标题均是记者所改加。本文刊载于《中国公路》杂志2016年第19期。

如何实现203个投资项目均正常运行？
中国铁建这样做

有投资必然就会有风险，但投资并不会因为存在风险而消失。通过管控投资趋势、确定投资方向，可以控制投资风险，实现投资收益最大化。

1996年公司法出台之前，我国基本上没有股权性投资，而在1996年至2003年，我国资金链非常紧张，经济运行状态不佳，所以，当时的股权投资并不是市场主流。直到2003年后，国家的资金链开始宽松，大量的股权性投资慢慢地浮出水面。中国铁道建筑总公司（以下简称中国铁建）自新中国成立前一年（1948年）便开始建设铁路，而真正开始投资项目却是在2003年的这个转折点上。自开始投资项目起到现在，中国铁建已经形成7000亿元的投资规模，当之无愧是交通基建投资领域的共和国"长子"和央企投资大户。

一、十条原则规避投资风险

投资风险如何控制？投资方向又如何确定？中国铁建资本运营部作为总部投资管理部门，对于投资风险主要从以下十个方面来掌控。

第一，坚持四项投资原则不动摇。一是规范运作：所有的资本运营项目都应是规范的，因为中国铁建是央企，规范运作一定要起带头作用。二是效益优先：做投资项目不是为了承揽施工任务，而是要有投资效益。三是风险可控：任何投资项目都是有风险的，但只要把控住风险，就可以投资。四是结构合理：投资项目一定要有合理的投资结构，长期与短期、PPP与BT投资、大项目与中小项目，各种投资要合理搭配，优化投资结构。这四项是中国铁建最基本的投资原则。

第二，控制风险保证收益是投资项目坚守的基本准则。投资项目时要有一个基本的收益指标,达到这个指标才能够投资。对于 BT 项目,首先要解决好回购保证的问题,最好是提供回购担保。中国铁建一般要求回购期限不超过 3 年,而投资项目的内部收益率要至少高出长期贷款利率 25%;对于具有特殊目的的战略性对外投资项目,可以适当降低标准,但不论怎样,投资项目都不能没有投资收益。

第三,所属公司对投资风险的把控要执行投资准入标准。中国铁建下属集团公司 39 个,真正开展投资业务的只有 18 个,投融资准入制度执行相对比较严格。中国铁建的投融资准入标准有五条:一是公司资产负债率不能超过 90%;二是有息负债规模不超过净资产的 2.5 倍;三是扣除 BT 项目以后经营性的现金流量必须是正值;四是在投融资经营业务方面不存在违纪违规和大额回购款收不回来的情况;五是不存在管理力量薄弱,不适宜开展投资经营管理业务的情况。以上五条标准,任何一条不满足,都不能开展投资业务。

第四,控制投资规模。根据企业的资金池和投融资能力,各二级单位在既有投融资项目的投资规模要控制在注册资本金 10 倍以内。

第五,慎重选择投资合作对象。如果是与中建、中交、中水电等央企联合投资项目,基本可以不用考虑企业信誉问题,但如果是跟民营企业合作,就必须从业绩、信用、资金实力、融资能力、企业持续经营等方面严格审核合作投资对象。

第六,投资全过程监管。投资后要将投资项目的整个过程监控起来,从项目的跟踪、投标、合同谈判到后面的建设、运营、维护、移交,要进行全过程的风险控制。

第七,控制投资风险,坚持"三不投"。效益不好不投、风险不可控不投、程序不规范不投是中国铁建定的"三不投"原则。

第八,控制投资风险,严守"十不准"。中国铁建制定了"十不准"投资标准,分别是:不准投资国家控制的行业,不准投资不符合企业发展战略的项目,不准投资与主业无关的项目,不准投资与民营企业合作不控股的项目,不准投资股权不明晰的项目,不准投资资本金不到位的项目,不准投资融资不能落实的项目,不准投资前期存在遗留问题的项目(特指兼并收购项目），不准投资当地政府不支持的项目，不准出卖企业牌子搞虚假投资。

第九，对非主业投资要加强风险管控。对于非主业投资项目，国资委管控严格，中国铁建不仅严格执行国资委的规定，还给自己加了六条非主业投资的控制规定：一是非主业投资在评估阶段要向独立董事汇报，听取意见；二是在决策时不搞多数表决制，非主业投资要在董事会全票通过，才能批准投资；三是项目必须向董事会的每位成员提供独立的项目风险评估报告；四是项目必须聘请社会中介机构进行风险评估；五是如果运作中的项目出现风险，将立即聘请社会中介机构进行风险再评估，该终止就终止；六是非主业投资必须与主业相关，不相关不投资。

第十，化解投资地区风险，加强战略沟通和互访。加强高层沟通和互访，与项目所在地政府签订战略合作框架协议，化解地区风险。通过增进交流，签订战略合作框架协议和意向协议书，可以很好地化解宏观区域投资风险，为进一步优化投资环境、加强区域布局创造条件。

目前，中国铁建投资203个资本运营项目，总投资6999亿元。在所有的投资项目中，尚未发生资本金不到位、合作投资无法推进、资金链断裂等情况，目前203个投资项目运转都十分正常。

二、六大投资重点监控投资方向

中国铁建"十三五"规划已经明确了企业投资方向，2017年中国铁建对总体形势的估计是缓中趋稳、稳中向好，经济总体将会运行在合理区间。现在，宏观经济形势越来越好，经济发展质量和效益将得到稳步提升，2017年中国铁建确定了六大投资监控重点方向：

第一，稳中趋好，推动投融资项目持续健康发展。"二鸟在林，不如一鸟在手"，中国铁建将把目前在手的203个项目接近7000亿元的投资做好，然后再选好的项目继续投资。

第二，严格履行投资决策程序，强化投资项目的前期调研。一旦前期风险掌握不好，评估的项目就可能产生风险漏项，给项目后期带来风险。因此，必须做好前期项目的可行性分析，把风险在事先预估透彻，有抵御风险的能力就投资，风险难以掌控就放弃投资。

第三，重点加强投资全过程管控。当项目越来越多时，为了确保投资过程能够顺利完成，投资过程的管控将变得至关重要。上马的投资项目必须在人、财、机、物上给予充分保障，出现问题及时处理，确保建设过程顺利，早日完工、早日移交、早日经营、早见效益。

第四，制定并落实年度回收款指标。中国铁建完成年度回收款计划指标，是通过加强BT项目和土地一级开发项目的资金回收来实现的。中国铁建高度重视投资资金的回收工作，组织专项工作组、落实回收责任制，并且在年底进行考核，落实奖惩，促使各投资项目公司完成回收款计划指标。

第五，制定严格的投资管理制度。中国铁建为了能够做好投资风险的管控工作，共下发了六项投资管理制度。随着国家宏观政策的变化，中国铁建对投资管理制度不断进行完善，下发制度补丁性质的通知及文件。严格执行投资管理制度，不越制度红线，是风险管控的重中之重。

第六，在萌芽状态化解投资风险。投资管理部门要监控投资项目风险点，对审计监察巡视部门发现的问题要重视，早解决；面对难以控制的风险，要有壮士断腕的决心，停止投资果断退出。投资过程中发现风险及早处理，争取在风险出现的萌芽状态解决问题。风险越早处理，经济损失越少。

（2017年9月28日）

注：2017年9月28日，由国家发展和改革委员会、中国保险监督管理委员会、联合国欧洲经济委员会指导，清华大学主办的"第二届中国PPP论坛"在北京友谊宾馆举行。本文是记者根据作者在当晚"第二届中国PPP论坛——交通专场夜话沙龙"即席演讲《大型企业"走出去"控制投资风险实践经验》报告录音整理而成，并以《如何实现203个投资项目均正常运行？中国铁建这样做》为标题予以发布。本文先后被中国公路学会网站、国家发展改革委中国发展网、清华大学EMBA网站、PPP门户网、搜狐网、中金网ZAKER新闻转载。

BOT 融资方式在公共项目上的推广应用
——以咸阳市渭河三号大桥 BOT 项目为案例

BOT 项目融资方式是代表国际项目融资发展趋势的一种新型融资方式。BOT 即 Build（建设）、Operate（经营）和 Transfer（移交）三个单词的缩写，代表着一个完整的项目融资新理念。这种融资方式比较适合国家和政府的公共建设项目，主要优点是：

（1）BOT 融资方式扩大了建设资金来源，使国家和政府能在建设资金紧缺的情况下利用投资商的资金建设公共项目，解决当务之急；

（2）BOT 融资方式有利于提高项目管理的效率，增加政府管理建设项目的经验，提高管理水平；

（3）BOT 融资方式可为我国欠发达地区，引进先进技术和管理经验，为社会剩余资本提供投资渠道。

不论是政府、投资商，还是提供融资的金融机构，都十分关注 BOT 融资方式的项目收益问题。政府关心项目能否为当地带来税收和社会效益；投资商关心资金安全和投资回报；金融机构关心项目能否顺利完成，安全地收回贷款本金和利息。BOT 这种融资方式所以能够在世界第三世界国家和一些地区盛行，是因为这种融资方式的投资收益比其他投资渠道高。在我国 BOT 融资方式，已经在国家项目和省市级基本建设项目上得到许多验证，地区一级政府正在公共项目上试行。

下面通过 BOT 融资方式建设的陕西省咸阳市渭河三号大桥实例，分析预测 BOT 融资方式项目的投资收益。

一、陕西省咸阳市渭河三号大桥 BOT 项目简介

陕西省咸阳市是驰名中外的秦古都，国家级历史文化名城，是陕西省重要的轻纺、电子、化工基地，也是全国甲级对外开放和著名的旅游城市。随着经济的发展，咸阳城市规模不断扩大，原有的城市交通日益拥挤。在西部大开发的浪潮中，为使咸阳市从根本上解决城市交通瓶颈问题，完善路网结构，创造良好的投资环境，走可持续发展道路，陕西省咸阳市政府解放思想，放开手脚，在建设资金紧缺的情况下，为投资商提供优惠投资政策，减免所得税和投资方向调节税，用 BOT 融资方式，大胆利用本地企业和外地企业资金合作投资、建设、经营咸阳渭河三号大桥。

该大桥位于咸阳市秦都区，跨渭河，距下游渭河一号桥约 3 千米；结构形式采用先简支后连续组合箱梁方案，全长 884.3 延长米，桥宽 28 米。该桥采用 BOT 融资方式，中国铁道建筑总公司、中铁二十局集团有限公司、咸阳市政府的城市建设投资公司按照 11∶7∶2 比例出资，经咸阳市政府批准，合作建设、经营该大桥，特许经营期到期后项目无偿移交咸阳市政府。

二、投资效益预测基础数据

（1）项目计算期。项目计算期即本大桥 BOT 方式合作投资、建设、经营期 25 年，其中建设期 2 年，从 2003 年 5 月至 2005 年 5 月；经营收费期 23 年，从 2005 年 5 月至 2028 年 5 月。

（2）项目总投资。项目总投资根据初步设计概算，本大桥不含建设期贷款利息总投资为 11538 万元，费用构成见表 1。

表 1　咸阳渭河三号大桥初步设计概算表

费用名称	数量单位	数量	I 建筑工程费	II 安装工程费	III 设备购置费	IV 其他费用	合计
道路工程	km	1	978	0	0	0	978
平面交叉工程	处	2	66	0	0	0	66
桥涵工程	延长米	884.3	6088	0	0	0	6088

续表

费用名称	数量单位	数量	初步设计概算价值/万元				合计
			Ⅰ 建筑工程费	Ⅱ 安装工程费	Ⅲ 设备购置费	Ⅳ 其他费用	
其他工程及沿线设施	km	2	1049	169	39	0	1257
工程建设其他费用	km	2	0	0	0	2100	2100
基本预备费	km	2	1049	0	0	0	1049
概算总额	km	2	9230	169	39	2100	11538

初步设计概算中,基本预备费按工程费用和工程建设其他费总额的10%计列。

(3) 车辆通行费收费标准预测。根据陕西省现行有关大桥的收费标准和文件,该大桥在营运前3年(2005年5月至2008年5月)为了更好吸引转移交通量,适当降低收费标准;后20年(2008年6月至2028年5月)采用现行收费标准。收费标准见表2。

表2 过桥费收费标准预测表　　　　　　　　　　单位:元/次

收费时间	小型车	中型车	大型车
2005年5月至2008年5月	3	5	10
2008年6月至2028年5月	5	10	15

(4) 预测采用基准收益率确定为 $i_c = 6.5\%$;

(5) 营业税率、城市建设维护费、教育费附加三项合计采用税率5.5%;

(6) 所得税率采用现行企业所得税率33%;根据陕西省咸阳市的投资优惠政策,该大桥从赢利年度算起,三年免交企业所得税。该大桥属免交范围。

(7) 根据国家投资优惠政策,咸阳市对在能源、交通、原材料、水利等国家鼓励行业投资免交投资方向调节税,该大桥免交该税项。

(8) 大桥使用期养护费用和大修理费用,基础数据来源于《咸阳渭河三号大桥可行性研究报告》(以下简称《可研报告》)及当地桥梁道路养护调查资料。

(9) 银行贷款利率采用中国人民银行公布的5~30年贷款利率5.76%。

(10) BOT合作期25年结束后,该大桥无偿转让给当地政府,即残值为 0。

（11）本文的经济成本、效益分析采用国际通用净现值分析方法。

（12）交通量预测。交通量预测直接关系到该大桥开始收费后的营业收入，交通量预测数据来源于《可研报告》。交通量预测见表 3。

表 3　渭河三号大桥交通量预测表

序号	时间		平均增长率/%	小型车/（辆/日）	中型车/（辆/日）	大型车/（辆/日）	合计/（辆/日）
1	建设期	2003 年 5 月至 2004 年 5 月					
2		2004 年 5 月至 2005 年 5 月					
3		2005 年 5 月至 2006 年 5 月	7.0	5836	2060	686	8582
4		2006 年 5 月至 2007 年 5 月		6245	2204	734	9183
5		2007 年 5 月至 2008 年 5 月		6682	2358	785	9826
6		2008 年 5 月至 2009 年 5 月		7083	2500	833	10415
7		2009 年 5 月至 2010 年 5 月		7507	2650	882	11040
8		2010 年 5 月至 2011 年 5 月	6.0	7958	2809	935	11702
9		2011 年 5 月至 2012 年 5 月		8435	2978	992	12405
10		2012 年 5 月至 2013 年 5 月		8942	3156	1051	13149
11		2013 年 5 月至 2014 年 5 月		9344	3298	1098	13740
12	收费经营期	2014 年 5 月至 2015 年 5 月		9764	3447	1148	14359
13		2015 年 5 月至 2016 年 5 月	4.5	10204	3602	1199	15005
14		2016 年 5 月至 2017 年 5 月		10663	3764	1253	15680
15		2017 年 5 月至 2018 年 5 月		11143	3933	1310	16386
16		2018 年 5 月至 2019 年 5 月		11388	4020	1339	16746
17		2019 年 5 月至 2020 年 5 月		11638	4108	1368	17115
18		2020 年 5 月至 2021 年 5 月		11895	4199	1398	17491
19		2021 年 5 月至 2022 年 5 月		12156	4291	1429	17876
20		2022 年 5 月至 2023 年 5 月	2.2	12424	4385	1460	18269
21		2023 年 5 月至 2024 年 5 月		12697	4482	1492	18671
22		2024 年 5 月至 2025 年 5 月		12976	4580	1525	19082
23		2025 年 5 月至 2026 年 5 月		13262	4681	1559	19502
24		2026 年 5 月至 2027 年 5 月		13554	4784	1593	19931
25		2027 年 5 月至 2028 年 5 月		13852	4889	1628	20369

三、项目资本金

建设期资金使用原则。中国铁道建筑总公司（含中铁二十局集团有限公司，双方是总公司与子公司的关系）自有资金一般来自基金、优良企业债券、内部企业间的短期借款、少量银行存款。根据最近 2001 年和 2002 年财务综合统计，自有资金投资利润率高于银行贷款利率 5.76%。本大桥建设期资金利用原则是：①先期使用资本金，后利用银行贷款。②最大限度利用银行贷款，尽早归还银行贷款。

项目融资方案。中国铁道建筑总公司、中铁二十局集团有限公司、咸阳城市建设投资公司协商达成一致，注册成立咸阳中铁路桥有限公司，负责融资、建设、经营、维护、移交渭河三号大桥；咸阳中铁路桥有限公司（以下简称项目公司）注册资本金 4000 万元，三方按照 55%、35%、10% 比例出资，分别出资本金现金 2200 万元、1400 万元、400 万元，其余建设资金 7538 万元从交通银行融资贷款解决。

四、成本分析

（一）建设投资

建设期（2003 年 5 月至 2005 年 5 月）共两年，需要完成总投资 11538 万元。建设期两年，按全年均衡施工考虑，计划安排建设资金如下：

第一年（2003 年 5 月至 2004 年 5 月）安排建设资金 80%，共 9230 万元。其中利用资本金 4000 万元，从银行贷款 5230 万元。

第二年（2004 年 5 月至 2005 年 5 月）安排建设资金 20%，共 2308 万元，全部从银行贷款。

建设期 2 年项目公司共需从银行贷款 7538 万元，利用资本金 4000 万元。

（二）建设期贷款利息

本大桥建设期两年，贷款分年均衡发生。按下式计算建设期贷款利息：

$$q_j = (P_{j-1} + 0.5A_j) \times i$$

其中，q_j 为第 j 年贷款利息，P_{j-1} 为第 $j-1$ 年贷款本金和利息总额，A_j 为

第 j 年贷款额，i 为建设期贷款利率。

建设期第一年（2003 年 5 月至 2004 年 5 月）银行贷款利息：
$$q_1 = 0.5 \times 5230 \text{ 万元} \times 5.76\% = 151 \text{ 万元}$$

建设期第二年（2004 年 5 月至 2005 年 5 月）银行贷款利息：
$$q_2 = （5230 \text{ 万元} + 151 \text{ 万元} + 0.5 \times 2308 \text{ 万元}）\times 5.76\% = 376 \text{ 万元}$$

建设期贷款利息合计：
$$\sum q = q_1 + q_2 = 527 \text{ 万元}$$

渭河三号大桥全部投资 = 建设总投资 + 建设期贷款利息 = 11538 万元 + 527 万元 = 12065 万元

（三）还本付息

建设期末银行贷款本金利息合计 = 7538 万元 + 527 万元 = 8065 万元，经营还贷期银行贷款利息 $i = 5.76\%$，还款期 $n = 6$ 年。

本大桥从 2005 年 5 月开始收取过桥费，用收取的过桥费还本付息。从开始收费第 1 年到第 5 年，营业收入扣除营业税及附加、经营成本、养护费用、大修费用后，全部用于还银行贷款本金和利息，不形成利润。开始收费第 6 年到第 8 年，根据咸阳市投资优惠政策，此三年免交企业所得税。开始收费第 6 年，本大桥营业收入扣除营业税及附加、经营成本、养护费用、大修费用及还银行贷款本金和利息后，开始形成利润。每年利润情况详见表 4、表 5。

（四）经营成本

根据收费站需要，设置管理人员及收费人员共 34 人。

随着经济的发展，人员工资和日常经费将呈现上涨趋势。本大桥经营成本的上涨预测将人员薪金和日常经费按每年递增 5% 计入经营成本。经营期每年经营成本按下式计算：

经营成本 =（薪金 + 日常经费）$(1+5\%)^n$ + 不变经费/23 年，

其中，$n = 0, 1, 2, \cdots\cdots, 22$。

本大桥经营期间经营成本经计算合计为 3079 万元。

表 4 咸阳渭河三号大桥工程经济指标预测标算表（1）

序号	时间	资本金 A	建设期贷款 贷款本金 B	建设期贷款 利息 C	经营期还本付息 还本金 D	经营期还本付息 付利息(i=5.76%) E	经营期还本付息 还本付息合计 F	固定资产折旧 万元 G1	经营成本 万元 G	养护费用 万元 H	大修费用 万元 I	资金流出合计(CO) 万元 J=A+F+G+H+I	日收费交通量/辆 小型车 K	日收费交通量/辆 中型车 L	日收费交通量/辆 大型车 M	年收费额/万元 小型车 N	年收费额/万元 中型车 O	年收费额/万元 大型车 P
1	2003年5月至2004年5月	4000	5230	151								9381						
2	2004年5月至2005年5月		2308	376								2684						
3	2005年5月至2006年5月				40	463	503	596	77	8		588	5836	2060	686	626	376	250
4	2006年5月至2007年5月				138	458	596	596	80	8		684	6245	2204	734	684	402	268
5	2007年5月至2008年5月				233	448	681	596	84	8		773	6682	2358	785	732	430	287
6	2008年5月至2009年5月				1423	400	1823	596	88	8		1919	7083	2500	833	1293	913	456
7	2009年5月至2010年5月				1658	311	1969	596	92	8		2069	7507	2650	882	1370	967	483
8	2010年5月至2011年5月				1918	208	2126	596	96	8		2230	7958	2809	935	1452	1025	512
9	2011年5月至2012年5月				2200	90	2290	596	101	8		2399	8435	2978	992	1539	1087	543
10	2012年5月至2013年5月				455	13	468	639	106	8		582	8942	3156	1051	1632	1152	575
11	2013年5月至2014年5月							643	111	8	80	199	9344	3298	1098	1705	1204	601
12	2014年5月至2015年5月							643	116	8		124	9764	3447	1148	1782	1258	629
13	2015年5月至2016年5月							643	122	8		130	10204	3602	1199	1862	1315	656
14	2016年5月至2017年5月							643	126	8		134	10663	3764	1253	1946	1374	686
15	2017年5月至2018年5月							643	133	8		141	11143	3933	1310	2034	1436	717
16	2018年5月至2019年5月							643	140	8		148	11388	4020	1339	2078	1467	733
17	2019年5月至2020年5月							643	147	8		155	11638	4108	1368	2124	1499	749
18	2020年5月至2021年5月							643	154	8		162	11895	4199	1398	2171	1533	765

续表

序号	时间	建设成本/万元						固定资产折旧/万元	经营成本/万元	养护费用/万元	大修费用/万元	资金流出合计(COI)/万元	日收费交通量/辆				年收费额/万元		
		建设期贷款		经营期还本付息															
		资本金	贷款本金	利息	还本金	付利息(i=5.76%)	还本付息合计					J=A+F+G+H+I	小型车	中型车	大型车	小型车	中型车	大型车
		A	B	C	D	E	F	G1	G	H	I	J	K	L	M	N	O	P
19	2021年5月至2022年5月							643	161	8		169	12156	4291	1429	2218	1566	782
20	2022年5月至2023年5月							643	169	8		177	12424	4385	1460	2267	1601	799
21	2023年5月至2024年5月							643	177	8	160	345	12697	4482	1492	2317	1636	817
22	2024年5月至2025年5月							643	186	8		194	12976	4580	1525	2368	1672	835
23	2025年5月至2026年5月							643	195	8		203	13262	4681	1559	2420	1709	854
24	2026年5月至2027年5月							643	204	8		212	13554	4784	1593	2474	1746	872
25	2027年5月至2028年5月							643	214	8	40	262	13852	4889	1628	2528	1784	891
	合计	4000	7538	527	8065	2391	10456	14456	3079	184	280	13999.104	235648	83178	27697	41623	29151	14762

表 5 咸阳渭河三号大桥工程经济指标预测计算表（2）

单位：万元

序号	时间	营业收入/万元 Q	营业税及附加/万元 R=Q×i(i=5.5%) R	税前利润/万元 R1=Q−R−G1−G−H−I R1	所得税/万元 S=R1×i(i=33%) S	调整后每年应交纳所得税/万元 U=S调整 U	资金流入 CI/万元 V=Q−R−U V	资金流入流出净值(CI−CO)/万元 W=V−J W	累计净现金流量/万元 X	现值系数 $(1+i_c)^{-n}$ $i_c=6.5\%$ Y	净现值(NPV)/万元 Z=W×Y Z	计算内部收益率（IRR=11.068%）		净现值/万元 AB=W×AA AB
												现值系数 $(1+IRR)^{-n}$ AA	
1	2003年5月至2004年5月							0	0	0.939	0	0.900	0
2	2004年5月至2005年5月	0		0	0		0	0	0	0.882	0	0.811	0
3	2005年5月至2006年5月	0	0	0	0		0	0	0	0.828	0	0.730	0
4	2006年5月至2007年5月	0	0	0	0		0	0	0	0.777	0	0.657	0
5	2007年5月至2008年5月	0	0	0	0		0	0	0	0.730	0	0.592	0
6	2008年5月至2009年5月	0	0	0	0		0	0	0	0.685	0	0.533	0
7	2009年5月至2010年5月	0	0	0	0		0	0	0	0.644	0	0.480	0
8	2010年5月至2011年5月	0	0	0	0		0	0	0	0.604	0	0.432	0
9	2011年5月至2012年5月	0	0	0	0		0	0	0	0.567	0	0.389	0
10	2012年5月至2013年5月	0	0	0	0	优惠免交	0	0	0	0.533	0	0.350	0
11	2013年5月至2014年5月	0	0	0	0	优惠免交	0	0	0	0.500	0	0.315	0
12	2014年5月至2015年5月	0	0	0	0	优惠免交	0	0	0	0.470	0	0.284	0
13	2015年5月至2016年5月	0	0	0	0	0	0	0	0	0.441	0	0.255	0
14	2016年5月至2017年5月	0	0	0	0	0	0	0	0	0.414	0	0.230	0
15	2017年5月至2018年5月	0	0	0	0	0	0	0	0	0.389	0	0.207	0
16	2018年5月至2019年5月	0	0	0	0	0	0	0	0	0.365	0	0.186	0
17	2019年5月至2020年5月	0	0	0	0	0	0	0	0	0.343	0	0.168	0
18	2020年5月至2021年5月	0	0	0	0	0	0	0	0	0.322	0	0.151	0
19	2021年5月至2022年5月	0	0	0	0	0	0	0	0	0.302	0	0.136	0
20	2022年5月至2023年5月	0	0	0	0	0	0	0	0	0.284	0	0.123	0
21	2023年5月至2024年5月	0	0	0	0	0	0	0	0	0.266	0	0.110	0

续表

序号	时间	营业收入/万元	营业税及附加/万元	税前利润/万元	所得税/万元	调整后每年应交纳所得税/万元	资金流入CI/万元	资金流入流出净值(CI-CO)/万元	累计净现金流量/万元	现值系数 $(1+i)^{-t}$	净现值(NPV)/万元	计算内部收益率(IRR=11.068%)		
			$R=Q\times i(i=5.5\%)$	$R1=Q-R-G1=G-H-I$	$S=R1\times i(i=33\%)$	$U=S$调整	$V=Q-R-U$	$W=V-J$		$i_c=6.5\%$	$Z=W\times Y$	现值系数		净现值/万元 $AB=W\times AA$
												$(1+IRR)^{-t}$	AA	AB
		Q	R	R1	S	U	V	W	X	Y	Z			
22	2024年5月至2025年5月	0	0	0	0	0	0	0	0	0.250	0		0.099	0
23	2025年5月至2026年5月	0	0	0	0	0	0	0	0	0.235	0		0.089	0
24	2026年5月至2027年5月	0	0	0	0	0	0	0	0	0.221	0		0.081	0
25	2027年5月至2028年5月	0	0	0	0	0	0	0	0	0.207	0		0.072	0
	合计													

（五）经常维修费用

本大桥收费期经常维修费用即养护费，根据《可研报告》及当地桥梁道路养护费用调查资料，经常维修费用确定为8万元/年以经营期23年共计184万元。

（六）大修费用

根据当地桥梁道路养护费用调查资料，渭河三号大桥大修计划安排在营运后第一个10年、第二个10年以及移交前整修，三次费用分别为80万元、160万元和40万元，共计280万元。

该大桥经营成本测算表详见表6。

表6　咸阳渭河三号大桥收费站经营成本测算

序号	职务/项目	数量	月薪/元	年薪/元	23年经营期合计/元	备注
1	经理	1人	3200	38400	883200	递增
2	书记	1人	3000	36000	828000	递增
3	副经理	1人	2600	31200	717600	递增
4	综合部部长	1人	2500	30000	690000	递增
5	综合部部员	1人	1000	12000	276000	递增
6	财务部部长兼会计	1人	2500	30000	690000	递增
7	出纳	1人	1500	18000	414000	递增
8	收费组组长	3人	1500	54000	1242000	三班倒、递增
9	收费员	21人	1200	302400	6955200	
10	保安员	3人	1200	43200	993600	
11	收费站日常经费	20%		119040	2737920	递增
12	开办费				600000	固定
13	培训费	34人	3000		102000	固定
14	交通车辆	2辆	250000		500000	固定
	前1~11项每年递增5%				13163783	
	合计	34人			30793303	

五、现金流出和现金流入分析

（一）现金流出（CO）

将以上本大桥每年成本费用汇总，编制成表 4 中的资金流出（CO）。

资金流出（CO）= 项目资本金 + 经营期还银行贷款本利和 + 经营成本 + 经常维修费 + 大修理费。

（二）资金流入（CI）分析

根据当地经济发展和现有桥梁车辆通过数量，采用《可研报告》中预测本大桥车辆通过数量，及现有的过桥费征费标准，计算本大桥每年营业收入。

年收费额 = 日收费交通量 × 365 天 × 每车收费标准。

资金流入（CI），表 5 中：

资金流入（CI）= 营业收入 − 营业税及附加 − 企业所得税

营业税等附加 = 经营收入 × 营业税等附加的综合税率

企业所得税 = 税前利润 × 所得税率

税前利润 = 营业收入 − 营业税等附加 − 固定资产折旧 − 经营成本 − 经常修理费 − 大修理费

固定资产折旧 = 固定资产原值 − 固定资产残值

固定资产原值 = 项目全部投资总额 + 经营期贷款利息

六、工程经济指标预测

（一）净现值（NPV）

根据净现值计算公式：

$$NPV = \sum_{t=1}^{n}(CI-CO)_t(1+t)^{-n}$$

本大桥计算期 $n=25$ 年；$i_c=6.5\%$；$(CI-CO)_t$ 为第 t 年净现金流量。本大桥净现值 $NPV=8019$ 万元。

列表计算每年净现值，详见表 5。

（二）净现值率（NPVR）

根据表 5 计算全部投资现值之和，经计算：

K_p = 第一年全部投资 × 第一年现值系数 + 第二年全部投资 × 第二年现值系数 + 运营期每年支付利息 × 运营期每年限值系数 =（9230 万元 + 151 万元）× 0.939 +（2308 万元 + 376 万元）× 0.882 +（463 万元 × 0.828 + 458 万元 × 0.777 + 448 万元 × 0.730 + 400 万元 × 0.685 + 311 万元 × 0.644 + 208 万元 × 0.604 + 90 万元 × 0.567 + 13 万元 × 0.533）= 12900 万元

本大桥的净现值率：$NPVR = \dfrac{NPV}{K_p} = \dfrac{8019 \text{ 万元}}{12900 \text{ 万元}} = 0.62$

（三）静态投资回收期（P_t）

根据表 5 计算：

静态投资回收期(P_t) = 累计净现金流量开始出现正直的年份数 − 1 + $\dfrac{|\text{上一年累计净现金流量}|}{\text{当年净现金流量}}$ = 12 年 − 1 + $\dfrac{|-2183 \text{ 万元}|}{3343 \text{ 万元}}$ ≈ 11.65 年

（四）动态投资回收期（P'_t）

静态投资回收期（P'_t）计算公式：

$$\sum_{t=0}^{P'_t}(CI-CO)_t(1+i_c)^{-t}=0$$

经以上公式计算，咸阳渭河三号大桥的动态投资回收期是 $P'_t ≈ 15.47$ 年。

评价：在给定基准收益率 $i_c = 6.5\%$ 的条件下，动态投资回收期约为 15.47 年，说明渭河三号大桥等值回收全部投资所需要的时间是 15.47 年，参加本大桥投资的投资人可以等值回收全部投资。

（五）内部收益率（IRR）

根据内部收益率计算公式：

$$NPV = \sum_{t=1}^{n}(CI-CO)_t(1+IRR)^{-n}=0$$

见表 5，IRR 通过 Excel 表格公式试算，取定：当本大桥内部收益率 IRR

= 11.07% 时,净现值 $NPV = 0$。

本大桥内部收益率 $IRR = 11.07\%$

(六) 投资利润率

固定资产原值 = 建设期项目建设投资 + 经营期贷款利息 = 12065 万元 + 2391 万元 = 14456 万元

固定资产残值 = 0

固定资产折旧 = 固定资产原值 − 固定资产残值 = 14456 万元

经营成本 = 3079 万元

经常修理费 = 184 万元

大修理费 = 280 万元

营业收入 = 85536 万元

营业税及附加 = 4702 万元

税前利润 = 营业收入 − 营业税及附加 − 固定资产折旧 − 经营成本 − 经常修理费 − 大修理费 = 85536 万元 − 4702 万元 − 14456 万元 − 3079 万元 − 184 万元 − 280 万元 = 62835 万元

企业所得税 = 税前利润 × 所得税税率 − 前三年政策性免税 = 62835 万元 × 30% − (2421 万元 + 2475 万元 + 2700 万元) × 33% = 14932 万元

利润总额 = 税前利润 − 企业所得税 = 62835 万元 − 14932 万元 = 47903 万元

年平均利润总额 = 47903 万元/25 年 = 1916.12 万元/年

项目全部投资 = 建设期全部投资 + 运营期贷款利息 = 12065 万元 + 2391 万元 = 14456 万元

投资利润率 = 年平均利润总额/项目全部投资 × 100% = 1916.12 万元/14456 万元 × 100% = 13.25%

(七) 资本金利润率

资本金利润率 = 年平均利润总额/项目资本金 × 100% = 1916.12 万元/4000 万元 × 100% = 47.90%

七、项目投资预测结果分析

在给定基准收益率 $i_c = 6.5\%$ 的条件下，本大桥的净现值 $NPV > 0$，说明实际投资收益率大于预期的 6.5% 的基准收益率，投资咸阳渭河三号大桥会带来比预期收益高的投资效果。

在基准收益率 $i_c = 6.5\%$ 时，净现值率 $NPVR = 0.62$，说明在预测条件得到满足的情况下，投资咸阳渭河三号大桥，能够得到比原投入资金高 0.62 倍的等值收益。

咸阳渭河三号大桥静态投资回收期 $P_t = 11.65$ 年，说明投资商回收全部投资所需要的时间是 11.65 年，投资本大桥的三家公司能够全部回收投入资金。

内部收益 $IRR = 11.07\%$，证明咸阳渭河三号大桥的最高盈利水平是 11.07%；

该项目投资利润率达 13.25%，高于建筑行业基准收益率（$4.5\% \leq i_c \leq 5\%$），也高于 5~30 年期银行长期贷款利率 5.76%，说明咸阳渭河三号大桥投资方案是一个较好的投资选择，有较高的投资收益回报。

资本金利润率高达 47.90%，证明咸阳渭河三号大桥 BOT 融资合作投资方案，资金安排合理，会给参与咸阳渭河三号大桥投资各方带来可观的利润。

在基准收益率 $i_c = 6.5\%$ 的条件下，在本项目上，投资商获得净现值 8019 万元，国家和咸阳市政府得到税收 19634 万元（营业税及附加 4702 万元，所得税 14932 万元），银行获得 2918 万元的贷款利息收入（建设期利息 527 万元，运营期利息 2391 万元）。

八、项目敏感性分析

（一）确定敏感性分析对象

咸阳渭河三号大桥敏感性分析对象，就是本大桥的前面计算出来的三个工程经济指标：净现值（NPV）、动态投资回收期（P'_t）、内部收益率（IRR）。

（二）确定敏感性分析因素

影响咸阳渭河三号大桥的不确定性因素很多，如项目总投资、银行贷款利率、过桥费收入，因为这些因素的变化可能性较大，例如工程变更设计、不可抗力、材料上涨引起项目投资增加；中国人民公布的银行贷款利率具有一定变化范围，本工程贷款金额较大，是否能够得到优惠贷款，对资金成本影响很大，相应对工程经济指标也产生影响。

根据咸阳市物价局的规定，本大桥开始收费后，每三年需要重新报批收费标准，再加上过桥车辆数量的增减，都会引起过桥费数量的变化。

咸阳渭河三号桥的项目总投资、银行贷款利率、过桥费收入都不是投资方所能控制的，因此敏感性分析将此三个因素作为分析对象。

（三）确定咸阳渭河三号大桥最重要的敏感性因素

采用单因素敏感性分析方法，分析咸阳渭河三号大桥在其他因素不变，而项目总投资、银行贷款利率、营业费收入三个因素中只有一个因素发生变化时，对本大桥内部收益率的影响。

（1）除项目总投资增加10%变化外，其他敏感性因素不变。

当项目总投资增加10%，即项目总投资从11538万元增加为12692万元时投资安排如下：

第一年（2003年5月至2004年5月）安排建设资金80%，共10154万元。其中，利用资本金4400万元，从银行贷款5753万元。

第二年（2004年5月至2005年5月）安排建设资金20%，共2539万元，全部从银行贷款。

项目总投资增加10%，建设期两年共需从银行贷款8292万元，利用资本金4000万元。

本大桥内部收益率：

$$IRR_1 = 10.13\% + \frac{14}{14 + |-13|} \times (10.15\% - 10.13\%) = 10.14\%$$

内部收益率的变化率：

$$\beta_{投资} = \left|\frac{评价指标变化幅度}{变量因素变化幅度}\right| \times 100\% = \frac{\left|\frac{|11.07\% - 10.14\%|}{|11.07\%|}\right|}{|10\%|} \times 100\% = 84.01\%$$

(2) 除银行贷款利率增加 10% 外，其他敏感性因素不变。

本大桥内部收益率：

$$IRR_2 = 10.920\% + \frac{1}{1+|-1|} \times (10.922\% - 10.920\%) = 10.92\%$$

内部收益率的变化率：

$$\beta_{利率} = \left|\frac{评价指标变化幅度}{变量因素变化幅度}\right| \times 100\% = \frac{|11.07\% - 10.92\%|}{|11.07\%|} \times 100\% = 13.55\%$$

(3) 除过桥费收入下降 10% 外，其他敏感性因素不变。

本大桥内部收益率：

$$IRR_3 = 9.939\% + \frac{1}{1+|-2|} \times (9.941\% - 9.939\%) = 9.94\%$$

内部收益率的变化率：

$$\beta_{收入} = \left|\frac{评价指标变化幅度}{变量因素变化幅度}\right| \times 100\% = \frac{|11.07\% - 9.94\%|}{|11.07\%|} \times 100\% = 102.08\%$$

(4) 从以上分析计算结果可知，当咸阳渭河三号大桥其他条件不变而项目总投资、银行贷款利率、营业费收入分别增加 10% 时，本大桥的内部收益率（IRR）的变化率分别为 $\beta_{投资} = 84.01\%$、$\beta_{利率} = 13.55\%$、$\beta_{收入} = 102.08\%$。

由此得出 $\beta_{收入} > \beta_{投资} > \beta_{利率}$，即营业收入是咸阳渭河三号大桥最重要的敏感性因素。

（四）分析最敏感性因素对工程经济指标的影响

营业收入是咸阳渭河三号大桥的最敏感性因素，因此下面分析该因素对项目工程经济指标的影响。

当本大桥的营业费收入变化 ±5%、±10%、±20% 时，每年还本付息数额需要进行调整。

在营业收入变化 ±5%、±10%、±20% 及平均变化 ±1% 时，对咸阳渭河三号大桥净现值、动态投资回收期、内部收益率产生的影响，通过如上的计算过程，结果见表7。

表7 咸阳渭河三号大桥营业收入敏感性分析表

工程经济指标	单位	营业收入变化							平均+1%	平均-1%
		-20%	-10%	-5%	0	5%	10%	20%		
净现值（NPV）	万元	2492	5788	6662	8019	8822	9812	11794	4.55%	-2.16%
动态投资回收期（P'_t）	年	20.59	17.08	16.07	15.47	14.68	14.18	13.32	-1.38%	0.66%
内部收益率（IRR）	%	8.04	9.94	10.33	11.07	11.36	11.79	12.61	1.43	-0.71

（五）咸阳渭河三号大桥BOT项目敏感性分析结论

即使预测中最不利的因素发生，即过桥费收入下降20%，渭河三号大桥BOT融资方式合作投资方案的该项目净现值等于2492万元，内部收益率为8.04%，净现值仍然大于0，内部收益率仍然高于银行贷款利率5.76%，说明渭河三号大桥BOT融资及合作投资方案的抗风险能力较强，该大桥是一个优质的投资项目。

九、结论与思考

综合以上投资效益预测结果和敏感性分析可以得出，采用BOT融资方式建设咸阳渭河三号大桥，投资商获得投资收益，国家和咸阳市当地政府获得大量税收，银行获得融资贷款利息收入，大桥建成通车将给咸阳市带来巨大的社会效益，这些充分证明了咸阳渭河三号大桥的BOT融资方式的经济合理性，既解决了咸阳市基本建设资金紧缺的困难，又解决了咸阳市当前面临的交通拥挤问题，也给参与西部开发的投资商带来良好的投资机遇，为金融机构开辟了新的融资渠道。BOT融资方式是咸阳市政府、投资商、金融机构多赢的城市基本建设项目融资方式。

目前，类似咸阳渭河三号大桥这种BOT融资方式得到我国许多资金紧缺地区政府的重视，受到投资商的关注，但是"风声大、雨点小"，意向多、合同少，咨询多、实施少。像咸阳市政府这样在公共项目上真正实施起来，还是较少。为了在公共项目上健康推广BOT模式，以下几项需要在实施中注意：

一是投资商必须拥有一定的资金实力和良好社会信誉。投资商成立项目公司必须能够拿出项目35%的资本金，资本金绝不能负债，没有资本金就无法对项目承担责任。目前社会上已经出现"皮包"BOT项目公司和炒卖BOT融资项目的捐客，这是不正常的BOT融资方式。投资商要对项目负责，要对当地政府和人民负责。

二是项目需要得到当地政府的大力支持。BOT方式融资的公共项目，政府可以参与融资，占有股份；也可以不参与，但在征地拆迁和特许经营权等方面给予投资商支持和配合；政府要在项目税收上给予减免，以保证投资商的收益。

三是金融机构要对项目公司给以融资贷款。项目公司以无担保或有限担保方式进行融资贷款，用将来项目的收益偿还贷款本金和利息。金融机构在支持融资贷款的信用结构安排上需要灵活和多样化。

四是BOT融资方式普遍成本高，前期运作时间长。所有发生的前期成本最后都要摊到BOT融资项目投入使用后的收费价格上，因此多方支持，降低前期费用，才能直接保护项目使用者的利益。

五是政策、法规相配套，使BOT融资方式有法可依。现在普遍情况是投资商在BOT融资方式的项目上投资热情高，金融机构也愿意融资贷款，而政府顾虑重重，主要担心投资商获利过高。对于采用BOT融资方式的公共项目，投资回收期长，政策依赖性强；项目投资量大，需要合作投资；项目成本和未来收益变数大，投资商要冒较大的投资风险。因此，BOT融资方式项目在实施过程中，国家和政府要重视投资商的利益，让投资商觉得项目可靠、投资回报高、有政府支持，这样才能更多地引进技术，吸引国内外资金投向公共项目，促进项目所在地的就业和经济发展，造福项目当地人民。

（2003年4月）

注： 原文《BOT融资方式在公共项目上的推广应用》刊载于《经济视角》杂志2003年第8期，其中敏感性分析部分原文《BOT项目市政大桥的敏感性分析》刊载于《山西建筑》杂志2003年第19期。本文是根据本书编辑建议，将两篇论文合并而成。

两个 BT 公路投资项目的经济效益案例分析

一、两个公路 BT 项目概况

(一) S104 芜湖至湾址公路 BT 项目

该项目是安徽省级公路拓宽改造项目,从芜湖市的安徽工程科技学院至湾址镇(芜湖县县址所在地)的屯溪路,全长 49 千米;芜湖公路局领导与投资方商谈的项目是其中的 35 千米。该项目工程中,从安徽工程科技学院至清水河镇 10 千米,设计路面宽 42 米,双向 6 车道;其余 25 千米设计路面宽 28 米,双向 4 车道;全线有小桥 2 座。该项目计划拓宽改造为二级公路。

该项目的设计单位是南京东南大学设计院,2003 年 5 月底完成施工图设计,工程造价约 2.2 亿元;计划 2003 年 6 月底开工建设,2004 年底建成,计划工期 2 年,实际工期 1.5 年。

(二) G205 芜湖至南陵公路 BT 项目

该项目并不在国道 G205 上,是与国道 G205 相同走向的省道 S216 拓宽改造项目,从繁昌县至南陵县,全长 25 千米,路基宽 15 米,路面宽 12 米;2 座中桥,1 座公铁立交桥;计划拓宽改造为二级公路。

该项目设计单位是北京建达设计院,2003 年 5 月底前完成施工图设计,工程造价约 1.0 亿元,计划 2003 年 6 月底开工建设,2004 年底建成,计划工期 2 年,实际工期 1.5 年。

由于施工图纸尚未设计出来,现场踏勘只能根据安徽省交通图进行。通过踏勘了解，原公路两侧的拆迁工作已经开始，整个沿线没有重点难点工程，现有路基和路面有损坏，但还能维持通车，整个工程全是拓宽改造，施工期间估计需要保持原有交通。S104省道基本是在平原微丘地区，S216省道丘陵略多平原少，由于两条省道不远都有路况较好的国道，所以两条省道车辆不多。

S205省道芜湖市至繁昌段已经拓宽改造完成，路面是沥青混凝土路面，4车道；车道两侧是1.5米宽的人行道，没有铺路面。

二、BT 项目合作条件

上述两个项目打包作为一个项目招标，这是芜湖市拟投资建设的第一个BT项目。据芜湖交通局领导介绍：在项目2年建设期，由投资方投资，不计利息；工程造价需经第三方审核；工程完工移交公路局后，公路局以国家公布的基准贷款利率为准，6年内还本付息；还款具体方式可以商谈；本工程只需芜湖市交通局批准。

这两个项目省去了招投标形式，只要投资方有资金就可以干。监理单位由公路局选定。投资方需按工程造价的10%交项目履约保证金（可采用银行保函方式）。

工程造价采用1996年版交通部公路预算定额，按国家和安徽省新下发的编制办法取费。征地拆迁由芜湖市公路局负责，费用自出；取弃土场由公路局指定。

关于项目还本付息的保证问题，交通局领导介绍，芜湖市公路局现有4个公路收费站，2002年全年收费7700多万元。公路收费专款专用，直接上缴安徽省，35%留安徽省，返还芜湖市公路局65%（包括15%的管理费用）。该费用不经过地方财政。芜湖市公路局2003年又增加合建收费站1个；新公路建好后，收费站的数量还将继续增加。

三、BT 项目合作利弊分析

（一）不利因素

（1）该项目建设期2年，还本付息6年，投资回收期长达8年。

（2）公路拓宽改造指标低，工程量不集中，投资规模不大，一个项目公司负责两个公路项目，管理跨度大，管理难度增加。

（3）设计概算正在编制中，概算指标、各项取费不是很明确，用以往经验估算与实际相比会有差距。

（二）有利因素

（1）该项目施工难度低，不需要太多的施工机械，只要控制好质量和工期这两个主要方面，在施工中一般不会出现问题。

（2）公路投标，竞争激烈，一般情况下降造幅度在20%以上。该项目芜湖市公路局没有提到降造问题，给施工方盈利留有空间。

（3）建设期2年，贷款利率按5.49%计算，项目公司管理费用按3%计算，投资回报率可达5%以上。

（4）据现场调查了解，芜湖市后续还有其他BT方式合作项目，如果这两个项目合作成功，投资方在当地还有其他BT项目合作的机会。

四、BT项目建设投资收益初步测算

（一）BT项目投资建设理论总成本

该BT项目建设理论总成本是经业主同意支付的总成本，组成与计算如下：

项目全部投资3.2亿元（未包含建设期贷款利息），其中建安费3亿元，设计费、监理费、征地费、拆迁补偿费等2000万元。设计费、监理费、征地费、拆迁补偿费等四项费用由芜湖公路局负责筹措，因此投资方负责完成的项目全部投资为3亿元。

1. 资本金

根据业主方要求，投资方同意，项目资本金为投资额的35%。因此投资方在本项目上需自筹资本金1.05亿元（3亿元×35%）。

2. 融资贷款

该项目建设期两年，投资方需完成建设投资3亿元，建设期从银行贷款1.95亿元（3亿元×65%），建设期贷款利息按中国人民银行公布的基准利率5.58%、还款期贷款利率5.76%计算。

3. 投资安排

按芜湖市公路局的要求，本工程工期2年，项目建成后3年等额还本付息。本预测工期按2年计算，还款期按建成后3年等额支付建设资金计算，业主方银行贷款基准利率支付利息，资金投入按年度均衡施工考虑，现金流量如图1所示。

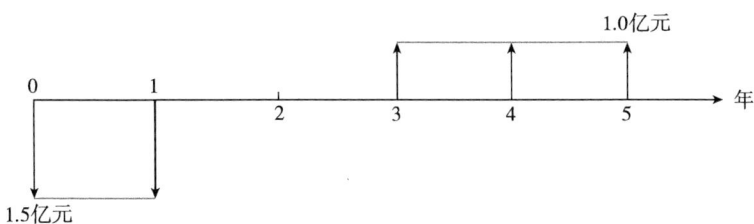

图1 现金流量

第一年，计划安排投入资金50%，即完成投资1.5亿元。此项投资来源安排：资本金1.05亿元、银行融资贷款0.45亿元。

第二年，计划安排投入资金50%，即完成投资1.5亿元，资金来源均为银行贷款。

4. 贷款利息计算

本项目建设期两年，贷款按年均衡发生计算。

按下式计算建设期贷款利息：

q_i——第 i 年贷款利息；

P_{i-1}——第 $i-1$ 年贷款本金和利息总额；

A_i——第 i 年贷款额；

i——建设期贷款利率。

建设期第1年（2003年7月至2004年6月）银行贷款利息：

q_1 =4500 亿元/2 ×5.58% =125.55 万元

建设期第2年（2004年7月至2005年6月）银行贷款利息：

q_2 =（4500 亿元 +125.55 亿元 +15000 亿元/2）×5.58% =676.61 万元

建设期贷款利息合计 $q = q_1 + q_2$ =0.0802 亿元

项目建成后三年还本付息：

第3、第4、第5年还本付息：每年支付本金=1.95亿元/3=0.65亿元

第3年支付利息：（0.0802亿元+1.95亿元）×5.76%=0.1169亿元

第4年支付利息：（1.95亿元–0.65亿元）×5.76%=0.0749亿元

第5年支付利息：0.65亿元×5.76%=0.0374亿元

5. 项目理论计算总成本

总成本=资本金+贷款本金+贷款利息=1.05亿元+1.95亿元+（0.0802亿元+0.1169亿元+0.0749亿元+0.0374亿元）=3.3094亿元

（二）BT项目投资建设实际预估总成本

经过现场踏勘评估后，投资方认为，如果不发生不可抗力，工期可以争取提前半年完工，即预代估实际工期为1.5年。项目建设期施工利润15%，施工利润不用贷款，项目建成后3年均衡还本金，银行贷款1.5亿元（1.95亿元–3亿元×15%），项目建成后三年每年还贷款本金0.5亿元；投资方是AAA级信用企业，采用最优惠贷款利率。

1. 资本金

资本金同上，为1.05亿元。

2. 贷款本金

建设期1.5年，投资方需完成实际投资2.55亿元（0.45亿元施工收益未计入）。建设期银行贷款1.5亿元（2.55亿元–1.05亿元）。

3. 贷款利息计算

投资方是AAA级信用企业，建设期、还款期利率均采用银行最优惠贷款利率，并按基准贷款利率降低10%计算贷款利息，即建设期贷款利息按基准利率5.58%降低10%、还款期贷款利率5.76%降低10%计算。

本项目建设期1.5年，第1年投入资金1.5亿元，其中资本金1.05亿元，贷款本金0.45亿元；第2年投入资金全部来自银行贷款，银行贷款按年度均衡贷款。

建设期贷款利息计算：

建设期第 1 年（2003 年 7 月至 2004 年 6 月）银行贷款利息：

$$q_1 = 0.45 \text{亿元}/2 \times 5.58\% \times 90\% = 0.0113 \text{亿元}$$

建设期第 2 年（按半年计算，2004 年 7 月至 2004 年 12 月）银行贷款利息：

$$q_2 = \{0.45 \text{亿元} + 0.0113 \text{亿元} + (1.5 \text{亿元} - 0.45 \text{亿元})/2\} \times 5.58\% \times 90\%/2 = 0.0495 \text{亿元}$$

建设期贷款利息合计：

$$q = q_1 + q_2 = 0.0608 \text{亿元}$$

项目建成后三年还本付息：

第 3、第 4、第 5 年还本付息：每年支付本金 = 1.5 亿元/3 = 0.5 亿元

第 3 年支付利息：（0.0608 亿元 + 1.5 亿元）×5.76%×90% = 0.0809 亿元

第 4 年支付利息：（1.5 亿元 − 0.5 亿元）×5.76%×90% = 0.0518 亿元

第 5 年支付利息：0.5 亿元×5.76%×90% = 0.0259 亿元

4. 项目实际投入总成本

总成本 = 资本金 + 贷款本金 + 贷款利息 = 1.05 亿元 + 1.5 亿元 + （0.0608 亿元 + 0.0809 亿元 + 0.0518 亿元 + 0.0259 亿元）= 2.7694 亿元

（三）BT 项目投资建设收益评估

投资收益 = 项目理论投入总成本 − 项目实际投入总成本 = 3.3094 亿元 − 2.7694 亿元 = 0.54 亿元

BT 项目投资建设双收益 = 投资收益 + 施工收益 = 0.54 亿元 + （1.05 亿元 + 1.5 亿元）×15% = 0.9225 亿元

以上项目投资建设收益估算须关注以下条件变化：

（1）建筑工程施工利润15%，没有考虑建筑工程降造比例，主要原因是投资方与业主只是初步接触协商，对于投资边界条件尚未商定。建筑工程每降造 1 个百分点，施工利润就相应降低 1 个百分点。

（2）优惠贷款利率按基准贷款利率下降10%计算，这是按银行对该项目

贷款审核100%通过。如果银行对该项目的贷款审核不能100%通过，该项目的贷款利息需要按银行确定的贷款利息重新计算。

五、提高BT项目投资收益的建议和思考

（一）对于是否投资，决策要迅速

第一，目前该项目尚没有竞争对手，芜湖市公路局比照安徽省公路局对外合作条件办理，开出的合作条件对投资方比较有利。如果其他投资人介入竞争，合作条件可能发生变化。

第二，5月合肥将进行安徽省招商引资会，交通局人士告知如果前期谈不成，将把此项目拿到5月的招商会上。

第三，6月底开工是芜湖市决定的，开工时市领导将参加剪彩。

因此，决策过程、合作谈判、寻找优惠贷款、组建项目公司、决定施工队伍、做上场准备等开工前工作只有2个多月，时间比较紧张，必须提前准备。

（二）银行贷款提前介入

为了获得该项目优惠贷款，建议提前与银行协商，要求银行的项目贷款评估人员提前参与项目贷款评估。

（三）如果决定以BT方式投资本项目，建议采用以下方式提高项目收益

第一，成立项目公司，由项目公司具体运作该项目，以规避总部经营风险。项目公司人员应尽早参与BT方式合作谈判和其他前期工作。

第二，按国家招投标法规定，项目公司对施工企业公开招标，同等条件下可优先考虑投资方内部施工企业。要保证建筑工程不降造、少降造，需要施工企业认真对待，采取正确对策。

第三，此项目融资的关键在贷款和担保。投资方要发挥集团优势，对参与施工的各单位统一贷款、统一担保，大宗材料统一采购，建设资金统一管理，减少不必要的费用开支。

第四,加强建设期管理,优化项目管理组织架构和施工管理,降低项目管理和施工管理成本。

第五,为了降低投资风险,投资方应尽量要求芜湖市政府以银行保函或公路产权作抵押,或由省公路局作担保,以保证工程验交后芜湖市公路局按期支付回购款。

六、项目运作结果

该 BT 项目投资运作没有成功,主要原因一是当时国内 BT 投资模式刚刚兴起,可借鉴的投资经验比较少;二是芜湖市交通局第一次运作 BT 项目,既没有投资经验,又缺乏对投资方的合作信任,将该 BT 项目的投资合作风险考虑得太大。在投资方和交通局最后合同谈判中,芜湖市交通局突然提出,投资方在签署投资合同前必须交付 2 亿元合同风险抵押金。投资方认为这是不合理的投资要求,超出投资承受底线,于是决定退出,不投资该项目。该 BT 项目虽然因合同条件谈判问题没有成功实施,但是其经济效益和风险分析对 BT 项目投资初步评价具有一定的参考价值。

(2003 年 8 月)

注:本文作者参加对安徽省芜湖市 S104 公路芜湖至湾址段、G205 公路芜湖至南陵段两个 BT 项目现场调研考察,并与业主方协商,基本明确前期投资条件。本文是对这两个项目作出的初步投资分析报告。

新兴 BT 投融资模式实例研究

BT 投融资模式在我国是一种新兴起的投融资模式，BT 是英文 Build 和 Transfer 的缩写，中文的狭义解释是建设、移交，广义解释代表一个完整的投资过程，即项目的融资、建设、移交全过程。

在市场经济条件下，BT 模式是从 BOT 模式转化发展而来的新型投资模式。采用 BT 模式建设的项目，所有权是政府（或政府下属的公司）；在项目建设期间，政府将项目的融资和建设特许权转让给投资方；投资方是依法注册的国有建筑企业或私人企业；银行或其他金融机构根据项目的未来收益预测为项目提供融资贷款。政府（或项目筹备办）根据当地社会和经济发展的需要对项目进行立项，并进行项目建议书、可行性研究、筹划报批、征地拆迁等前期准备工作，委托下属公司或咨询中介公司对项目进行 BT 招标；与中标人（投资方）签订 BT 投资合同（或投资协议）。中标人（投资方）组建 BT 项目公司，项目公司在项目建设期行使业主职能，负责项目的投融资、建设管理，并承担建设期间的风险。项目竣工后，按照 BT 投资合同（或投资协议），投资方将完工的项目移交给政府（或政府下属的公司）。政府（或政府下属的公司）按约定总价（或完工后评估总价）分期偿还投资方融资和建设费用。政府及管理部门在 BT 投资全过程中行使监管、指导职能，保证 BT 投资项目的顺利融资、建成、移交。

下面以我国第一条采用 BT 模式，正处于建设中的山西阳侯高速公路为案例，详细介绍 BT 投资模式。

一、项目简况

为加快公路交通建设，促进山西省经济的可持续发展，近年来山西省政府加大公路投资建设力度，已经贷款 1600 多亿元投资高速公路，还将继续增加投资 1600 多亿元，进一步加大高速公路投资建设规模，彻底改变山西省公路交通落后的情况。

山西阳侯高速公路是山西晋侯高速公路的主要组成部分，位于山西晋南地区，西起侯马市，东至阳城市，经过阳城、沁水、翼城等县，是山西省公路发展规划"三纵八横"主骨架第八横的重要组成部分，全长 130.578 千米，项目总投资 54 亿元，其中建安投资 43.4 亿元。在开发中西部的大好形势下，山西省交通厅转变投资理念，改变长期由政府负债向银行贷款修建高速公路的单一模式，运用 BOT 模式融资建设山西阳侯高速公路，经营期限 30 年。山西省交通厅批准山西中昌集团有限公司采用 BT 模式，投融资、建设、移交山西阳侯高速公路。山西中昌集团有限公司报山西省交通厅批准，依法注册成立 BOT 项目公司山西阳侯高速公路有限公司，作为山西阳侯高速公路项目的业主。山西阳侯高速公路有限公司成立后，投入资金进行勘测设计、征地拆迁等建设前期准备工作，同时经山西省政府批准，通过 BT 方式对项目进行国内竞争性公开招标，选择山西阳侯高速公路一期工程关门至侯马段的合格投融资、建设主体。通过竞争性投标，中国港湾建设（集团）总公司中标，以 15.55 亿元成为阳侯高速公路一期工程关门至侯马段的 BT 投融资、建设主体，建设工期 2 年。

二、融资、回购与提供保函

经山西省交通厅审核批复，业主对山西阳侯高速公路项目资金来源方面的要求包括 BT 模式的投融资、建设主体（以下简称"BT 投资主体"）具有不低于 35% 的自有资金，其余 65% 的建设资金通过融资方式解决；从项目建成移交验收后次日起，业主分 3 年等额回购。建设期和回购期的全部资金（包括资本金和贷款）均按中国人民银行总行同期贷款利率计息（既不上浮，也不下浮），计入回购款中。回购利息的计息方式为发生一笔，计息一笔，余额计息。

山西阳侯高速公路有限公司为 BT 中标人提供回购承诺函和由国有商业银行或股份商业银行省级分行以上级别的银行出具，包括建设期和回购期在内的为期 6 年的全额回购履约保函。

三、BT投资主体的合格条件

BT投资主体在项目建设期间行使项目的业主职能，投入资本金和融资贷款都由其成立的项目公司作为法人来完成，因此BT投资主体需要具有与项目规模相适应的实力，这是BT项目能够顺利完成和按时移交的关键。

山西省第一次采用BT模式融资建设高速公路项目，为了保证项目顺利进行，省交通厅及山西阳侯高速公路有限公司对BT投资主体的企业实力要求较高，要求BT投资主体同时具有施工总承包特级和公路工程施工总承包一级及以上资质；营业执照上注册资金不得少于3亿元；具有不少于本项目建设总投资35%（含）以上的银行存款，并提供由中华人民共和国境内的国有商业银行或股份制商业银行省级分行及以上级别的银行（开户行）出具的银行存款证明；融资能力方面，必须具有得到项目总投资65%以上授信额度的能力，并提供中华人民共和国境内的国有商业银行或股份制商业银行省级分行及以上级别的银行对本项目的贷款承诺书；具有金融机构出具的AA级或以上级别资信证书；具有类似工程施工经验，且五年内至少完成过一个合同额不少于1亿元的高速公路项目的施工；投入本项目的关键人员和主要施工机械设备能满足工程需要；近五年内没有不良业绩和重大诉讼。

由于以上对BT投资主体的准入条件设置较高，所以BT投资主体可以联合体的方式参加BT投标。业主对联合体成员的要求是必须具有独立法人资格，并具备与拟承担工程相适应的资质条件；相同专业的施工企业组成的联合体，按照资质等级低的施工企业的业务许可范围承担本项目的工程。联合体成员必须共同签订联合体协议书，明确联合体主办人和联合体成员，且应向业主提交一份授权书，证明主办人的资格；联合体主办人被授权代表任何一方或全部联合体成员在投融资、建设、签约及履行合同过程中承担义务和法律责任，并接受业主的指令；整个合同的实施全部由联合体主办人负责，联合体主办人应承担不少于合同总价50%的工作量。对联合体及其成员设置严格的入门要求，可以保证联合体各方在以后的投标活动和合同执行过程中具有真实的履约能力。

四、BT 项目效益分析

下面从 BT 投资主体的角度对山西阳侯高速公路项目的收益情况进行分析。

（一）项目收入分析

该项目的收入从 BT 投资主体的角度来说主要由以下五部分组成：

一是工程款结余收入：在投标不降低工程造价的情况下，BT 投资主体的工程结余收入。

二是利息差收入：业主按中国人民银行同期贷款利率计息，由于存在项目结余收入和质保金（按计价的 95% 给施工单位拨款，预留 5% 的质保金），BT 投资主体实际支付的利息将少于业主计算支付的利息，因此形成利息差收入。

三是优惠贷款利息差收入：在当前金融形势下，BT 投资主体通过努力争取，可以得到最多比中国人民银行公布的贷款利率低 10% 的优惠贷款利率，业主按中国人民银行公布的同期贷款利率计算利息，BT 投资主体可以得到优惠贷款利息差收入。

四是资本金存贷款利息差收入：企业利用自有资金作为资本金投入项目中，业主对资本金按贷款利率支付资本金利息，因此 BT 投资主体可以得到资本金的存款与贷款的利息差收入。业主同意支付，该项收入则存在，不同意则无。

五是工程施工利润：投资主体与建设施工主体双方共同分享工程施工利润。

（二）项目支出

对 BT 投资主体来说，BT 项目的支出为项目的工程成本支出和融资贷款利息支出。

（三）项目收益

项目收入减去项目支出，形成项目总的收益。项目总的收益除以投入项目的资本金总额就是项目的资本金投资回报率（或称内含报酬率、资本金收益率）。

五、BT 项目风险分析

该项目的主要风险包括以下三项：

（一）回购款收回风险

该项目由于有银行出具保函，BT 投资主体在收回回购款方面风险较小。假如山西阳侯高速公路有限公司不能按时支付 BT 投资主体的回购款，回购款将由出具保函的银行代为支付。对于银行来说，也不存在大的风险，由于业主将项目抵押给了银行，如果发生银行代业主支付回购款的情况，银行将把项目收回。由于存在勘察设计、征地拆迁等业主支付的费用，回购款将小于项目的全部投入，等于银行用低于项目造价的价格得到了优质项目。

（二）BT 投资主体收入风险

BT 投资主体的收入存在较大风险。首先，BT 投资主体只有加强项目的建设管理，合理降低工程造价，降低工程成本，才能实现工程结余收入；其次，融资方案要采用金融工程方法多方比较，降低融资成本，才能形成利息差收入。虽然 BT 投资主体的收入风险较高，但是 BT 项目都能得到当地政府的大力支持，在税收和收费方面得到优惠，因此 BT 投资主体的高风险也会带来高收益。只要 BT 投资项目是一个具有良好未来收益的项目，BT 投资主体就可以控制和避免项目收入风险。

（三）BT 项目操作和管理风险

山西阳侯高速公路总的来说施工技术难度不大，操作较为简单，只要不出现重大失误，不会对该项目的效益造成重大影响。加强项目全过程管理，严格控制成本支出，通过管理提升项目经济效益是 BT 项目中标投资方必须做好的重要工作。

六、结论

综合以上分析,可以认为BT融资模式具有许多优势,主要包括:

(一)风险可控

对于公共项目来说,采用BT方式运作,由银行或其他金融机构出具保函,能够保证项目投入资金的安全,只要项目未来收益有保证,融资贷款协议签署后,在建设期项目投资风险可控。

(二)收益高

BT模式的投资收益高体现在以下四个方面:首先,BT投资主体通过BT投资为剩余资本找到了投资途径,获得可观的投资收益;其次,金融机构通过为BT项目融资贷款,分享了项目收益,能够获得稳定的融资贷款利息收入;再次,投资建设一体化,投资主体获取投资利润和施工利润双收益;最后,BT项目顺利建成移交给当地政府(或政府下属的公司),可为当地政府和人民带来较高的经济效益和社会效益。

(三)能够发挥大型建筑企业在融资和施工管理方面的优势

采用BT模式建设大型项目,工程量集中、投资大,能够充分发挥大型建筑企业资信好、信誉高、融资能力强及善于组织大型工程施工的优势。大型建筑企业通过BT模式融资建设项目,可以增加在BT融资和施工方面的业绩,为其提高企业资质和今后打入国际融资建筑市场积累经验。

(四)可以促进当地经济发展

基本建设项目特点是资金占用量大,建设期和资金回收周期长,银行贷款回收慢,投资商的投资积极性和商业银行的贷款积极性不高。而采用BT模式融资建设未来具有固定收益的项目,可以发挥投资商的投资积极性和项目融资的主动性,缩短项目的建设期,保证项目尽快建成、移交,尽快见到效益,能够解决项目所在地就业问题,促进当地经济的发展。

我国采用BT模式融资建设基建项目刚刚兴起,这种新兴起的融资、建设、移交模式还处于摸石过河、总结经验、不断完善之中，也许在运作中会逐渐发现风险和不足之处，但是从目前运作情况看，已经采用 BT 模式建设的项目普遍运作良好。BT 模式解决了项目建设资金紧缺问题，推动了项目所在地经济的可持续发展。

（2004 年 3 月 20 日）

注：本文于 2004 年 BT 模式刚刚在我国兴起之时登载于价值中国网站。

潮揭高速公路 BOT 项目工程经济分析

一、潮揭高速公路 BOT 项目基本情况

(一) 潮揭高速公路概况

潮揭高速公路位于广东省东部，东接汕汾高速公路，西接汕梅、揭普高速公路，从潮州市南侧、揭阳市北侧经过，起于潮州市潮安区铁铺镇，止于揭阳市揭东县云路镇，地处韩江三角洲平原，大致呈东西走向，线路全长29.349 千米，路基宽度 26 米，设计 4 车道，设计行车速度 100 千米/小时。该项目主要有特大桥 3 座，共 3888 延长米，大、中、小桥 67 座，共 9293 延长米，互通式立体交叉 6 处，通道 29 座，涵洞 77 座，软土地基处理总长14.4 千米，路基土石方 464.17 万立方米，路基防护 5.641 万立方米。

(二) 企业合作投资

2004 年 3 月初，广东省交通厅招标粤赣、潮揭两个高速公路 BOT 项目投资人，要求项目投资企业注册资金不能低于 3 亿元。锦峰集团注册资金只有 2亿元，不能满足投标条件，于是主动联合中国铁建组成联合体，共同投标粤赣、潮揭两个高速公路 BOT 项目，以达到广东省交通厅要求的投标条件。

2003 年 3 月 13 日，中国铁建与锦峰集团经过协商谈判达成一致，签署《合作协议书》。2003 年 5 月 11 日，中国铁建与锦峰集团重新签订了《广东粤赣、潮揭高速公路项目合作协议书》，中国铁建仍占 90% 股份、锦峰集团占 10%；锦峰集团负责项目融资贷款和担保，中国铁建负责项目监管；经政府批准后，中国铁建将 90% 的股份转让给锦峰集团。锦峰集团按该项目初步设计批准概算中建筑安装工程费总额的 1.5% 支付给中国铁建，作为中国铁建的股权转让收益。

(三) 融资困难，项目难以推进

项目法人投标时，由于中国铁建不看好潮揭高速公路的收益，为了规避投资风险，在合作协议中中国铁建明确不为项目提供贷款担保，所需的担保或抵押全部由锦峰集团负责。2004年上半年，中国人民银行实行新的项目融资贷款政策，项目贷款必须由项目股东作全程责任担保。锦峰集团注册资金只有2亿元，没有实力提供贷款10.5507亿元（潮揭公司贷款时向银行提供的贷款额）的担保和抵押，因此银行不给潮揭公司提供贷款。潮揭高速公路合同工期是2003年11月28日至2005年11月28日，2004年12月28日举行开工典礼。因为项目融资没有落实，至2005年底，项目建设实际进度比合同工期拖后2年，比首次调整计划工期拖后1年。

锦峰集团没有实力融资贷款，潮揭高速公路项目继续运作出现困难，因此求助中国铁建，并报送《关于请求支持广东潮揭高速公路建设的函》，请中国铁建为潮揭高速公路项目提供贷款担保。为了真正了解潮揭高速公路项目情况，规避投资风险，慎重决策是否出具贷款担保，中国铁建组成潮揭高速公路项目调研组，现场调研考察评估项目情况，根据评估结果作出投资决策。

二、潮揭高速公路 BOT 项目工程经济指标

（一）工程经济评价基础数据

（1）项目计算期。潮揭高速公路 BOT 特许经营期 25 年，考虑到项目建设期已经滞后 2 年，建设期延长既有投资人资金不到位的原因，也有政府土地未获批复的原因，政府负有一定的责任，因此按政府给予合理顺延特许经营期预测各项工程经济指标。本项目计算期 25 年（2007—2031 年），其中建设期 2 年（2007—2008 年）；收费期 23 年（2009—2031 年）。

（2）银行贷款利率。采用中国人民银行公布的 5~30 年长期贷款利率 6.84%。

（3）基准收益率。当前中国人民银行公布的长期贷款（5~30 年）基本利率为 6.84%，根据《中国铁道建筑总公司投资决策办法》的规定，投资项目基准收益率高于银行基本贷款利率 40%，即基准收益率确定为 $i_c = 9.58\%$。

(4) 本项目投资按照广东省交通厅批复潮揭项目设计概算总投资构成计算。根据广东省交通厅《关于潮州至揭阳高速公路初步设计的批复》（粤交基〔2004〕484号，2004年9月9日），潮揭高速公路项目总投资构成见表1。

表1 潮揭高速公路项目初步设计概算投资构成

项次	项目名称	批复初设概算/万元
第一部分	建筑安装工程费	114423.81
	路基工程	12274.03
	路面工程	8345.93
	桥梁、涵洞工程	43166.30
	交叉工程	32009.59
	其他工程及沿线设施	1765.54
	临时工程	702.63
	管理、养护及服务房屋	6314.49
	施工技术装备费	2646.60
	计划利润	3528.81
	税金	3669.89
第二部分	设备及工具、器具购置费	2364.94
第三部分	工程建设其他费用	25927.77
	预备费	7135.83
	文物调查、环评等费用	270.00
	维持通航及地方道路养护费	200.00
	跨铁路协调费	200.00
	借土资源费	1300.00
	工程保险费	457.70
	建设期贷款利息	9739.17
	概算总金额	162019.21
	修编概算的其他费用	300.00
总 计		162319.21

项目设计概算投资16.2319亿元由以下三部分组成：建筑安装工程费11.4424亿元、建设期贷款利息0.9739亿元、其他各项投资之和3.8156亿元。

（二）项目总投资

（1）假设条件。确定潮揭高速公路总投资存在以下三个假设条件：一是潮揭公司与施工、监理、材料供货商签订的合同价是项目在建设期支付的投资，共计13.1亿元。二是潮揭高速公路建设期贷款利息根据资金来源和构成及预测当时的中国人民银行公布的长期贷款利率重新计算，不采用该项目的初步设计概算确定的建设期贷款利息0.9739亿元。三是招标工程合同以外各部分投资（不含建设期贷款利息）以初步设计概算确定的3.8157亿元为准确数字。

（2）项目总投资（不含建设期贷款利息）。根据广东省交通厅批复初步设计总概算投资，建筑安装工程设计概算投资为11.4424亿元，招标后该部分投资为13.1亿元；初步设计概算确定的建设期贷款利息0.9739亿元；不含建设期贷款利息，招标工程合同以外各部分初步设计概算投资为3.8157亿元。

项目全部投资（不含建设期贷款利息）＝建筑安装工程招标合同价总额＋招标工程合同以外各部分投资（不含建设期贷款利息）＝13.1000亿元＋3.8157亿元＝16.9157亿元

（3）项目投资构成。潮揭高速公路项目总投资为16.9157亿元（不含建设期贷款利息），其中股东的资本金占35%，计5.9205亿元，潮揭公司融资贷款65%，计10.9952亿元。中国铁建占90%股份，需出资本金5.3285亿元；锦峰集团占10%股份，需出资本金0.5920亿元。潮揭公司从银行贷款10.9952亿元，由中国铁建、锦峰集团按资本金比例分别担保贷款，中国铁建担保9.8957亿元，锦峰集团担保1.0995亿元。潮揭高速公路项目资金构成见表2。

表2　潮揭高速公路项目资金构成　　　　　　　　单位：亿元

项目	中国铁建	锦峰集团	潮揭公司	总金额
资本金	5.3285	0.5920	0	5.9205
银行贷款	0	0	10.9952	10.9952
以上合计	5.3285	0.5920	10.9952	16.9157
贷款担保	9.8957	1.0995	0	10.9952

(三) 交通量预测

(1) 原可行性研究报告交通量。根据中国公路工程咨询监理总公司出具的《潮州至揭阳高等级公路工程可行性报告补充报告》(2002年7月), 潮揭高速公路各路段交通量预测见表3。

表3　潮揭高速公路各路段交通量预测　　　单位: 辆/天

年份	塘边—浮洋	浮洋—玉窖	玉窖—揭东	全线平均
2007	16745	17686	16953	17543
2015	27144	28905	28899	29131
2027	55105	63355	58353	60869

(2) 重新确定交通量。该项目原工程可行性研究报告完成于2002年, 由于缺少对近年潮揭高速公路沿线各地区经济发展和其他项目对本项目交通量影响的分析研究, 所以2005年初, 潮揭公司委托交通部公路科学研究所做出《潮州至揭阳高等级公路交通量分析及预测评估报告》(2005年3月)。该报告对潮揭高速公路交通量预测见表4。

表4　潮揭高速公路交通量年均增长速度评估

时间	年均增长速度/%
2003—2007年	6.5
2007—2015年	4.5
2015—2027年	4.0

《潮州至揭阳高等级公路工程可行性报告补充报告》(2002年7月) 与《潮州至揭阳高等级公路交通量分析及预测评估报告》(2005年3月) 的交通量对比见表5。

表5　潮揭高速公路交通量对比

年份	2002年7月可研报告交通量/(辆/天)	2005年3月评估报告交通量/(辆/天)	修正率/%
2007	17543	19541	11.39
2015	29131	31186	7.05
2027	60869	58828	-3.35

(3) 预测交通量。

①2007—2014年交通量预测。采用较近时间即2005年3月交通部公路科学研究所出具的《潮州至揭阳高等级公路交通量分析及预测评估报告》对交通量预测的结果，以2007年折算为小型客车的交通量19541辆/天为基础交通量，年增长率为4.5%，交通量计算公式为：

$$Q_n = Q_0 \times (1+i)^n$$

其中，Q_n为计算年交通量；Q_0为2007年基础交通量；i为2007—2014年的年交通量平均增长率4.5%；n为计算年超过2007年的年数。

2007—2014年交通量预测计算见表6。

表6　2007—2014年潮揭高速公路交通量预测计算表

计算年	基础交通量Q_0/辆	增长年数n/年	增长率i/%	交通量Q_n/辆
2007				19541
2008	19541	1	4.5	20420
2009	19541	2	4.5	21339
2010	19541	3	4.5	22299
2011	19541	4	4.5	23302
2012	19541	5	4.5	24351
2013	19541	6	4.5	25447
2014	19541	7	4.5	26592

②2015—2026年交通量预测。仍采用2005年3月交通部公路科学研究所出具的《潮州至揭阳高等级公路交通量分析及预测评估报告》对交通量预测的结果，以2015年折算为小型客车的交通量31186辆/天为基础，年增长率为4.0%，交通量计算公式为：

$$Q_n = Q_0 \times (1+i)^n$$

其中，Q_n为2015—2026年的计算年交通量；Q_0为2015年基础交通量；i为2015—2026年的年交通量平均增长率4.0%；n为计算年超过2015年的年数。

2015—2026年交通量预测计算见表7。

表7 2015—2026年潮揭高速公路交通量预测计算表

计算年	基础交通量Q_0/辆	年数n/年	增长率i/%	Q_n/辆
2015				31186
2016	31186	1	4	32433
2017	31186	2	4	33730
2018	31186	3	4	35079
2019	31186	4	4	36482
2020	31186	5	4	37941
2021	31186	6	4	39459
2022	31186	7	4	41037
2023	31186	8	4	42678
2024	31186	9	4	44385
2025	31186	10	4	46160
2026	31186	11	4	48006

③2027—2031年交通量预测。根据2005年3月交通部公路科学研究所出具的《潮州至揭阳高等级公路交通量分析及预测评估报告》对交通量预测的结果，潮揭高速公路2027年全部交通量折算为小型客车的交通量，预测数量为58828辆/天。

又根据《公路工程技术标准》（JTJ 001-97）的规定，四车道高速公路一般能适应各种汽车折合成小客车的远景设计年限昼夜交通量为25000～55000辆。据此，预测潮揭高速公路2027—2031年各种汽车折合成小客车的昼夜交通量达到最高设计交通量，即55000辆。2027—2031年潮揭高速公路交通量预测见表8。

表8 2027—2031年潮揭高速公路交通量预测计算表

计算年	Q_n/辆
2027	55000
2028	55000
2029	55000
2030	55000
2031	55000

(四) 现金流量表

1. 现金流入（CI）

本项目现金流入由车辆通行费收入和回收固定资产余值两项组成。

现金流入（CI）= 车辆通行费收入 + 回收固定资产余值

(1) 车辆通行费收入。

①收费标准。潮揭高速公路建成后，广东省物价局批准并向社会公布车辆通行费收费标准。根据《广东省物价局关于调整高速公路车辆通行费收费标准的通知》（粤费〔2005〕5号，2005年5月9日），本文采用深圳梅观高速公路现行车辆通行费收费标准（见表9），预测潮揭高速公路收费标准，小客车收费标准为0.6元/（车·千米）。

表9 深圳梅观高速公路车辆通行费收费标准

车类	分类标准		主要车型车种	系数	收费标准/[元/（车·千米）]
	轴数	轮数			
一	2	4	小轿车、吉普车、出租车、摩托车	1	0.6
二	2	4	面包车、小型货车、轻型货车、小型客车	2	1.2
三	2	6	中型客车、大型普通客车、中型货车	3	1.8
四	2	6~10	大型豪华客车、大型货车、大型拖（挂）车、6米集装箱车	4	2.4
五	>3	>10	双层大客车、重型货车、重型拖（挂）车、12米集装箱车	5	3.0

说明：境外车辆缴港元，按以上标准。

潮揭高速公路小轿车全程收费计算如下：

0.6 元/（车·千米）× 29.349 千米 = 17.61 元/车

潮揭高速公路小轿车收费标准取整为17元/车。

②运营期各年收费。

潮揭高速公路每日收费额 = 折合成小轿车的昼夜交通量 × 小轿车收费标准

潮揭高速公路每年收费额 = 折合成小轿车的昼夜交通量 × 小轿车收费标准 × 365 天

经分年计算，潮揭项目计算期（运营收费期 2009—2031 年）共收费 550328 万元，详见表 10。

表 10　潮揭高速公路项目计算期各年收费计算表

序号	时期	计算年	交通量/（辆/天）	收费标准/（元/辆）	日收费/元	年收费/万元
1	建设期	2007	0	17	0	0
2		2008	0	17	0	0
3	运营收费期	2009	21339	17	362763	13241
4		2010	22299	17	379083	13837
5		2011	23302	17	396134	14459
6		2012	24351	17	413967	15110
7		2013	25447	17	432599	15790
8		2014	26592	17	452064	16500
9		2015	31186	17	530162	19351
10		2016	32433	17	551361	20125
11		2017	33730	17	573410	20929
12		2018	35079	17	596343	21767
13		2019	36482	17	620194	22637
14		2020	37941	17	644997	23542
15		2021	39459	17	670803	24484
16		2022	41037	17	697629	25463
17		2023	42678	17	725526	26482
18		2024	44385	17	754545	27541
19		2025	46160	17	784720	28642
20		2026	48006	17	816102	29788
21		2027	55000	17	935000	34128
22		2028	55000	17	935000	34128
23		2029	55000	17	935000	34128
24		2030	55000	17	935000	34128
25		2031	55000	17	935000	34128
	合计					550328

(2) 固定资产初值与期末残值。

①固定资产初值。潮揭高速公路项目总投资（不含建设期贷款利息）为169157万元，根据广东省交通厅批复潮揭高速公路初步设计概算，其中临时工程费703万元，勘察设计费4200万元，征地拆迁费19104万元，科研试验费150万元，拆迁补助标准提高300万元，文物调查、环境评价、地震安全性评价、地质灾害性评估、水土保持等费用270万元，工程保险费457万元，借土资源费1300万元。根据《高速公路公司财务管理规定》（财工字〔1997〕59号，1997年3月26日）的规定，潮揭高速公路固定资产初值计算如下：

固定资产初值＝项目总投资（不含建设期贷款利息）－临时工程费－勘察设计费－征地拆迁费－科研试验费－拆迁补助标准提高－文物调查、环境评价、地震安全性评价、地质灾害性评估、水土保持等费用－工程保险费－借土资源费＝169157万元－703万元－4200万元－19104万元－150万元－300万元－270万元－457万元－1300万元＝142673万元

② 固定资产期末残值。按照《高速公路公司财务管理规定》对固定资产残值的规定，到2031年收费期限结束时，路基及其构造物、路面等无偿交还国家，残值为0，其他资产残值率为3%。考虑到潮揭公司拟与中石油或中石化合作建设加油站，拟采用大量先进的进口收费设备和安全自动监控、偷逃票监控设备，拟自主开发日常收费监控和上报软件系统，这些加油站、设备和软件系统都是设计外投资者自增，因此项目移交时可收回部分固定资产残值，因此固定资产期末残值率按3%计算。

固定资产期末残值＝固定资产初值×3%＝142673万元×3%＝4280万元即2031年回收固定资产残值为4280万元。

2. 现金流出（CO）

现金流出（CO）＝工程成本＋流动资金＋营业税及附加税＋通行养护费支出＋管理费用＋财务费用＋所得税

（1）工程成本。

①资金投入计划。

建设期两年需要完成总投资16.9157亿元（不含建设期贷款利息），其中

建筑工程总造价为14.2673亿元。即潮揭高速公路项目工程成本为16.9157亿元，项目资金及融资方案见表11。

表11 潮揭高速公路项目资金及融资方案　　　　单位：万元

建设期	年度投资	融资方案	
		资本金	贷款
2007年	84579	59205	25374
2008年	84578		84578
合计	169157	59205	109952

②建设期贷款利息。

潮揭高速公路建设期两年（2007—2008年），资金投入按均衡投入计算，总投资（不含建设期贷款利息）16.9157亿元，两年分期投入：2007年投入8.4579亿元，其中贷款2.5374亿元；2008年投入8.4578亿元，资金来源均为贷款。贷款利息计算见表12。

建设期贷款利息计算公式：

$$q_j = (P_{j-1} + 0.5A_j) \times i$$

其中，q_j为第j年贷款利息；P_{j-1}为第$j-1$年贷款本金和利息总额；A_j为第j年贷款额；i为建设期贷款利率，$i = 6.84\%$。

表12 建设期贷款利息计算表

建设期	年初本息合计 P_{j-1}/万元	当年贷款 A_j/万元	贷款利率i/%	利息q_j/万元
2007年		25374	6.84	868
2008年	26242	84578	6.84	4688
合计				5556

③项目全部投资。

项目建设期全部投资 = 项目总投资（不含建设期贷款利息）+ 建设期贷款利息 = 16.9157亿元 + 0.5556亿元 = 17.4713亿元

潮揭高速公路项目全部投资构成见表13。

表13　潮揭高速公路项目全部投资构成　　　单位：万元

建设期	年度投资	融资方案		
		资本金	贷款	贷款利息
2007年	85447	59205	25374	868
2008年	89266		84578	4688
合计	174713	59205	109952	5556

(2) 运营成本。

潮揭高速公路运营成本由日常养护费、大修理费、运营管理费、折旧与摊销、财务费用组成。

日常养护费。以2009年为基年，根据调查，潮揭项目所在地现有高速公路养护费用每年每千米约为8万元，年增长按3%考虑。

大修理费。潮揭高速公路大修理费用主要考虑路面重新罩面，根据《潮州至揭阳高等级公路工程可行性报告》(2002年)，按每千米120万元计算大修费用，在2009—2031年的23年评价期内考虑两次大修（每次间隔10年），按经营期每年预提大修理费用计算。

运营管理费。潮揭高速公路预设5处收费站，通过对现有公路收费站的调查，预测每处收费站的每年管理费用约为120万元。评价期考虑职工工资及福利水平的提高，每年管理费用的增长率预定为3%。

折旧与摊销。固定资产折旧、无形资产摊销、递延资产摊销构成折旧与摊销。

固定资产折旧。固定资产折旧计算采用平均年限法，根据《运输企业财务制度》规定，固定资产折旧年限与项目评价期一致。考虑到该项目拟利用建筑工程节省造价，概算外增加先进的进口收费设备、开发收费联网软件系统、运行安全监控、偷逃费监控设备，且拟与中石油或中石化联建加油站等预算外建筑，因此固定资产净残值率按3%测算（如无预算外设备建筑等增加项，残值率应取为0）。

$$年折旧率 = \frac{1-预计净残值率}{折旧年限} = \frac{1-3\%}{23年} = 4.22\%/年$$

固定资产年折旧额 = 固定资产初值 × 年折旧率 = 142673万元 × 4.22% =

6021万元

无形资产摊销。根据《运输企业财务制度》（财政部（92）财工字第577号，1992年12月20日）规定，勘察设计费，征地拆迁费，科研试验费，拆迁补助标准提高费，文物调查、环境评价、地震安全性评价、地质灾害性评估、水土保持等费用，工程保险费，借土资源费列入无形资产。无形资产摊销期按不少于10年分期摊销。

无形资产＝勘察设计费＋征地拆迁费＋科研试验费＋拆迁补助标准提高费＋文物调查、环境评价、地震安全性评价、地质灾害性评估、水土保持等费用＋工程保险费＋借土资源费＝4200万元＋19104万元＋150万元＋300万元＋270万元＋457万元＋1300万元＝25781万元

无形资产摊销按10年摊销期（2009—2018年）计算，每年约摊销2578万元。

递延资产摊销。潮揭高速公路项目临时工程费用703万元，根据《高速公路公司财务管理规定》，临时工程在正式工程竣工后将被拆除，不形成固定资产，列入递延资产。递延资产摊销期按不短于5年分期摊销。

递延资产＝临时工程费＝703万元

递延资产摊销期按5年（2009—2013年）分期摊销，每年摊销约141万元。

财务费用。本项目财务费用即指贷款利息，项目计算期还款付息计算详见表14。

（3）潮揭高速公路成本分析。

潮揭高速公路成本＝日常养护费＋大修理费＋运营管理费＋折旧与摊销＋财务费用＝日常养护费＋大修理费＋运营管理费＋固定资产折旧＋无形资产摊销＋递延资产摊销＋财务费用

潮揭高速公路项目成本分析详见表15。

（4）税金。潮揭高速公路税金由营业税率、城市建设维护费、教育费附加、企业所得税、投资方向调节税组成。

营业税率、城市建设维护费、教育费附加。根据《财政部、国家税务总局关于公路经营企业车辆通行费收入营业税政策的通知》（财税〔2005〕77号，

项目投资与企业管理

表 14 潮揭高速公路项目长期贷款还本付息表

单位：万元

序号	项目	合计	建设期		运营期																				
			1 2007年	2 2008年	3 2009年	4 2010年	5 2011年	6 2012年	7 2013年	8 2014年	9 2015年	10 2016年	11 2017年	12 2018年	13 2019年	14 2020年	15 2021年	16 2022年	17 2023年	18 2024年	19 2025年	20 2026年	21 2027年	22 2028年	23 2029年	24 2030年	25 2031年
1	借款及还本付息																									
1.1	年初借款本金累计		25374	109952	102452	94952	87452	79952	72452	64952	57452	49952	42452	34952	27452	19952	12452	4952								
1.2	本年贷款(建设资金)	109952	25374	84578																						
1.3	年初应计利息累计				5556	11072	16167	20799	24924	28492	31451	32689	33126	32694	31317	28915	25401	20680	14652	5978							
1.5	本年应计利息	82800	868	4688	7574	7429	7254	7048	6806	6526	6169	5728	5232	4676	4055	3364	2595	1744	846	198							
1.6	本年还本金	109952			7500	7500	7500	7500	7500	7500	7500	7500	7500	7500	7500	7500	7500	7500	4952								
1.7	本年付息	82800			2058	2334	2622	2923	3238	3567	4931	5291	5664	6053	6457	6878	7316	7772	9520	6176							
1.8	短期借款偿还																										
2	偿还借款本金的资金来源	192762			9559	9834	10122	10424	10739	11068	12432	12791	13164	13554	13958	14379	14817	15272	14473	6176							
2.1	可用于还款的利润	75963			819	1094	1382	1684	2001	2469	3833	4192	4565	4954	5358	8358	8796	9251	8452	6176							
2.2	可用于还款的折旧	90315			6021	6021	6021	6021	6021	6021	6021	6021	6021	6021	6021	6021	6021	6021	6021								
2.3	可用于还款的摊销	26484			2719	2719	2719	2719	2717	2578	2578	2578	2578	2579													
2.4	其他可用于还款的资金																										
2.5	短期借款																										

表 15 潮揭高速公路项目成本分析

单位：万元

序号	项目	合计	建设期			运营期																				
			1	2	3	4	5	6	7	8	9	10	11	12	13	14	15	16	17	18	19	20	21	22	23	24	25
			2007年	2008年	2009年	2010年	2011年	2012年	2013年	2014年	2015年	2016年	2017年	2018年	2019年	2020年	2021年	2022年	2023年	2024年	2025年	2026年	2027年	2028年	2029年	2030年	2031年
1	日常养护费	7606			235	242	249	256	264	272	280	288	297	306	315	324	334	344	354	365	376	387	399	411	423	436	449
2	大修理费	8096			352	352	352	352	352	352	352	352	352	352	352	352	352	352	352	352	352	352	352	352	352	352	352
3	运营管理费	19501			600	618	637	656	676	696	717	739	761	784	808	832	857	883	909	936	964	993	1023	1054	1086	1119	1153
	固定资产折旧	138393			6021	6021	6021	6021	6021	6021	6021	6021	6021	6021	6021	6021	6021	6021	6021	6021	6021	6021	6021	6021	6021	6021	
	递延资产摊销	703			141	141	141	141	139																			
4	无形资产摊销	25761			2578	2578	2578	2578	2578	2578	2578	2578	2578	2579														
	小计	164877			8740	8740	8740	8740	8738	8599	8599	8599	8599	8600	6021	6021	6021	6021	6021	6021	6021	6021	6021	6021	6021	6021	
5	财务费用(贷款利息)	82800			2058	2334	2622	2923	3238	3567	4931	5291	5664	6053	6457	6878	7316	7772	9520	6176			1732	1774	1817	1861	1907	1954
6	运营成本	118003			3245	3546	3860	4187	4530	4887	6280	6670	7074	7495	7932	8386	8859	9351	11135	7829	1692							
7	总成本费用	282880			11985	12286	12600	12927	13268	13486	14879	15269	15673	16095	13953	14407	14880	15372	17156	13850	7713	7753	7795	7838	7882	7928	7885

2005 年 5 月 21 日），从 2005 年 5 月 11 日起高速公路公司营业税按 3% 计征。城市建设维护税税率按营业税的 7% 计征；教育费附加按营业税的 3% 计征；营业税及教育费附加综合税率按营业税的 0.3% 计征。三项合计采用税率 3.3%。

企业所得税。地方政府没有明确给予潮揭高速公路项目税收优惠，因此本项目采用中国大陆现行企业所得税税率。按应税利润总额的 33% 计算企业所得税。如果发生年度亏损可以用下一年度的利润弥补。

投资方向调节税。根据国家政策，该税项按免税考虑。

（5）盈余公积金。盈余公积金按税后利润的 10% 提取，公益金按规定不再提取。

3. 现金流量表

潮揭高速公路项目现金流量表见表 16。

（五）工程经济指标计算

1. 净现值（NPV）

净现值计算公式：

$$NPV = \sum_{i=1}^{n} (CI - CO)_t (1 + i_c)^{-t}$$

其中，$n = 25$ 年；$i_c = 9.58\%$；$(CI - CO)_t$ 为第 t 年净现金流量。

采用 Excel 电子表格中的 NPV 函数，计算非固定回报投资的净现值。该函数表达式如下：

$$NPV\ (i_c, B1：B2)$$

B1：B2 为在 Excel 电子表格中由计算期各年净现金流量（CI - CO）组成的数组。

经计算潮揭高速公路净现值 $NPV = -51929$ 万元

详见表 17。

表 16 潮揭高速公路项目现金流量表

单位：万元

序号	项目	合计	建设期		运营期																						
			1 2007 年	2 2008 年	3 2009 年	4 2010 年	5 2011 年	6 2012 年	7 2013 年	8 2014 年	9 2015 年	10 2016 年	11 2017 年	12 2018 年	13 2019 年	14 2020 年	15 2021 年	16 2022 年	17 2023 年	18 2024 年	19 2025 年	20 2026 年	21 2027 年	22 2028 年	23 2029 年	24 2030 年	25 2031 年
1	现金流入(CI)/万元	554608			13241	13837	14459	15110	15790	16500	19351	20125	20929	21767	22637	23542	24484	25463	26482	27541	28642	29788	34128	34128	34128	34128	38408
1.1	车辆通行费收入/万元	550328			13241	13837	14459	15110	15790	16500	19351	20125	20929	21767	22637	23542	24484	25463	26482	27541	28642	29788	34128	34128	34128	34128	34128
1.2	短期借款/万元																										
1.3	回收固定资产余额/万元	4280																									4280
1.4	回收流动资金																										
2	现金流出(CO)/万元	363930	84579	84578	3682	3903	4377	4686	5051	5432	6919	7334	7765	8213	8679	9163	9667	10191	12009	10918	9232	9662	11218	11247	11277	11307	12781
2.1	工程成本/万元	169157	84579	84578																							
2.2	流动资金/万元																										
2.3	营业税及附加税/万元	18161			437	457	477	499	521	545	639	664	691	718	747	777	808	840	874	909	945	983	1126	1126	1126	1126	1126
2.4	通行养护费支出/万元	15702			587	594	601	608	616	624	632	640	649	658	667	676	686	696	706	717	728	739	751	763	775	788	801
2.5	管理费用/万元	19501			600	518	637	656	676	696	717	739	761	784	808	832	857	883	909	936	964	993	1023	1054	1086	1119	1153
2.6	财务费用/万元	82800			2058	2334	2662	2923	3238	3567	4931	5291	5664	6053	6457	6878	7316	7772	9520	6176	0	0	0	0	0	0	0
2.7	所得税/万元	58609																		2180	6595	6947	8318	8304	8250	8274	9701
3	净现金流量(CI−CO)/万元	190678	−84579	−84578	9559	9934	10082	10424	10739	11068	12432	12791	13164	13554	13958	14379	14817	15272	14473	16623	19410	20126	22910	22881	22851	22821	25627

表 17 潮揭高速公路项目工程经济指标计算表

序号	项目及名称	合计	建设期		运营期																						
			1 2007 年	2 2008 年	3 2009 年	4 2010 年	5 2011 年	6 2012 年	7 2013 年	8 2014 年	9 2015 年	10 2016 年	11 2017 年	12 2018 年	13 2019 年	14 2020 年	15 2021 年	16 2022 年	17 2023 年	18 2024 年	19 2025 年	20 2026 年	21 2027 年	22 2028 年	23 2029 年	24 2030 年	25 2031 年
1	现金流入(CI)/万元	554608	0	0	13241	13837	14459	15110	15790	16500	19351	20125	20929	21767	22657	23542	24484	25463	26482	27541	28642	29788	34128	34128	34128	34128	39408
1.1	车辆通行费收入/万元	550328			13241	13837	14459	15110	15790	16500	19351	20125	20929	21767	22657	23542	24484	25463	26482	27541	28642	29788	34128	34128	34128	34128	34128
1.2	短期借款/万元																										
1.3	回收固定资产余额/万元	4280																										4280
1.4	回收流动资金/万元																											
2	现金流出(CO)/万元	363930	84579	84578	3682	3903	4577	4686	5051	5432	6919	7334	7765	8213	8679	9163	9667	10191	12009	10918	9232	9662	11218	11247	11277	11307	12781
2.1	工程成本/万元	169157		84578	84578																						
2.2	流动资金/万元																											
2.3	营业税及附加税/万元	18161			437	457	477	499	521	545	639	664	691	718	747	777	808	840	874	909	945	983	1126	1126	1126	1126	1126
2.4	运行养护费支出/万元	15702			587	594	601	608	616	624	632	640	649	658	667	676	686	696	706	717	728	739	751	763	775	788	801
2.5	管理费用/万元	19501			600	518	637	656	676	696	717	739	761	784	808	832	857	883	909	936	964	993	1023	1054	1086	1119	1153
2.6	财务费用/万元	82800			2058	2334	2662	2923	3238	3567	4931	5291	5664	6053	6457	6878	7316	7772	9520	6176	2180	0	0	0	0	0	0
2.7	所得税/万元	58609																				6595	6947	8318	8304	8290	8274	9701
3	净现金流量(CI-CO)/万元	190678	-84579	-84578	9559	9934	10082	10424	10739	11068	12432	12791	13164	13554	13958	14579	14817	15272	14473	16623	19410	20126	22910	22881	22851	22821	25627
1	现金流入(CI)/万元	554608	84579																									
2	现金流出(CO)/万元	550328	84579	84578	9559	9834	10122	10424	10739	11068	12432	12791	13164	13554	13958	14579	14817	15272	14473	16623	19410	20126	22910	22881	22851	22821	25627
3	净现金流量(CI-CO)/万元	190678	-84579	-84578	9559	9834	10122	10424	10739	11068	12432	12791	13164	13554	13958	14579	14817	15272	14473	16623	19410	20126	22910	22881	22851	22821	25627
4	累计净现金流量/万元	190678	-84579	-169157	-159598	-149764	-139642	-129218	-118479	-107411	-94979	-82188	-69453	-63007	-76965	-91344	-106161	-121433	-135906	-152529	-171999	-192065	-214975	-237856	-260707	-283528	-309155
5	净残值/万元	-51929																										
6	静态投资回收期/年	15.81																										
7	内部收益率/%	5.86																										
8	投资利润率/%	4.61																										

2. 静态投资回收期（P_t）

根据表 17，有：

静态投资回收期（P_t）= 累计净现金流量开始出现正值的年份数 $-1+\dfrac{|\text{上一年累计净现金流量}|}{\text{当年净现金流量}}$ = 16 年 $-1+\dfrac{|-12316\text{ 万元}|}{15272\text{ 万元}}\approx 15.81$ 年

3. 内部收益率（IRR）

内部收益率计算公式：

$$\sum_{t=1}^{n}(CI-CO)_t(1+IRR)^{-t}=0$$

上式中的内部收益率 IRR，通过 Excel 表格公式试算。取定：当 $IRR=5.86\%$ 时，大桥净现值 $NPV=0$。

潮揭高速公路项目内部收益率 $IRR=5.86\%$。

详见表 17。

4. 投资利润率（ROI）

其他业务利润 = 其他业务收入 − 其他业务支出

该项目无其他业务利润。

其他业务利润 = 0

车辆通行费收入 = 550328 万元

通行养护支出 = 经常修理费 + 大修理费 = 7606 万元 + 8096 万元 = 15702 万元

营业税金及附加 = 18161 万元

主营业务利润 = 车辆通行费收入 − 通行养护支出 − 营业税金及附加 = 550328 万元 − 15702 万元 − 18161 万元 = 516465 万元

管理费用 = 运营管理费 + 折旧及摊销 = 19501 万元 + 164877 万元 = 184378 万元

财务费用 = 82800 万元

营业利润 = 主营业务利润 + 其他业务利润 − 管理费用 − 财务费用 = 516465 万元 + 0 − 184378 万元 − 82800 万元 = 249287 万元

投资净收益 = 0

营业外收入 = 固定资产残值 = 4280 万元

营业外支出 = 0

利润总额 = 营业利润 + 投资净收益 + 营业外收入 − 营业外支出 = 249287 万元 + 0 + 4280 万元 − 0 = 253567 万元

税后利润 = 利润总额 − 所得税总额 = 253567 万元 − 58609 万元 = 194958 万元

年平均利润总额 = 税后利润/25 年 = 194958 万元/25 年 = 7798 万元/年

项目全部投资 = 169157 万元

投资利润率(ROI) = $\dfrac{\text{年平均利润总额}}{\text{项目全部投资}}$ = $\dfrac{7798 \text{ 万元}}{169157 \text{ 万元}}$ × 100% = 4.61%

(六) 工程经济指标分析

1. 净现值（NPV）预测结果

取定基准收益率 i_c = 9.58% 时，潮揭高速公路项目净现值 NPV = −51929 万元，净现值小于零，说明潮揭高速公路实际投资收益率小于预期的基准收益率 9.58%，潮揭高速公路项目的收益比基准收益率低，不宜投资。

2. 静态投资回收期（P_t）预测结果

潮揭高速公路项目的静态投资回收期 P_t = 15.81 年，说明在不考虑资金时间价值的条件下，中国铁建回收全部投资所需要的时间是 15.81 年，具体时间是在 2022 年 10 月，中国铁建可以收回潮揭高速公路项目全部投资。潮揭高速公路项目的静态投资回收期较长。

3. 内部收益率（IRR）预测结果

潮揭高速公路项目内部收益率 IRR = 5.86%，说明潮揭高速公路项目的最高盈利水平是 5.86%，小于中国人民银行公布的长期贷款利率 6.84%（5～30 年期长期贷款利率），该项目盈利水平较低，达不到银行长期贷款利率水平。

4. 投资利润率（ROI）预测结果

潮揭高速公路项目投资利润率 $ROI=4.61\%$，低于中国人民银行公布的长期贷款利率 6.84%，没有达到《中国铁道建筑总公司投资决策办法》规定的投资项目"原则上项目的内涵报酬率应高于同期银行贷款利率 40% 以上"的要求。潮揭高速公路项目不具有投资价值。

三、潮揭高速公路 BOT 项目工程经济综合评价

本文运用工程经济学理论中的现金流量法，对潮揭高速公路项目净现值（NPV）、内部收益率（IRR）两个工程经济指标进行动态研究，得出结论为该项目净现值小于零（$NPV<0$）、内部收益率低于中国人民银行长期贷款利率（$IRR=5.86\%<6.84\%$）。本文运用工程经济学理论，对投资回收期、投资利润率进行静态分析，得出该项目静态投资回收期较长（$P_t=15.81$ 年）、投资利润率低于中国铁建内定投资基准收益率（$ROI<9.58\%$）。潮揭高速公路 BOT 项目工程经济的项目经济效益评价结果为不可行。

通过工程经济指标预测分析，对潮揭高速公路 BOT 项目综合工程经济评价结论为：经济效益较差，不具有投资价值。

(2007 年 1 月)

> **注**：本文是作者攻读澳门科技大学工商管理硕士学位，所提交硕士毕业论文《潮揭高速公路 BOT 项目投资价值分析》中工程经济分析部分。

潮揭高速公路 BOT 项目投资风险分析

一、潮揭高速公路 BOT 项目敏感性分析

敏感性分析方法是研究在项目生命周期内，当项目的工程经济评价构成因素（如项目总投资、资本金比例、收费收入、运营成本、项目收费期限、银行贷款利率等）发生变化时，项目的工程经济评价指标（如净现值 NPV、内部收益率 IRR、投资利润率 R、投资回收期 P_t 等）会出现何种变化以及变化范围有多大。敏感性分析是一种常用定量识别风险和预判风险敏感度的方法。敏感性分析的目的就是通过分析各个因素对项目经济评价指标的影响程度的大小，找出敏感性因素，并为针对敏感性因素制定必要的风险防控措施提供依据。

敏感性分析分为单因素敏感性分析和多因素敏感性分析。只有一个因素变化，其他因素保持不变的敏感性分析称为单因素敏感性分析；同时有两个或两个以上的因素发生变化时，分析这些变化的因素同时发生变化的敏感性分析称为多因素敏感性分析。本文采用单因素敏感性分析方法，对潮揭高速公路项目进行不确定性分析研究。

（一）单因素敏感性分析方法

1. 单因素敏感性分析

单因素敏感性分析是指在进行敏感性分析时，假定只有一个工程经济评价构成因素是变化的，其他因素保持不变，分析这个可变因素对工程经济评价指标的影响程度和敏感程度。

（1）敏感性分析对象。潮揭高速公路项目敏感性分析对象是前文计算出来的三个工程经济指标：净现值（NPV）、静态投资回收期（P_t）、内部收益率（IRR）。

（2）敏感性分析因素。影响潮揭高速公路项目工程经济指标的不确定性因素较多，如项目总投资、收费收入、项目收费期、银行贷款利率、国家政策变化等。这些因素发生变化的可能性较大，例如地方政府要求增加设计外工程、征地拆迁费用涨价、不可抗力、材料价格上涨等引起项目总投资增加；潮揭高速公路建成后通行车辆数量的增减会引起过路费收入的变化；若项目建设期延迟会影响收费期变化。广东省交通厅曾表示，关于该项目收费期延长问题，投资方可以与政府商谈。经营收费期限直接影响到项目的工程经济指标。潮揭高速公路的项目总投资、收费收入、经营期限发生变化都不是中国铁建和锦峰集团所能控制的，因此将此项目的总投资、收费收入、经营期限三因素作为敏感性分析因素。

2. 确定潮揭高速公路项目最重要的敏感性因素

采用单因素敏感性分析方法，分析潮揭高速公路在其他因素不变，而项目总投资、车辆通行费收入、经营期三个因素中只有一个因素发生变化时，对潮揭高速公路项目净现值的影响。

（1）项目总投资增加10%，其他敏感性因素不变。当项目总投资增加10%，即项目总投资从169157万元（不含建设期贷款利息）增加到186073万元（不含建设期贷款利息）时，项目投资安排见表1。

表1 潮揭高速公路项目总投资增加10%资金构成

建设期	年度投资/万元	资金构成/万元	
		资本金	贷款
2007年	93037	67663	25374
2008年	93036		93036
合计	186073	67663	118410

各项指标计算详见表2。

表 2 潮揭高速公路项目敏感性分析计算表——项目总投资增加 10%

序号	项目名称	合计	建设期			运营期																					
			1 2007年	2 2008年	3 2009年	4 2010年	5 2011年	6 2012年	7 2013年	8 2014年	9 2015年	10 2016年	11 2017年	12 2018年	13 2019年	14 2020年	15 2021年	16 2022年	17 2023年	18 2024年	19 2025年	20 2026年	21 2027年	22 2028年	23 2029年	24 2030年	25 2031年
1	现金流入/万元	555116	0	0	13241	13837	14459	15110	15790	16500	19351	20125	20929	21767	22637	23542	24484	25463	26482	27541	28642	29788	34128	34128	34128	34128	38916
1.1	收费收入/万元	550328			13241	13837	14459	15110	15790	16500	19351	20125	20929	21767	22637	23542	24484	25463	26482	27541	28642	29788	34128	34128	34128	34128	34128
1.2	回购款/万元	0			0	0	0	0	0	0	0	0	0	0	0	0	0	0	0	0	0	0	0	0	0	0	0
1.3	回收固定资产余值/万元	4788																									4788
1.4	回收流动资金/万元	0			0	0	0	0	0	0	0	0	0	0	0	0	0	0	0	0	0	0	0	0	0	0	0
2	现金流出/万元	385600	99037	99036	3432	3753	4087	4436	4801	5182	6669	7084	7515	7963	8429	8913	9417	9941	10485	11049	11632	11583	11103	11132	11161	11192	11101
2.1	建设投资/万元	186073	99037	99036	0	0	0	0																			
2.2	流动资金/万元	0						0																			
2.3	运营成本/万元	137809			2995	3296	3610	3937	4280	4637	6030	6420	6824	7245	7682	8136	8609	9101	9611	10669	10694	7720	1774	1817	1861	1907	1954
2.4	营业税及附加税/万元	18161			437	457	477	499	521	545	639	664	691	718	747	777	808	840	874	909	945	983	1126	1126	1126	1126	1126
2.5	所得税/万元	43627			0	0	0	0	0	0	0	0	0	0	0	0	0	0	0	0	0	2880	8203	8189	8174	8159	8021
3	净现金流量/万元	169446	-99037	-99036	9809	10084	10372	10674	10989	11318	12682	13041	13414	13804	14208	14629	15067	15522	15997	16500	16500	18205	23025	22996	22967	22996	27814
4	累计净现金流量/万元	169446	-99037	-186073	-176264	-166180	-155808	-145134	-134145	-122827	-110145	-97104	-83690	-69886	-55678	-41049	-25982	-10460	5537	18500	31503	49708	72733	95729	118696	141631	169446
5	所得税前净现金流量/万元	213073	-99037	-99036	9809	10084	10372	10674	10989	11318	12682	13041	13414	13804	14208	14629	15067	15522	15997	16500	13003	21085	31228	31185	31141	31095	35836
6	所得税前净现金流量 累计/万元	213073	-99037	-186073	-176264	-166180	-155808	-145134	-134145	-122827	-110145	-97104	-83690	-69886	-55678	-41049	-25982	-10460	5537	18500	31503	52588	83816	115001	146142	177237	213073
7	净现值/万元	-68118																										
8	静态投资回收期/年	16.65																										
9	内部收益率/%	4.98																										
10	投资利润率/%	3.76																										

计算潮揭高速公路项目净现值，根据净现值计算公式：

$$NPV_1 = \sum_{t=0}^{n} (CI-CO)_t (1+i_c)^{-t}$$

$$= \sum_{t=0}^{25} (CI-CO)_t (1+9.58\%)^{-t}$$

$$= -68118 \text{ 万元}$$

净现值的变化率为：

$$\beta_{投资} = \frac{|评价指标变化幅度|}{|变量因素变化幅度|} \times 100\% =$$

$$\frac{|(-68118\text{ 万元})-(-51929\text{ 万元})|}{\frac{|-51929\text{ 万元}|}{|10\%|}} \times 100\% = 311.75\%$$

（2）车辆通行费收入增加10%，其他敏感性因素不变。当潮揭高速公路车辆通行费收入增加10%，即该项目车辆通行费收入由554608万元增加到609637万元时，各项指标计算详见表3。

计算潮揭高速公路项目净现值，根据净现值计算公式：

$$NPV_1 = \sum_{t=0}^{n} (CI-CO)_t (1+i_c)^{-t}$$

$$= \sum_{t=0}^{25} (CI-CO)_t (1+9.58\%)^{-t}$$

$$= -38188 \text{ 万元}$$

净现值的变化率为：

$$\beta_{收费} = \frac{|评价指标变化幅度|}{|变量因素变化幅度|} \times 100\% =$$

$$\frac{|(-38188\text{ 万元})-(-51929\text{ 万元})|}{\frac{|-51929\text{ 万元}|}{|10\%|}} \times 100\% = 264.61\%$$

（3）经营期增加10%，其他敏感性因素不变。当经营期增加10%，即经营期从23年（2009—2031年）增加2.3年时（从2032年增加至2034年4月），各项指标计算详见表4。

——项目投资与企业管理

单位：万元

表 3　潮揭高速公路项目敏感性分析计算表——通行费收入增加 10 %

序号	项目	年度 合计	建设期		运营期																					
			1 2007 年	2 2008 年	3 2009 年	4 2010 年	5 2011 年	6 2012 年	7 2013 年	8 2014 年	9 2015 年	10 2016 年	11 2017 年	12 2018 年	13 2019 年	14 2020 年	15 2021 年	16 2022 年	17 2023 年	18 2024 年	19 2025 年	20 2026 年	21 2027 年	22 2028 年	23 2029 年	24 2030 年	25 2031 年
1	现金流入	609637	0	0	14565	15220	15905	16621	17369	18150	21286	22137	23022	23943	24901	25897	26933	28010	29130	30295	31507	32766	37540	37540	37540	37540	41820
1.1	收费收入	605357		0	14565	15220	15905	16621	17369	18150	21286	22137	23022	23943	24901	25897	26933	28010	29130	30295	31507	32766	37540	37540	37540	37540	37540
1.2	短期借款	0			0	0	0	0	0	0	0	0	0	0	0	0	0	0	0	0	0	0	0	0	0	0	0
1.3	回收固定资产余值	4280																								0.0	4280
1.4	回收流动资金	0																									0
2	现金流出	370386	84579	84578	4116	4467	4834	5216	5617	6034	7668	8123	8596	9087	9599	10130	6291	8933	9352	9788	10241	10711	12420	12449	12478	12509	12570
2.1	建设投资	169157	84579	84578	0	0	0	0																			
2.2	流动资金	0																									
2.3	运营成本	98585		0	3635	3965	4309	4668	5044	5435	6966	7392	7836	8297	8777	9275	5402	1579	1615	1653	1692	1732	1774	1817	1861	1907	1954
2.4	营业税及附加税	19978		0	481	502	525	548	573	599	702	731	760	790	822	855	889	924	961	1000	1040	1081	1239	1239	1239	1239	1239
2.5	所得税	82666		0	0	0	0	0	0	0	0	0	0	0	0	0	0	6430	6776	7135	7509	7898	9407	9393	9378	9363	9377
3	净现金流量	239251	-84579	-84578	10449	10753	11071	11405	11752	12116	13618	14014	14426	14856	15302	15767	20642	19077	19778	20507	21266	22055	25120	25091	25062	25031	29250
4	累计净现金流量	239251	-84579	-169157	-158706	-147955	-136884	-125479	-113722	-101611	-87993	-73979	-59553	-44697	-29395	-13628	7014	26091	45869	66376	87642	109697	134817	159909	184970	210001	239251
5	所得税前净现金流量	321917	-84579	-84578	10753	10753	11071	11405	11752	12116	13618	14014	14426	14856	15302	15767	20642	25507	26554	27642	28775	29953	34527	34484	34440	34394	38627
6	所得税前累计净现金流量	321917	-84579	-169157	-158706	-147955	-136884	-125479	-113722	-101611	-87993	-73979	-59553	-44697	-29395	-13628	7014	32521	59075	86717	115492	145445	179972	214456	248896	283290	321917
7	净现值	-38188																									

96

潮揭高速公路BOT项目投资风险分析

表4 潮揭高速公路项目敏感性分析计算表——经营期增加10%

单位：万元

序号	项目	合计	建设期			运营期																							
			1 2007年	2 2008年	3 2009年	4 2010年	5 2011年	6 2012年	7 2013年	8 2014年	9 2015年	10 2016年	11 2017年	12 2018年	13 2019年	14 2020年	15 2021年	16 2022年	17 2023年	18 2024年	19 2025年	20 2026年	21 2027年	22 2028年	23 2029年	24 2030年	25 2031年	26 2032年	27 2033年	28 2034年
1	现金流入	633102	0	0	13241	13837	14459	15110	15790	16500	19351	20125	20929	21767	22637	23542	24484	25463	26482	27541	28642	29788	34128	34128	34128	34128	34128	34128	34128	14518
1.1	收费收入	628822	0	0	13241	13837	14459	15110	15790	16500	19351	20125	20929	21767	22637	23542	24484	25463	26482	27541	28642	29788	34128	34128	34128	34128	34128	34128	34128	10238
1.2	短期借款	0																												0
1.3	回收固定资产余值	4280																												4280
1.4	回收流动资金	0																												
2	现金流出	386636	84579	84578	3662	4003	4337	4686	5061	5432	6919	7334	7765	8213	8679	9163	9667	10191	8869	8979	9392	9823	11379	11408	11457	11468	11499	11551	11565	5008
2.1	建设投资	169157	84579	84578	0	0	0																							
2.2	流动资金	0			0																									
2.3	运营成本	114120	0	0	3245	3546	3860	4187	4530	4887	6280	6670	7074	7495	7932	8386	8859	9351	7271	7653	1692	1732	1774	1817	1861	1907	1954	2002	2052	2103
2.4	营业税及附加税	20751	0	0	437	457	477	499	521	545	639	664	691	718	747	777	808	840	874	909	945	983	1126	1126	1126	1126	1126	1126	1126	338
2.5	所得税	82608	0	0	0	0	0	0	0	0	0	0	0	0	0	0	0	0	724.02	6417	6755	7108	8479	8465	8450	8435	8419	8403	8387	2567
3	净现金流量	246466	-84579	-84578	9559	9834	10122	10424	10739	11068	12432	12791	13164	13554	13958	14379	14817	15272	17612.98	18562	19250	19965	22749	22721	22691	22660	22629	22597	22563	9510
4	累计净现金流量	246466	-84579	-169157	-159598	-149764	-139642	-129218	-118479	-107411	-94979	-82188	-69024	-55470	-41512	-27133	-12316	2956	20568.98	39131	58381	78347	101096	123817	146508	169168	191797	214393	236956	246466
5	所得税前净现金流量	329074	-84579	-84578	9559	9834	10122	10424	10739	11068	12432	12791	13164	13554	13958	14379	14817	15272	18337	24979	26005	27073	31228	31185	31141	31095	31048	31000	30950	12077
6	所得税后净现金流量累计	329074	-84579	-169157	-159598	-149764	-139642	-129218	-118479	-107411	-94979	-82188	-69024	-55470	-41512	-27133	-12316	2956	21293	46272	72277	99350	130678	161763	192904	223999	255047	286047	316997	329074
7	净现值	-46134																												

计算潮揭高速公路项目净现值，根据净现值计算公式：

$$NPV_1 = \sum_{t=0}^{n}(CI-CO)_t(1+i_c)^{-t}$$

$$= \sum_{t=0}^{25}(CI-CO)_t(1+9.58\%)^{-t}$$

$$= -46134 \text{ 万元}$$

净现值的变化率为：

$$\beta_{期限} = \frac{|评价指标变化幅度|}{|变量因素变化幅度|} \times 100\% = \frac{\frac{|(-46134 \text{ 万元})-(-51929 \text{ 万元})|}{|-51929 \text{ 万元}|}}{|10\%|} \times 100\% = 111.59\%$$

3. 判断最敏感性分析因素

从以上计算结果分析，当潮揭高速公路项目其他条件不变，而项目总投资、车辆通行费收入、经营期分别增加10%时，项目的净现值的变化率分别为：$\beta_{投资}=311.75\%$、$\beta_{收费}=264.61\%$、$\beta_{期限}=111.59\%$，由此得出 $\beta_{投资} > \beta_{收费} > \beta_{期限}$，$\beta_{投资}$ 最大，因此项目投资是潮揭高速公路 BOT 项目最敏感性因素。

（二）分析最敏感性因素影响

项目投资是潮揭高速公路项目的最敏感性因素，对该项目的工程经济指标影响最大。下面分析该项目总投资变化对工程经济指标的影响。

计算过程详见表 5 至表 9。

在投资变化 ±5%、±10%、±20%，及平均 ±1% 时，对潮揭高速公路项目的净现值、动态投资回收期、内部收益率产生的影响，通过以上计算过程得出的结果见表 10。在潮揭高速公路项目投资敏感性分析表中，项目投资变化平均 ±1% 引起工程经济指标的变化率，通过线性回归分析方法计算出来。

表 5 潮揭高速公路项目敏感性分析计算表——项目总投资降低 20%

序号	项目	合计	建设期			运营期																					
			1 2007年	2 2008年	3 2009年	4 2010年	5 2011年	6 2012年	7 2013年	8 2014年	9 2015年	10 2016年	11 2017年	12 2018年	13 2019年	14 2020年	15 2021年	16 2022年	17 2023年	18 2024年	19 2025年	20 2026年	21 2027年	22 2028年	23 2029年	24 2030年	25 2031年
1	现金流入/万元	553993	0	0	13241	13837	14459	15110	15790	16500	19351	20125	20929	21767	22637	23542	24484	25463	26482	27541	28642	29788	34128	34128	34128	34128	37393
1.1	收费收入/万元	550328		0	13241	13837	14459	15110	15790	16500	19351	20125	20929	21767	22637	23542	24484	25463	26482	27541	28642	29788	34128	34128	34128	34128	34128
1.2	短期贷款/万元	0	0	0	0	0	0	0	0	0	0	0	0	0	0	0	0	0	0	0	0	0	0	0	0	0	0
1.3	回收固定资产余值/万元	3265																									3265
1.4	回收流动资金/万元	0			0	0	0	0	0	0	0	0	0	0	0	0	0	0	0	0	0	0	0	0	0	0	0
2	现金流出/万元	321481	67663	67662	3432	3753	4087	4436	4801	5182	6669	7084	7515	7963	8449	9367	8140	8599	8892	9290	9704	10134	11691	11719	11749	11780	11809
2.1	建设投资/万元	135325	67663	67662	0	0	0	0																			
2.2	流动资金/万元	0			0	0	0																				
2.3	运营成本/万元	82265			2995	3296	3610	3937	4280	4637	6030	6420	6824	7245	7702	6162	1543	1579	1615	1653	1692	1732	1774	1817	1861	1907	1954
2.4	营业税及附加税/万元	18161			437	457	477	499	521	545	639	664	691	718	747	777	808	840	874	909	945	983	1126	1126	1126	1126	1126
2.5	所得税/万元	85730	0	0	0	0	0	0	0	0	0	0	0	0	0	2428	5789	6690	6403	6728	7067	7419	8791	8776	8762	8747	8729
3	净现金流量/万元	232113	-67663	-67662	9809	10084	10372	10674	10989	11318	12682	13041	13414	13804	14188	14174.53	16343.81	16954	17590	18251	18938	19654	22437	22409	22379	22348	25584
4	累计净现金流量/万元	232113	-67663	-135325	-125516	-115432	-105060	-94386	-83397	-72079	-59397	-46356	-32942	-19138	-4950	9224.53	25568.34	42523	60113	78365	97301	116955	139392	161801	184180	206528	232113
5	所得税前净现金流量/万元	317842	-67663	-67662	9809	10084	10372	10674	10989	11318	12682	13041	13414	13804	14188	16603	22133	23044	23993	24979	26005	27073	31228	31185	31141	31095	34313
6	所得税前累计净现金流量/万元	317842	-67663	-135325	-125516	-115432	-105060	-94386	-83397	-72079	-59397	-46356	-32942	-19138	-4950	11653	33786	56830	80823	105802	131807	158880	190108	221293	252434	283529	317842
7	净现值/万元	-16711																									
8	静态投资回收期/年	13.35																									
9	内部收益率/%	8.18																									
10	投资利润率/%	6.78																									

表 6 潮揭高速公路项目敏感性分析计算表——项目总投资降低 10%

序号	项目	合计	建设期			运营期																					
			1 2007年	2 2008年	3 2009年	4 2010年	5 2011年	6 2012年	7 2013年	8 2014年	9 2015年	10 2016年	11 2017年	12 2018年	13 2019年	14 2020年	15 2021年	16 2022年	17 2023年	18 2024年	19 2025年	20 2026年	21 2027年	22 2028年	23 2029年	24 2030年	25 2031年
1	现金流入/万元	554101	0	0	13341	13837	14459	15110	15790	16500	19351	20125	20929	21767	22637	23542	24484	25463	26482	27541	28642	29788	34128	34128	34128	34128	37901
1.1	收费收入/万元	550328	0	0	13341	13837	14459	15110	15790	16500	19351	20125	20929	21767	22637	23542	24484	25463	26482	27541	28642	29788	34128	34128	34128	34128	34128
1.2	短期借款数/万元	0																									
1.3	回收固定资产余值/万元	3773																									3773
1.4	回收流动资金/万元	0																									
2	现金流出/万元	337657	76121	76120	3662	4003	4337	4686	5061	5432	6919	7334	7765	8213	8679	9163	8944	10056	5156	9055	9468	9899	11455	11464	11513	11544	11578
2.1	建设投资/万元	152241	76121	76120	0	0	0	0	0	0	0	0	0	0	0	0	0	0	0	0	0	0	0	0	0	0	0
2.2	流动资金/万元	0																									
2.3	运营成本/万元	99056	0	0	3245	3546	3860	4187	4530	4887	6280	6670	7074	7495	7932	8386	8136	6823	1615	1653	1692	1732	1774	1817	1861	1907	1954
2.4	营业税及附加税/万元	18161	0	0	437	457	477	499	521	545	639	664	691	718	747	777	808	840	874	909	945	983	1126	1126	1126	1126	1126
2.5	所得税/万元	68199	0	0	0	0	0	0	0	0	0	0	0	0	0	0	0	2393	2667	6493	6831	7184	8555	8541	8526	8511	8498
3	净现金流量/万元	216444	-76121	-76121	9559	9834	10122	10424	10759	11068	12432	12791	13164	13554	13958	14379	15540	15407	21326	18486	19174	19889	22673	22664	22615	22584	26323
4	累计净现金流量/万元	216444	-76121	-152241	-142682	-132848	-122726	-112302	-101563	-90495	-78063	-65272	-52108	-38554	-24596	-10217	5323	20730	42056	60542	79716	99605	122278	144923	167537	190121	216444
5	所得税前净现金流量/万元	284643	-76121	-76120	9559	9834	10122	10424	10759	11068	12432	12791	13164	13554	13958	14379	15540	17800	23993	24979	26005	27073	31228	31185	31141	31095	34821
6	所得税前累计净现金流量/万元	284643	-76121	-152241	-142682	-132848	-122726	-112302	-101563	-90495	-78063	-65272	-52108	-38554	-24596	-10217	5323	23123	47116	72095	98100	125173	156401	187586	218727	249822	284643
7	净现值/万元	-33730																									
8	静态投资回收期/年	14.66																									
9	内部收益率/%	7.00																									
10	投资利润率/%	5.69																									

潮揭高速公路 BOT 项目投资风险分析

表 7 潮揭高速公路项目敏感性分析计算表——项目总投资降低 5%

序号	项目	合计	建设期			运营期																					
			1 2007年	2 2008年	3 2009年	4 2010年	5 2011年	6 2012年	7 2013年	8 2014年	9 2015年	10 2016年	11 2017年	12 2018年	13 2019年	14 2020年	15 2021年	16 2022年	17 2023年	18 2024年	19 2025年	20 2026年	21 2027年	22 2028年	23 2029年	24 2030年	25 2031年
1	现金流入/万元	554454	0	0	13241	13837	14459	15110	15790	16500	19351	20125	20929	21767	22637	23542	24484	25463	26482	27541	28642	29788	34128	34128	34128	34128	38154
1.1	收费收入/万元	550328			13241	13837	14459	15110	15790	16500	19351	20125	20929	21767	22637	23542	24484	25463	26482	27541	28642	29788	34128	34128	34128	34128	34128
1.2	短期借款/万元	0			0	0	0	0	0	0	0	0	0	0	0	0	0	0	0	0	0	0	0	0	0	0	0
1.3	回收固定资产余值/万元	4026																									4026
1.4	回收流动资金/万元	0																									0
2	现金流出/万元	349851	80350	80349	3682	4003	4337	4686	5051	5432	6919	7334	7765	8213	8679	9163	9667	10464	8707	8937	9351	9781	11337	11366	11396	11427	11455
2.1	建设投资/万元	160699	80350	80349	0	0	0	0																			
2.2	流动资金/万元	0	0	0	0	0	0	0																			
2.3	运营成本/万元	108055			3245	3546	3860	4187	4530	4887	6280	6670	7074	7495	7932	8386	8859	9624	7090	7541	1692	1732	1774	1817	1861	1907	1954
2.4	营业税及附加税/万元	18161			437	457	477	499	521	545	639	664	691	718	747	777	808	840	874	909	945	983	1126	1126	1126	1126	1126
2.5	所得税/万元	62996			0	0	0	0	0	0	0	0	0	0	0	0	0	0	743	6375	6714	7066	8437	8423	8409	8394	8375
3	净现金流量/万元	204503	-80350	-80349	9559	9834	10122	10424	10739	11068	12432	12791	13164	13554	13958	14379	14817	14999	17776	18604	19291	20007	22791	22762	22732	22701	26699
4	累计净现金流量/万元	204503	-80350	-160699	-151140	-141306	-131184	-120760	-110021	-98953	-86521	-73730	-60566	-47012	-33054	-18675	-3858	11141	28917	47520	66811	86818	109609	132370	155103	177804	204503
5	所得税前净现金流量/万元	267439	-80350	-80349	9559	9834	10122	10424	10739	11068	12432	12791	13164	13554	13958	14379	14817	14999	18518	24979	26005	27073	31228	31185	31141	31095	35074
6	所得税前累计净现金流量/万元	267439	-80350	-160699	-151140	-141306	-131184	-120760	-110021	-98953	-86521	-73730	-60566	-47012	-33054	-18675	-3858	11141	29659	54638	80643	107716	138944	170129	201270	232365	267439
7	净现值/万元	-42768																									
8	静态投资回收期/年	15.26																									
9	内部收益率/%	6.43																									
10	投资利润率/%	5.09																									

101

表 8 潮揭高速公路项目敏感性分析计算表——项目总投资增加 5%

序号	项目	合计	建设期			运营期																					
			1 2007年	2 2008年	3 2009年	4 2010年	5 2011年	6 2012年	7 2013年	8 2014年	9 2015年	10 2016年	11 2017年	12 2018年	13 2019年	14 2020年	15 2021年	16 2022年	17 2023年	18 2024年	19 2025年	20 2026年	21 2027年	22 2028年	23 2029年	24 2030年	25 2031年
1	现金流入/万元	554862	0	0	13241	13837	14459	15110	15790	16500	19351	20125	20929	21767	22637	23542	24484	25463	26482	27541	28642	29788	34128	34128	34128	34128	38662
1.1	收费收入/万元	550328			13241	13837	14459	15110	15790	16500	19351	20125	20929	21767	22637	23542	24484	25463	26482	27541	28642	29788	34128	34128	34128	34128	34128
1.2	短期借款/万元	0			0	0	0	0	0	0	0	0	0	0	0	0	0	0	0	0	0	0	0	0	0	0	0
1.3	回收固定资产余值/万元	4534																									4534
1.4	回收流动资金/万元	0																						0.0	0.0	0	0
2	现金流出/万元	374041	88808	88807	3682	4003	4337	4686	5061	5432	6919	7334	7765	8213	8679	9163	9667	10191	10735	11300	11639	9546	11102	11131	11160	11191	11224
2.1	建设投资/万元	177615	88808	88807																							
2.2	流动资金/万元	0																									
2.3	运营成本/万元	128991			3245	3546	3860	4187	4530	4887	6280	6670	7074	7495	7932	8386	8859	9351	9861	12267	9116	1732	1774	1817	1861	1907	1954
2.4	营业税及附加税/万元	18161			437	457	477	499	521	545	639	664	691	718	747	777	808	840	874	909	945	983	1126	1126	1126	1126	1126
2.5	所得税/万元	49274			0	0	0	0	0	0	0	0	0	0	0	0	0	0	0	1578	6631	8202	8188	8173	8158	8144
3	净现金流量/万元	180821	−88808	−88807	9559	9834	10122	10424	10739	11068	12432	12791	13164	13554	13958	14379	14817	15272	15747	13966	17003	20042	23026	22997	22968	22937	27438
4	累计净现金流量/万元	180821	−88808	−177615	−168056	−158222	−148100	−137676	−126937	−115869	−103437	−90646	−74482	−63928	−49970	−35591	−20774	−5502	10245	24210	41213	61455	84481	107478	130446	153383	180821
5	所得税前净现金流量/万元	230095	−88808	−88807	9559	9834	10122	10424	10739	11068	12432	12791	13164	13554	13958	14379	14817	15272	15747	13966	18381	27073	31228	31185	31141	31095	35582
6	所得税后累计净现金流量/万元	230095	−88808	−177615	−168056	−158222	−148100	−137676	−126937	−115869	−103437	−90646	−74482	−63928	−49970	−35591	−20774	−5502	10245	24210	42791	69864	101092	132277	163418	194513	230095
7	净现值/万元	−60508																									
8	静态投资回收期/年	16.35																									
9	内部收益率/%	5.40																									
10	投资利润率/%	4.07																									

潮揭高速公路 BOT 项目投资风险分析

表 9 潮揭高速公路项目敏感性分析计算表——项目总投资增加 20%

序号	项目	合计	建设期			运营期																					
			1 2007年	2 2008年	3 2009年	4 2010年	5 2011年	6 2012年	7 2013年	8 2014年	9 2015年	10 2016年	11 2017年	12 2018年	13 2019年	14 2020年	15 2021年	16 2022年	17 2023年	18 2024年	19 2025年	20 2026年	21 2027年	22 2028年	23 2029年	24 2030年	25 2031年
1	现金流入/万元	555623	0	0	13241	13837	14459	15110	15790	16500	19351	20125	20929	21767	22637	23542	24484	25463	26482	27541	28642	29788	34128	34128	34128	34128	39423
1.1	收费收入/万元	550328	0	0	13241	13837	14459	15110	15790	16500	19351	20125	20929	21767	22637	23542	24484	25463	26482	27541	28642	29788	34128	34128	34128	34128	34128
1.2	短期借款/万元	0			0	0	0	0	0	0	0	0	0	0	0	0	0	0	0	0	0	0	0	0	0	0	0
1.3	回收固定资产余值/万元	5295																									5295
1.4	回收流动资金/万元	0																									0
2	现金流出/万元	410109	101495	101494	3287	3332	3378	3426	3474	4932	6419	6834	7265	7713	8179	8663	9167	9691	10235	12830	15639	16251	18514	15376	10807	10838	10870
2.1	建设投资/万元	202989	101495	101494	0	0	0	0																			
2.2	流动资金/万元	0			0	0	0	0																			
2.3	运营成本/万元	165544	0	0	2850	2875	2901	2927	2953	4387	5780	6170	6574	6995	7432	7886	8359	8851	9361	11921	14694	15268	17388	14250	1861	1907	1954
2.4	营业税及附加配/万元	18161			437	457	477	499	521	545	639	664	691	718	747	777	808	840	874	909	945	983	1126	1126	1126	1126	1126
2.5	所得税/万元	23415			0	0	0	0	0	0	0	0	0	0	0	0	0	0	0	0	0	0	0	7820	7820	7805	7790
3	净现金流量/万元	145514	-101495	-101494	9954	10505	11081	11684	12316	11568	12932	13291	13664	14054	14458	14879	15317	15772	16247	14711	13003	13537	15614	18752	23321	22290	28553
4	累计净现金流量/万元	145514	-101495	-202989	-193035	-182530	-171449	-159765	-147449	-135881	-122949	-109658	-95994	-81940	-67482	-52603	-37286	-21514	-5267	9444	22447	35984	51598	70350	93671	115961	145514
5	所得税前净现金流量/万元	168929	-101495	-101494	9954	10505	11081	11684	12316	11568	12932	13291	13664	14054	14458	14879	15317	15772	16247	14711	13003	13537	15614	18752	31141	31095	36343
6	所得税前累计净现金流量/万元	168929	-101495	-202989	-193035	-182530	-171449	-159765	-147449	-135881	-122949	-109658	-95994	-81940	-67482	-52603	-37286	-21514	-5267	9444	22447	35984	51598	70350	101491	132586	168929
7	净现值/万元	-83143																									
8	静态投资回收期/年	17.36																									
9	内部收益率/%	4.20																									
10	投资利润率/%	2.77																									

103

表10 潮揭高速公路项目投资敏感性分析表

项目投资变化	净现值（NPV）	静态投资回收期（P_t）	内部收益率（IRR）	投资利润率（ROI）
-20%	-16177 万元	13.35 年	8.18%	6.78%
-10%	-33730 万元	14.66 年	7.00%	5.69%
-5%	-42768 万元	15.26 年	6.43%	5.05%
0	-51929 万元	15.81 年	5.86%	4.61%
5%	-60508 万元	16.35 年	5.40%	4.07%
10%	-68118 万元	16.65 年	4.98%	3.76%
20%	-83168 万元	17.36 年	4.20%	2.77%
平均 +1%	3.14%	0.56%	-1.50%	-2.06%
平均 -1%	-3.49%	-0.73%	1.96%	2.20%

（三）一元线性回归分析

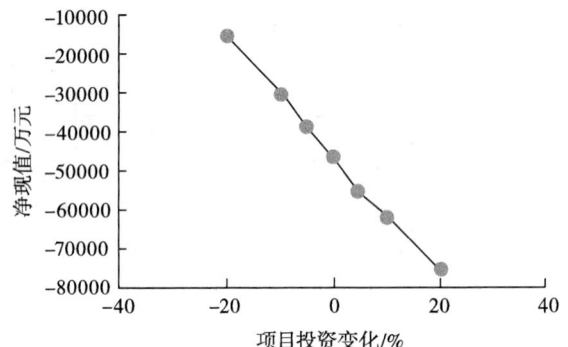

图1 项目投资变化与净现值回归分析

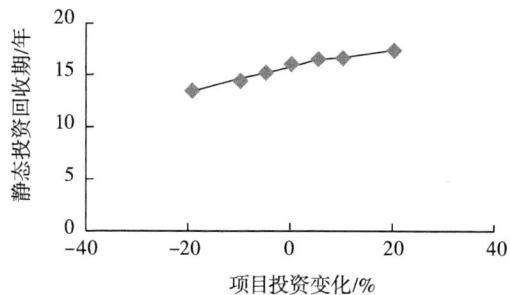

图 2　项目投资变化与静态投资回收期回归分析

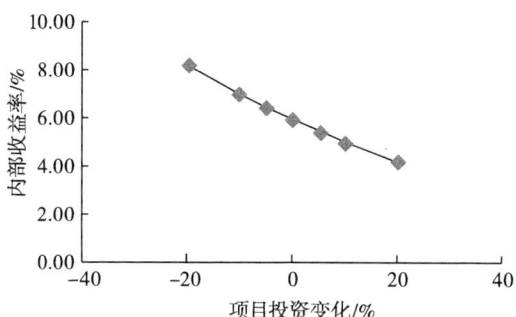

图 3　项目投资变化与内部收益率回归分析

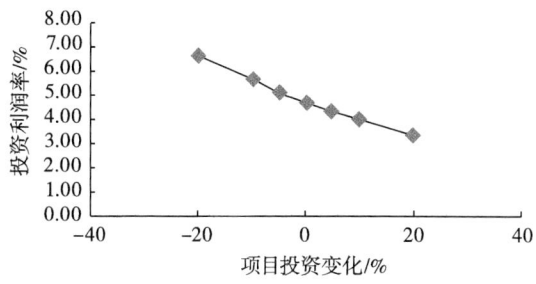

图 4　项目投资变化与投资利润率回归分析

从图 1 至图 4 可以看出，项目投资变化与净现值近似呈现一元线性关系，因此可运用一元线性回归分析模型，建立潮揭高速公路项目投资变化和净现值一元线性回归分析数学模型如下：

$$Y = \beta_0 + \beta_1 X \tag{1}$$

其中，自变量 X 为项目总投资变化率（%）；变量 Y 为项目净现值；β_1 与

β_0 为数学模型中的两个参数。

β_1 与 β_0 的计算公式如下：

$$\beta_1 = \frac{\sum_{i=1}^{7}(X_i - \overline{X})(Y_i - \overline{Y})}{\sum_{i=1}^{7}(X_i - \overline{X})^2}$$

$$\beta_0 = \overline{Y} - \beta_1 \overline{X}$$

表 11　数学模型中自变量和变量对应变化

次数 i	项目总投资变化率 X/%	项目净现值 Y/万元
1	-20	-16177
2	-10	-33730
3	-5	-42768
4	0	-51929
5	5	-60508
6	10	-68118
7	20	-83168

根据表 11 及 β_1 与 β_0 的参数计算公式，计算出参数数值：

$$\beta_1 = -168799$$

$$\beta_0 = -50914$$

将以上参数数值代入数学模型（1）中，得出项目投资变化与净现值回归分析方程：

$$Y = -50914 - 168799X$$

计算线性相关系数 $r = -0.9990$，r 的绝对值接近 1，项目总投资变化率与项目净现值呈现负相关的线性关系。当 $Y=0$ 时，$X = -30.16\%$，即当总投资降低 30.16% 时，潮揭高速公路项目的净现值等于 0。潮揭高速公路项目的总投资降低 30.16%，即总投资从 169157 万元降低至 118139 万元时，项目的净现值等于 0，此时潮揭高速公路项目才能具有投资价值。

类似地，根据图 2 至图 4，采用一元线性回归分析模型的方法，得出如下三个一元线性回归方程：

（1）项目投资变化与静态投资回收期：$Y = 15.63 + 9.87X$

(2) 项目投资变化与内部收益率：$Y = 6.01\% - 0.1X$

(3) 项目投资变化与投资利润率：$Y = 4.68\% - 0.099X$

由项目投资变化与投资利润率一元线性回归方程 $Y = 4.68\% - 0.099X$ 可知，当投资利润率等于基准收益率 $Y = 9.58\%$ 时，项目投资变化 $X = -49\%$，即该项目投资利润率若要达到项目基准收益率，项目总投资要降低 49%。

（四）敏感性分析结论

在现有的投资和融资方案条件下，潮揭高速公路项目的净现值为 -51929 万元，净现值小于 0，即潮揭高速公路项目不具有投资价值。在投资降低 20% 的情况下，该项目的净现值为 -16177 万元，净现值小于 0，该项目仍然不具有投资价值。通过一元线性回归分析模型方法，近似计算出在投资降低 30.16% 的情况下，净现值等于 0，即潮揭高速公路项目具有投资价值；投资利润率若要达到项目基准收益率 9.58%，该项目投资需降低 49%。潮揭高速公路项目的投资根本不具备降低 49% 的条件，因此潮揭高速公路 BOT 项目的收益水平达不到基准收益率，该项目不具有投资价值。

二、用 SWOT 分析法分析投资可行性和风险

20 世纪 80 年代美国管理学教授韦理克提出 SWOT 分析法，是用于企业战略制定、竞争对手分析的管理方法。SWOT 是英文 Strength（优势）、Weakness（劣势）、Opportunity（机遇）和 Threat（危机）的简写。SWOT 分析的基准点是对项目内部环境之优劣的分析，在了解企业自身特点的基础之上，判明投资项目外部的机遇和危机，然后对投资环境作出准确的判断，明确项目投资的条件，制定相应策略。

（一）中国铁建投资潮揭高速公路项目优势和劣势分析

1. 中国铁建投资潮揭高速公路项目的优势（S）

（1）在吸引过境交通量方面具有明显的优势（S1）。潮揭高速公路东接汕汾高速公路，西接汕梅、揭普高速公路，连接广东省潮州、揭阳两市，对两市之间的经济人员交流具有重要的联系作用。该高速公路连接汕梅、揭普

高速公路，是粤东沿海地区及东南沿海地区通往珠江三角洲的又一条快速通道。东南沿海地区的车辆经本高速公路通往珠江三角洲地区，比经汕深高速公路缩短14千米，同时避免了双重收费（高速公路和汕头海湾大桥两处收费），在吸引过境交通量方面具有明显的优势。

（2）征地拆迁合同已经签订（S2）。锦峰集团在前期运作该项目的过程中，已经与揭阳市、潮州市签署征地拆迁合同，只是无资金支付，造成征地拆迁工作停滞。由于征地拆迁合同已经签订，中国铁建此时实质性介入该项目，避免了外地企业在项目当地难以进行征地拆迁的风险。

（3）具有资金保证（S3）。经会计师事务所审计的中国铁建财务报表，2005年，中国铁建总资产770亿元，净资产139亿元，利润11亿元。中国交通银行给予中国铁建60亿元的信用贷款额，中国建设银行给予中国铁建20亿元的信用贷款额。中国铁建投资潮揭高速公路项目具有充足的资金保证。

（4）不承担前期损失（S4）。锦峰集团承诺，中国铁建实质性进入前，锦峰集团运作该项目造成的损失由其承担，中国铁建不用承担该项目前期运作造成的损失。

2. 中国铁建投资潮揭高速公路项目的劣势（W）

（1）财务评价指标较差（W1）。潮揭高速公路净现值小于0，项目不具有投资价值；静态投资回收期为15.81年，回收期较长；内部收益率5.86%，收益水平没有达到基准收益率9.58%，收益水平较低；投资利润率4.61%，没有达到银行长期贷款利率水平6.84%，投资回报较低。从净现值、静态投资回收期、内部收益率、投资利润率四项财务指标的评价结果看来，潮揭高速公路项目财务评价指标较差。

（2）无抗风险能力（W2）。根据该项目敏感性分析结果，在投资变化±5%、±10%、±20%时，项目净现值均为负数，说明即使最有利的情况发生，即投资降低20%，该项目仍然无法达到基准收益率9.58%的水平，这说明潮揭高速公路项目没有任何抗风险能力。

（3）项目投资将增加（W3）。潮揭地区材料价格比工程可行性研究报告估算价格高，当时碎石价格51.44元/米^3，而现在价格是55元/米^3，路面用碎石均价为 120 元/米^3；当时估算的 Ⅰ 级钢筋为 2432 元/吨，Ⅱ 级钢筋为 2450 元/吨，在初步设计概算编制时，Ⅰ 级钢筋约为 3600 元/吨，Ⅱ 级钢筋约为 3650 元/吨。征地拆迁费用增加预期超过原设计概算，工程可行性研究报告估算当时土地青苗等补偿费和安置补助费为 18468 万元，由于建设规模增大以及粤府办〔2003〕46 号文提高了征地拆迁赔偿标准，本项目实际发生的土地青苗等补偿费和安置补助费将大大突破原估算投资。

(4) 收费降低 (W4)。潮揭高速公路可行性研究报告预测收费标准为 2006—2015 年 0.5 元/(车·千米)，2016—2025 年 0.7 元/(车·千米)。经现场调查，广东省现行的四车道收费标准为 0.45 元/(车·千米)，比该项目可行性研究报告预测收费标准低。

(二) 中国铁建投资潮揭高速公路项目机会和危机分析

1. 中国铁建投资潮揭高速公路项目机会 (O)

(1) 政府、股东支持 (O1)。中国铁建在 2006 年世界企业 500 强排名中列第 482 位，是国际化大公司，在与广东省交通厅多次会谈中，交通厅多次表示支持中国铁建投资运作潮揭高速公路；锦峰集团实力有限，请求中国铁建实质性接入该项目。中国铁建运作该项目得到政府和股东全力支持。

(2) 具有类似项目运作经验 (O2)。中国铁建已经投资建设多个 BOT 项目，例如已经建成的陕西咸阳渭河三号桥 BOT 项目、北京京承高速公路 BOT 项目、重庆遂渝高速公路 BOT 项目。中国铁建熟悉 BOT 项目的运作过程，具有类似项目的建设管理经验。

(3) 具有施工总承包的可能性 (O3)。中国铁建与广东省交通厅协商，交通厅领导表示可以商谈项目管理方式，项目总承包问题也可以与政府商谈。这表明中国铁建具有与政府商谈施工总承包该项目的可能性。

(4) 国企优势 (O4)。该项目的业主是广东省交通厅，代表广东省政府管理该项目。中国铁建是受国资委管理的国有全资大型企业集团公司，在特许经营期内拥有省政府授权的潮揭高速公路的经营权。广东省政府和中国铁建都属于国家所有性质，中国铁建在该项目上具有国企的独特优势。

2. 中国铁建投资潮揭高速公路项目的危机（T）

（1）股权转让困难（T1）。由于中国国有资产管理委员会对国有企业股权转让有严格规定，转让股权必须经过社会中介单位评估，通过股权市场挂牌交易，因此如中国铁建按合作协议，在项目建成后将股权转让给锦峰集团或其他企业，即使广东省政府同意，也将违反国有资产管理委员会有关国有股权转让的规定，因此中国铁建在股权转让上将会遇到困难。

（2）已经出具保函（T2）。2003年8月21日，通过中国交通银行北京公主坟支行，中国铁建向广东省发展计划委员会、广东省交通厅出具了1233.5万元的合同履约保函，有效期至2007年2月21日。该履约保函出具后，广东省发和展改革委员会、广东省交通厅如果认定中国铁建违反合同，有权让银行支付保函限额内的任何款项，无须向银行出具证明或陈述理由。该保函对中国铁建具有约束作用。

（3）中标单位索赔（T3）。从2004年6月开始，潮揭公司就进行了潮揭高速公路工程施工、监理、材料采购招标，至2004年10月招标工作完成，并安排施工队伍陆续上场，临时工程开始施工；2004年12月28日潮揭高速公路正式开工。到2006年1月，因为地方政府征地未批复下来、锦峰集团拆迁资金不到位，已经上场的施工队伍、监理公司停工一年多。如果中国铁建从锦峰集团手中全部接过该项目，已经上场的施工队伍、监理公司、材料供货商如依据合同提出停工损失索赔，将会给中国铁建带来巨大的经济损失。

（4）法律上处于劣势（T4）。BOT项目运作过程复杂、冗长，如果中国铁建在征地拆迁等问题上与当地政府、或在项目建设过程中与锦峰集团或其他当地企业发生法律纠纷，中国铁建将在法庭判决上处于劣势。

（三）用SWOT矩阵方法研究投资可行性和风险

1. SWOT矩阵表

中国铁建投资潮揭高速公路项目的内部优势劣势、外部机会威胁组成SWOT矩阵表，见表12。

表12　潮揭高速公路BOT项目SWOT矩阵表

SWOT矩阵分析	优势S S1——交通量增加 S2——征拆合同完成 S3——资金充足 S4——不承担前期损失	劣势W W1——财务评价较差 W2——无抗风险能力 W3——投资预期增加 W4——收费降低
机会O O1——政府、股东支持 O2——具有类似经验 O3——具有施工总承包可能性 O4——国企优势	政府兑现项目收费期延长承诺，中国铁建建设资金到位，项目进展顺利	项目自身财务评价不可行，中国铁建的国企优势难以发挥
威胁T T1——股权转让困难 T2——已经出具保函 T3——中标单位索赔 T4——法律上处于劣势	中标企业提出索赔，中国铁建在项目建设过程中法律纠纷不断，项目难以向前推进，进退两难	项目投资超过预期总投资，项目财务评价不可行，法律纠纷不断，中国铁建出具的保函被没收

2. 中国铁建投资潮揭高速公路项目的主要SWOT事实

（1）政府兑现项目收费期延长承诺，中国铁建投资资金到位，项目进展顺利。

（2）项目自身财务评价不可行，中国铁建的国企优势难以发挥。

（3）中标企业提出索赔，中国铁建在项目建设过程中法律纠纷不断，项目难以向前推进，进退两难。

（4）项目投资超过预期总投资，项目财务评价不可行，法律纠纷不断，中国铁建出具的1233.5万元保函被没收。

3. 中国铁建投资潮揭高速公路项目可行性和风险分析

通过以上SWOT矩阵分析得出，只有在政府承诺延长项目经营收费期的情况下，中国铁建投资潮揭高速公路项目才具有可行性。中国铁建与广东省交通厅协商，交通厅领导只是口头表示特许经营期延长、项目的建设管理方式改变可以商谈，但是不同意写入会议纪要。这表明交通厅没有明确承诺延长该项目特许经营期，没有承诺支持中国铁建进行施工总承包。

潮揭高速公路工程经济指标评价为不可行，项目自身盈利能力较弱，至项目调研组进行调研时，工期已经拖后一年零三个月。上场的施工单位、监理单位、材料供货商因长期停工发生较大损失。中国铁建如果投资该项目将面临被索赔、发生法律纠纷、已经出具的1233.5万元保函被没收的风险。由于项目建设期滞后，目前国家土地政策发生变化，征地拆迁费用提高，建筑材料涨价，预计潮揭高速公路项目的总投资将比当前的总投资增长较多，且该项目的各项财务指标均较差。

通过SWOT矩阵全面分析得出，潮揭高速公路项目是一个劣势大于优势、威胁大于机会的投资项目，投资风险较大，中国铁建继续投资潮揭高速公路项目不可行。

三、潮揭高速公路BOT项目风险评价结论与建议

本文运用工程经济学理论中的不确定分析方法，对潮揭高速公路项目的净现值进行敏感性分析，得出结论：在投资降低20%的最有利条件下，该项目的净现值小于0（项目净现值为-16177万元），证明该项目不具有抗风险能力。在不确定性分析中，本文运用一元线性回归分析模型方法计算得出：在投资降低30.16%的情况下，该项目的净现值等于0，即潮揭高速公路项目具有投资价值；若要该项目投资利润率达到基准收益率9.58%，该项目投资总额要降低49%。但是，该项目不具有投资降低30.16%的条件，更不具有降低49%的条件，因此该项目自身具有风险，也不具有抗风险能力。

本文运用SWOT矩阵分析方法，对中国铁建投资该项目的优势和劣势、外部环境和机会威胁进行研究分析，得出该项目面临经营收费期延长、建设工期延长、中标单位索赔、后续法律纠纷、保函安全性、后续投资变化、财务评估指标变化等诸多不确定性，因此若中国铁建继续投资潮揭高速公路BOT项目，将面临较大风险。

通过敏感性分析和SWOT分析得出结论：中国铁道建筑总公司继续投资潮揭高速公路BOT项目不可行，投资风险不可控。

（2007年1月）

注：本文是作者攻读澳门科技大学工商管理硕士学位，所提交硕士毕业论文《潮揭高速公路 BOT 项目投资价值分析》中项目风险分析部分。

纳叙铁路 BOO 项目继续投资与否调研分析

一、纳叙铁路现况

(一) 项目现况

纳叙铁路北起四川省泸州市纳溪区,南至四川省叙永县,全长 77.599 千米,设计工期 2.5 年。该项目采用 BOO 投资模式,投资发起人由中国铁道建筑总公司(以下简称中国铁建)、四川省地方铁路局、泸州市兴泸投资集团有限责任公司、中国铁路建设投资公司四家股东组成,各占股比 35%、25%、20%、20%,中国铁建相对控股。纳叙铁路初步设计概算总投资 14.5 亿元,自有资金和贷款各占 50%,项目资本金 7.25 亿元(其中国债资金 4.35 亿元、股东自筹 2.9 亿元),银行贷款 7.25 亿元。2004 年 11 月 16 日,中国铁建中标纳叙铁路施工总承包工程,总承包合同价 10.3149 亿元。纳叙铁路从 2004 年 11 月 18 日正式开工,至 2006 年 1 月底共完成投资 3.8189 亿元,完成全部投资的 26.34%,其中完成建安投资 2.5349 亿元。

(二) 当前项目面临的困难

1. 项目资金到位困难

纳叙铁路开工后面临资金到位困难,主要有三个原因:一是国债到位晚,后续国债没有保证。纳叙铁路公司虽然已经通过银行短期搭桥贷款缓解此困难,但是后续国债资金仍然无法保证按时到位。二是铁道部出资方式没有明确,其资本金一直没有到位,2005 年底铁道部已经明确以旧轨料出资。三是银行长期贷款没有解决。工行、建行、农行对项目的贷款评估在2005年已经完成,目前股东贷款担保问题未解决,7.25亿元长期贷款没有落实;如解决股东贷款担保问题,可从根本上解决建设资金紧缺问题。

2. 煤炭开采量暂时难以保证铁路运输量

纳叙铁路开通运营后,煤炭运输量加大,现有的小规模煤矿难以提供充足的煤炭运量,短期会存在煤炭运量少的情况。随着古叙煤矿2005—2006年整合技改完成,2007—2008年中大型煤矿部分投产,2008年后大型煤矿开始出煤,煤炭供应量会大幅度增加。

3. 工期问题

根据施工总承包合同,纳叙铁路2004年11月18日开工,2006年12月17日竣工,因为该项目资金没有按时到位、提供图纸滞后、土地移交晚、出现阻工现象,如果中国铁建继续施工,提出顺延工期,属于合理要求。如果完全按合同工期施工,将会发生赶工,导致加大投入;若拖延工期,后期赶工将会发生赶工成本。因此,赶工和拖延对中国铁建都不利。

以上三项是纳叙铁路推进过程中遇到的主要困难,各股东和纳叙铁路公司都在尽力解决。中国铁建作为纳叙铁路投资和施工总承包单位,在项目建设过程中对前期运量数据提出异议。为此,中国铁建组建纳叙铁路项目运量调研组,对项目沿线运量进行调研,为是否继续投资纳叙铁路项目提供决策依据。

二、纳叙铁路周边运量调研

根据中国铁建总经理办公会议指示,2006年2月26日中国铁建组成纳叙铁路项目运量调研组,对纳叙铁路运量进行现场调研。2月27日至3月9日,中国铁建调研组先后赴纳叙铁路周边三省三市六县一区(四川省成都市、泸州市、古蔺县、叙永县、兴文县、纳溪区;贵州省毕节市、大方县;云南省镇雄县、威信县),就纳叙铁路辐射地区的资源储量、开采、运输、价格等情况向当地经济主管部门、部分沿线企业开展现场调研,基本摸清纳叙铁路沿线运量情况。

(一) 纳叙铁路周边矿产资源储量和开采量调查情况

1. 纳叙铁路周边地区煤炭储量情况

纳叙铁路沿线矿产资源储量丰富，各市县矿产以煤炭为主，储量307.15亿吨；硫铁矿储量第二，达50.33亿吨；另外，还有大理石、盐岩、石英砂、铝土矿等矿产资源。详见表1。

2. 煤炭交通运输及价格情况

通过调研，调研组了解到纳叙铁路周边六县一市（毕节市）交通不便，矿产品以公路运输为主，古蔺县可少量依赖赤水河航运，兴文县矿产品主要通过宜宾地区江安县二龙口码头下长江，或通过宾筠铁路向外运输。赤水河航运能力有限，丰水期每年只有5—10月，其他时间大船不能航行，航运量2005年政府统计为43.15万吨，2010年经整治可以达到60万吨，但赤水河受航道限制，航运量很难超过100万吨/年。小船通过赤水河航运将古蔺县的原煤运到合江县，在合江县倒大船通过长江航道运往江浙沪地区。古蔺县原煤产地价格为280~320元/吨，运到江浙一带价格为500~600元/吨，运到上海价格为660元/吨左右。

3. 古叙矿区煤炭规划开采情况

目前古叙矿区煤炭以小规模开采为主，年产30万吨以上的中大煤矿大多处于建设中，大矿建设一年左右可以出煤，三年左右可以达到设计生产能力。古叙矿区是四川省唯一没有实现规模开采的优质无烟煤矿区。2006年，将全面启动古叙矿区开发，全部采用德国综采设备，第一个石坪煤矿（建设期2005—2008年）一期年产煤炭120万吨，二期年产煤炭180万吨；岔角滩煤矿（建设期2005—2007年）年产煤炭90万吨；箭竹坪煤矿（建设期2005—2007年）年产煤炭45万吨；叙永二矿（建设期2005—2007年）年产煤炭21万吨。落叶坎、后山、灯盏坪、宏大煤矿2005年进行了技改，完成后可形成60万吨的年生产能力。2005年古叙矿区产煤420万吨，2006年计划开采680万吨，2010年将达到1005万吨（实际开采量可达到1200万吨），2015年达到1542万吨。

表1 纳叙铁路周边矿产资源储量和开采情况调查表

类别	项目	单位	合计 未含毕节地区	四川省			云南省		贵州省	
				叙永县	古蔺县	兴文县	威信县	镇雄县	大方县	毕节地区
原煤储量及开采情况	地质储量	亿吨	307.15	16.5	52.5	12.15	40	74	112	759.7
	可采储量	亿吨	167.42	9.7	26.3	5.8	28	45	52.62	253
	2004年开采量	万吨	1185	246	271	185	70	183	230	
	2005年开采量	万吨	1188	200	220	150	108	250	260	2570
	2006年计划开采量	万吨	1753	300	380	260	140	350	323	
	"十一五"末规划开采量	万吨	4800	1200		400	500	1600	1100	1700
	2005年自用量	万吨	280	30	20	30	40	60	100	
其他矿产储量	硫铁矿	亿吨	50.33	15.5	15.92	4.6	1.81	12.5		
	盐岩	亿吨	48			48				
	铝土矿	亿吨	1					1		
	石英砂	亿吨	4.39	4.39						
	商品大理石	亿立方米	1.5	1.5						

（二）纳叙铁路开通运营后煤炭运量预测

1. 泸州发电厂是纳叙铁路固定用煤大户

泸州发电厂目前正处于建设中，一期一台发电机组 1×60 万千瓦正在组装，2007 年 1 月试运行，3 月第一台机组正式发电，8 月另一台同样机组正式发电。两台机组 2007 年需要供应电煤 177 万吨（含 2006 年电厂储煤 40 万吨）。2010 年二期另两台机组并网发电。二期项目待批，一期所有供应系统全按 4 台机组设计。全部 4 台机组每年需要供应电煤 500 万吨。该电厂按古叙矿区煤质设计，原煤全部来源于古叙矿区。

2. 小煤窑的煤集中由纳叙铁路运输

据悉，攀枝花矿务局成立了煤炭销售公司，每年在古蔺矿区专收小煤矿的煤，经纳叙铁路外运。

3. 四川省缺煤，纳叙铁路电煤运量将增加

四川省年需煤 1.1 亿~1.2 亿吨，现在缺口 2100 万吨/年，四川省整合了 7 家老正厅级煤炭企业成立四川煤炭产业集团，因为四川省、内其他地方煤源基本枯竭，下一步将主要加大古叙和筠连矿区产煤能力。2006 年四川省发展改革委给泸州市下达供应省内电煤指标 75 万吨。随着纳叙铁路的建成，四川省从泸州市调往省内电厂、钢铁厂原煤指标将会大量增加。从四川省发展改革委调查了解到，只要纳叙铁路能够运煤，电煤指标将不受限制，成都铁路局表示只要具有电煤供需合同，成渝铁路具有 300 万吨以上的运输能力。

4. 铁路、水路联运，将增加纳叙铁路运量

经测算，如果汽车将煤从产地运到叙永车站，经铁路运输到纳溪车站，再用汽车运到泸州（纳溪）码头，与汽车直接从产地运输至码头运费差在 8 元/吨左右，由此分析火车运输优势不是特别明显。将铁路直接通至长江码头才能突出铁路运输优势。在纳叙铁路通到码头前，如果与泸州电厂协商妥当，可利用其运煤专用线。该专用线距长江大件码头约 2 千米，如延长直通码头需投资 2000 万~3000 万元。改造和利用泸州发电厂的码头和专用线，通过长江航运向江浙沪地区发煤，可以加大纳叙铁路煤炭运量。

5. 泸州码头吞吐量增大，将增加纳叙铁路运量

从叙永至泸州（纳溪），铁路运输相对现有的汽车运输优势不是很明显，因此短期内铁路将难以吸引现有的汽车运输量，铁路初期运量只能通过诱发增量解决。国家近期大力疏通长江航道，泸州市采取"以港兴市"的总体发展规划，码头吞吐量将增大。通过现场调研了解到，目前在纳溪即将建设的永利码头设计装煤量235万吨（实际装煤量可达500万吨），叙永至泸州的公路汽车运煤基本处于饱和状态，依靠公路增加煤炭运量很困难。因此，从纳溪车站引出通向码头的运煤专用线，将会大幅度增加纳叙铁路运量。

6. 纳叙铁路公司签订煤炭运输意向书运量统计

2006年1—2月，纳叙铁路公司先后与威信县人民政府和十家企业签订战略合作煤炭铁路运输意向书（见表2）。签订这些意向书，扩大了纳叙铁路的影响，为纳叙铁路建成初期提高运量创造了条件。

表2　与纳叙铁路公司签订煤炭战略合作意向书的企业统计

序号	签约企业	签约时间	签约量	备注
1	叙永县螺丝寨煤矿	2006-01-18	15万吨/年	发煤
2	四川泸州宁发能源有限公司	2006-01-13	60万吨/年	发煤
3	古蔺县宏能实业有限公司箭竹煤矿	2006-02-10	45万吨/年	发煤
4	四川省威远煤矿叙永二井	2006-02-10	21万吨/年	发煤
5	四川省叙永煤矿	2006-02-23	45万吨/年	发煤
6	四川省鑫福集团有限公司叙永灯盏坪煤矿	2006-02-23	30万吨/年	发煤
7	泸州鼎鑫矿业有限公司刁柏沟煤矿	2006-01-11	25万吨/年	发煤
8	川南煤业古叙煤电公司石屏一矿	2006-01-06	120万吨/年	发煤
9	威信云投粤电扎西能源有限公司	2006-02-22	15万吨/年	发煤
10	威信县人民政府	2006-02-23	煤250万吨/年；其他货物50万吨/年	发货
以上合计			676万吨/年	发货
11	四川泸州川南发电有限责任公司	2006-01-06	2007—2009年250万吨/年；2010年以后500万吨/年	收煤

7. 纳叙铁路周边地区生活和生产物资运量

经纳叙铁路运往叙永、古蔺及云南省北部和贵州省北部的生活用品与生产物资，估计每年运量30万~50万吨。

8. 纳叙铁路通车后的诱发运量

纳叙铁路建成后诱发运量十分巨大。四川省、重庆市都缺煤炭，如果纳叙铁路修通，将诱发泸州市外运煤炭量增加，纳叙铁路运量会随之增加。经调研了解，纳叙铁路周边地区矿产资源储量丰富，特别是硫铁矿探明储量达50多亿吨，但调研的6个县硫铁矿受到交通、环保和开采技术限制，不能形成规模开采。纳叙铁路开通后，运输成本降低，随着硫铁矿的开发，及沿线大理石、盐岩、铝土矿、水泥等矿产品开发，铁路诱发运量将增大。随着国家扶贫政策的进一步加大，泸州市启动煤电路化港综合开发规划，将使纳叙铁路增加运量。

三、纳叙铁路成本分析

（一）运营成本分析

1. 运营成本测算依据和假设

由纳叙铁路公司成立运营分公司负责管理运营纳叙铁路。铁路开通运营前，需要按照设计概算要求投入初期设备购置资金5950万元。其中内燃机车7辆3150万元、车辆120辆2520万元、轨道车1辆40万元、捣固机10对20万元、起拨道器20套10万元、汽车5辆150万元、其他设备10万元、开办费50万元。近期另增加1辆机车450万元，远期还需另增加5辆机车2250万元（14.5亿元的总投资概算中已经包括此款，但机车必须分期分批购置，以便于降低资金成本）。

2. 运输设计通过量及基本组织

（1）车站分布：本线线路长度77.6千米，分布10个车站，初期和近期开4个站，远期开10个站。

（2）设计通过能力及输送能力：初期、近期24对/天，980万吨/年；远期45对/天，1800万吨/年。

（3）机车交路：利用隆泸线泸州机务段作为基本段，承担隆昌至叙永的机车交路，叙永设折返段。

3. 纳叙铁路运营分公司定员方案

（1）本方案根据纳叙铁路的设计方案，结合实际情况，本着确保安全、精干高效的原则编制机构及定员。

（2）本方案按纳叙铁路成立运营分公司或委托运营的模式设置管理机构，实行两级管理。运营公司直接管理到站、队、所。运营公司实行总经理负责制，设5个职能部门，下辖10个车站（近期只开4个站），以及机务运转车间、机务检修车间、列检所、工务领工区、电务领工区、水电领工区等16个生产单位。

（3）设计方案中不包括纳溪站。

（4）机车及机车乘务员的配备未考虑泸纳段的机车运用及专用线取送车作业等。

（5）本方案未考虑开行客运列车相关定员和备用人员。

4. 运价率、贷款利率、税率

（1）运价率：按0.35元/（吨·千米）计算。依据为四川省物价局〔1999〕378号批准的隆泸铁路的运价。四川省最近批准的两条地方铁路运价为0.4元/（吨·千米）。

（2）贷款利率：按国内长期贷款年利率6.12%计算。

（3）税率：营业税及附加按运输收入的3.3%缴纳；企业所得税，争取西部开发和购置国产设备的税收优惠政策，从盈利年开始，两年免征，三年减半征，第六年开始按实现利润的33%全额缴纳企业所得税。

5. 成本及费用

（1）人员工资及工资附加费。①工资：分别按初期2.4万元/（人·年）、近期2.5万元/（人·年）、远期2.6万元/（人·年）计算。②工资附加费：按工资总额的46%计算。其中，福利费6%，医疗保险8%，养老保险20%，失业保险2%，工伤保险1.5%，工会经费2%，教育经费1.5%，住房公积金5%。

（2）运输费用。依据目前各铁路运输线的实际发生水平，参照铁道部有关规定计算。

（3）机务费用。①技术参数：机车型号，东风4B内燃机车，牵引定数2400吨，限制坡度10‰，允许速度80千米/小时，技术速度40千米/小时。②机车运行用燃料：牵引总重耗油46千克/（万吨·千米），测算依据为东风4B机车设计功率和成都铁路局平均耗油指标，油料价格按4.2元/千克计算。③机车用油脂：依据东风4B内燃机车设计标准，机车用油脂按柴油耗用量的1.6%计算。④机车大、中、小、辅修：机车各项修程按照铁道部发布的《内燃、电力机车段修管理规程》（铁运〔1999〕79号）规定标准和目前的机车修理价格计算。⑤机车整备：根据机车整备项目，参照铁道部及相邻铁路近年实际费用发生标准计算。

（4）车辆费用。①车辆使用费：按铁道部价规定，每小时使用费3.3元。②车辆检修：参照其他设计坡度相对接近的铁路的车辆检修消耗指标计算。

（5）工务费用。①综合维修费：参照其他设计标准相对接近的铁路所产生的综合维修费用计算。②中修费：鉴于纳叙铁路属于BOO项目和地方铁路的性质，在确保安全行车的前提下，不宜考虑大修费用，只需在中修方面加大力度。因此，中修费用按线路投资2%的标准计算。

（6）水电、房建、电务和其他生产费用。由于没有具体的规定标准，只能参照有关地方铁路近年实际消耗标准计算。

（7）折旧费。①线路综合折旧：按照使用期限为40年，采用直线法，按年折旧率2.5%计算折旧费。②机车折旧：按铁道部规定，机车使用16年，采用直线法，扣除4%的残值率后按每年折旧率6%计算折旧费。③其他生产设备折旧：国家税务总局2000年明确电子设备、生产设备和汽车等允许按不低于3~8年的规定提取折旧，考虑到纳叙铁路生产设备类型较多，按综合使用5年计算折旧费。

（二）按运量进行成本、效益、现金流测算

1. 年运量为 300 万吨时

（1）运输收入：8760 万元。

（2）运输总支出（含折旧、贷款利息等）：13959 万元。

（3）亏损：5199 万元，其中中国铁建按比例承担亏损 1820 万元。若 2008 年运量为 300 万吨，根据融资方案和贷款协议，不用还款付息，则亏损 762 万元，中国铁建相应按比例承担亏损 268 万元。

（4）现金流量：–2011 万元，纳叙公司须筹资归还银行借款利息。若 2008 年运量为 300 万吨，根据融资方案和贷款协议，不用还款付息，则现金流量为节余 2426 万元。

2. 年运量为 400 万吨时

（1）运输收入：11680 万元。

（2）运输总支出（含折旧、贷款利息等）：14520 万元。

（3）亏损：2840 万元，其中中国铁建按比例承担亏损 994 万元。若 2008 年运量为 400 万吨，根据融资方案和贷款协议，不用还款付息，则盈利 1597 万元，中国铁建相应按比例享受盈利 559 万元。

（4）现金流量：净流入 375 万元（2009 年按季付息），若 2008 年运量为 400 万吨，根据融资方案和贷款协议，不用还款付息，则现金流量为节余 4812 万元。

年运量达到 400 万吨时，现金流可以达到平衡点。

3. 年运量为 530 万吨时

年运量为 530 万吨时，盈亏平衡。

4. 年运量为 650 万吨时

当 2011 年开始还本付息时，年运量 650 万吨现金流达到平衡点。

5. 年运量为 1000 万吨时

（1）运输收入：29200 万元。

（2）运输总支出（含折旧、贷款利息等）：18440 万元。

（3）利润：10760 万元，实现净利润 7209 万元，中国铁建按比例分享利润 2523 万元，分得红利 2019 万元（提取两金后全部分红）。

（4）现金流量：净流入 10559 万元。

（三）运输成本比较分析（从经销煤商的角度）

通过火车与汽车运费比较汇总（见表3），可得出如下结论：

（1）运到电厂，火车运输优势较为明显。火车比汽车运输节约运费 6～26 元/吨。

（2）运到电厂码头和纳溪（永利）码头，除了从贵州大方始发节约运费较多外，从叙永、古蔺以及云南的威信、镇雄始发火车运输优势并不明显，节约运费 6～12 元/吨。古叙矿区、贵州大方矿区、云南两县的矿区，因为交通不便，一直没有进行规模开采，同时也没有较大规模的汽车运输车队，不能形成规模优势。调研组调查了一个拥有 6 辆东风汽车（载重量 14 吨）的个体户，每台车每月运 300 吨，年实现利润 200 万～300 万元。假如利用火车运输全年可节约运费 15 万元左右，铁路运输才具有一定的吸引力。

表3 火车与汽车运费比较汇总　　　　　单位：元/吨

始发地	目的地								
	电厂			电厂码头（需协商）			纳溪（永利）码头（远期）		
	火车运费	汽车运费	火车比汽车节约	火车运费	汽车运费	火车比汽车节约	火车运费	汽车运费	火车比汽车节约
叙永煤矿	39.33	55	15.7	47.66	55	7.3	48.25	55	6.8
古蔺箭竹坪煤矿	54.33	70	15.7	62.66	70	7.3	63.25	70	6.8
云南威信煤矿	74.33	95	20.7	82.66	95	12.3	83.25	95	11.8
云南镇雄煤矿	164.33	180	15.7	172.66	180	7.3	173.25	180	6.7
贵州大方煤矿	144.33	170	25.7	152.66	170	17.3	153.25	170	16.8

（四）建设投资分析

1. 关于至电厂、电厂码头和纳溪（永利）码头的投资分析

从叙永车站上火车的煤有以下几个方向：

（1）叙永—纳溪—电厂，到电厂不用再投资。

（2）叙永—纳溪—隆昌—川内（华东）等，纳溪到隆昌段铁路已经通车，通过隆昌段不用投资。

（3）叙永—纳溪（泸州），再沿长江顺流而下运往华东、华南等地。

下长江将有较多不确定因素：第一，从纳溪火车站卸载，装汽车运往码头的量很小，这种方式基本不用考虑。因此，目前只有和电厂码头协商，改造电厂大件码头，临时周转下水运煤。但这种方式存在两个问题，一是要增加电厂到码头的铁路建设，约 2.5 千米，投资 3000 万元左右；二是要改造大件码头，使其扩能（这种方式需和泸州市政府及电厂协商，这里作为一种可能对投资进行分析）。第二，根据泸州市规划，将在距纳溪火车站 21 千米处建立永利作业区作为运煤的专用码头。预计 21 千米需投资 3 亿元左右。目前，尚没有确定投资业主。

2. 关于各车站进站公路的投资分析

叙永车站进站公路需投资 8000 万元，目前叙永县政府尚未做出规划，县政府表示没有资金修进站公路。如果没有进站公路，目前通往叙永站的公路无法满足 400 万吨的运力。如若叙永县政府不积极投资，为保证叙永站的装煤量，预计纳叙铁路公司须追加该项投资。

纳叙铁路的所有进站公路资金未落实、施工未启动。

（1）近期增加投资。根据泸纳铁路建设纳溪站进站公路实际情况，估计纳叙铁路公司要出资建设，是部分出资还是全额出资，待观事态进展。

（2）远期增加投资。纳溪站通往永利作业区的专用线，预计纳叙铁路公司也要出资，出资额大小，需要同煤、港等业主协商确定。

3. 不与隆纳铁路一体化运营的情况分析

（1）增加投资分析。若不与隆纳铁路一体化运营，需一次性增加投资

3510万元，每年增加运输成本262万元。具体分析如下：

一是需追加投资。纳叙铁路完全是按照隆纳铁路和纳叙铁路一体管理技术标准所设计，只设一个机务基本段，一个调度指挥系统，一个通信系统，这三部分都设在泸州且都已存在。若不一体化运营，纳叙铁路要增加这三部分的投资。据估算，机务段投资约3000万元（概算中已列400万元），调度指挥系统约10万元，通信系统约600万元。另外，在纳溪站要设两股道进行车辆及货物交接，投资约300万元，共计追加投资3510万元。

二是需增加人员。在运输过程中，车辆及货物须在纳溪站进行交接，隆纳铁路和纳叙铁路双方都要在纳溪站设交接人员，按常规，隆纳铁路交接人员的工资要由纳叙铁路支付。隆纳铁路需增加20人，纳叙铁路需增加16人。另外，若不一体化运营，纳叙铁路机关、机务、电务等部门相应增加人员20人。综上，共计增加人员56人，其中隆纳铁路20人，纳叙铁路36人。隆纳铁路人均年工资按3万元计，纳叙铁路人均年工资按2.5万元计，再加上50%的工资附加费，每年共增加人员工资225万元。

三是需增加车辆使用费。按通过纳溪站的年运量135万吨（不含电厂250万吨）计，每日产生62辆通过车，按每车停留5小时计，每车每小时车辆使用费为3.3元，全年产生车辆使用费37.4万元。

（2）若不一体化运营，在运输过程中也存在诸多问题：

一是受制于隆纳铁路。因申报运输计划要通过隆纳铁路，车辆要在纳叙站交接口交接，导致运输不畅，不论是出国的运输还是在隆叙段内运输都要受隆纳铁路的控制，在同隆纳铁路发生利益冲突时将完全处于被动地位，对纳叙铁路效益的影响无法估量。纳叙铁路的主要运量都产生在叙永站至电厂或码头间，与隆纳铁路一体化运营，这些货物属于管内运输，运输优势明显。

二是将延长建设期并推迟运营期。纳叙铁路必须设机务段，根据情况可设在叙永站或渠坝站。单从作业上讲，设在叙永站较好，但不管是设在叙永站还是设在渠坝站，建机务段难度都非常大。方案确定后，还要进行设计、征地、施工等一系列工作。处理不好，不但影响纳叙铁路的建设及运营，还将增大资金成本。另外，还要考虑通信系统的变更对纳叙铁路建设的影响。

综上所述，纳叙铁路效益近期期待来自泸州电厂的建设（250万吨用煤）、从隆昌口运出电煤及货物（300万吨），远期期待来自泸州电厂二期建设（250万吨用煤）、永利作业码头的建设以及隆黄铁路的贯通。

四、影响纳叙铁路实现投资效益的因素

以下五个关键问题直接影响纳叙铁路投资效益：

（一）叙永火车站进站公路问题

叙永车站进站公路应与纳叙铁路同期建成，否则将影响铁路形成运力，直接影响纳叙铁路效益。

（二）增加泸州地区电煤外运指标问题

纳叙公司宜积极与四川省发改委协商，增加泸州市电煤外运指标，以增加纳叙铁路开通初期煤炭外运量，尽早体现效益。此举也可以解决隆泸、泸纳段运量不足问题。

（三）大中煤矿开采进度滞后和叙永火车站集煤问题

纳叙铁路开通后，煤炭需求和运输量需求巨大，调研了解到目前叙永周边都是小矿小规模开采，大中型矿井处于建设中。纳叙铁路周边地区存在小煤窑，对电煤没有大量开采，因为非块煤需求少且卖不上好价格，盈利少。将来纳叙铁路开通，运价降低，电煤需求量增加，众多小煤窑会大量开采低价电煤。在大中煤矿没有形成规模开采时，宜尽早解决叙永周边小煤矿的集煤供煤问题，创造条件争取主动。

（四）利用泸州电厂专用线增加纳叙铁路运量问题

纳叙铁路运货下长江，为了取得运输市场竞争优势，必须缩短公路运输距离，减少倒运成本。泸州电厂的运煤铁路专用线距纳溪长江码头较近，需进一步与泸州市和泸州电厂协商，解决铁路直接连接到长江码头及码头规划和建设问题。

（五）泸州市政府兑现投资纳叙铁路优惠政策问题

泸州市政府曾承诺中国铁建投资纳叙铁路享受九项投资优惠政策，并为

此专门给中国铁建发函。在纳叙铁路建设和运营期间,泸州市政府宜尽早兑现中国铁建享受泸州市外资企业优惠政策、享受鼓励外来投资的若干政策、享受西部大开发优惠政策等承诺。

五、投资结论与建议

通过纳叙铁路全线运量调研,中国铁建调研组对纳叙铁路周边运量需求有了更加全面深刻的认识。

(一)纳叙铁路项目的投资价值

1. 纳叙铁路运量有保证

经调研了解,纳叙铁路周边地区矿产资源储量丰富,沿线煤炭运量有保证。目前四川省每年煤炭缺口2100万吨,四川省发展改革委表示只要纳叙铁路开通运煤,电煤供应指标不受限制,成都铁路局表示成渝铁路尚有300万~400万吨的运输能力,这样纳叙铁路每年可以供应川内电煤300万吨以上。泸州发电厂2007年需要用煤177万吨(含2006年储存40万吨),2008—2010年需要用煤250万吨/年,2010年以后如果二期建成每年需要用煤达500万吨,铁路南下供应生产生活资料每年有30万~50万吨运量。现在能够预测出2010年前的铁路运量是580万~700万吨,2010年以后运量是830万~950万吨。如果解决纳溪车站至长江码头专用线问题,纳叙铁路每年还可增加数百万吨通过长江航道运往江浙沪地区的煤炭运量。目前国家清理长江航道,泸州扩建码头(纳溪区永利煤炭专用码头即将修建,设计装船量235万吨,实际可装船500万吨),将为纳叙铁路增加煤炭运量创造条件。此外,纳叙铁路通车后还会产生大量诱发运量,具体数量难以估测。

2. 纳叙铁路未来将增值

隆黄铁路目前只剩叙织段没有开工建设,贵州省人大代表已经将建设隆黄铁路作为提案上报全国人大,从铁道部路网规划看,隆黄铁路将来必然修通,修通后纳叙铁路通过运量将非常可观。通往古叙矿区的叙大线(叙永至古蔺县大村镇铁路)目前处于可研阶段,泸州市计划于2007年底或2008年开工建设，2010年左右修通。叙大线连接隆叙铁路，深入古叙矿区资源腹地，吸引铁路投资没有困难。如果隆黄或叙大线建成，纳叙铁路的投资价值将提升，届时中国铁建无论是持有还是转让股份都会很有利。

3. 如果建设资金有保障，建议继续推进纳叙铁路建设，将施工盈利转为资本金投入

目前中国铁建本级和四家投资单位（中铁十二局、中铁十五局、中铁二十一局、中铁二十三局）只有继续推进纳叙铁路建设才能拿回施工盈利，转为资本金投入本项目。调研组与各施工分包单位座谈，各单位都希望尽快建成，尽快撤场。

4. 拖下去和撤资两种方式对中国铁建都不利

该工程单价低、利润薄，拖下去会加大中国铁建和施工单位的工程成本。纳叙铁路早通车早有收入，拖下去不仅会带来经济损失，也会给投资建设企业带来信誉损失。

调研组不赞成从纳叙铁路项目撤资。一旦撤资，可能立刻产生投资损失，中国铁建的总承包地位将难以保证，面临被清场的危险；同时撤资的财务清算和法律程序复杂，会牵扯中国铁建和上场单位很大精力。

（二）投资结论与建议

通过调研分析论证，调研组认为纳叙铁路运量真实存在。该项目虽然在建设中遇到较大困难（主要是省市筹备建设资金困难），但是仍具有可投资的价值。如果纳叙铁路各股东单位合力克服困难，保证后续项目资金到位，建议继续投资。如果纳叙铁路股东合力筹资，仍然无法保证项目的建设资金按时到位，为了保证建设施工单位利益，避免后续发生更大的投资损失，建议中国铁建稳健退出，同时妥善处理好与当地省市政府的关系。在项目投资建设过程中撤资退出是中国铁建迫不得已的最后选择。

（2006年3月）

注：作者是中国铁道建筑总公司纳叙铁路项目调研小组成员之一，是本调研报告的主笔起草人。调研小组其他成员为本报告提供了大量调研资料和数据，在此特别感谢纳叙铁路项目调研小组全体成员为本文所做出的贡献。

重组收购西安天创数码大厦项目分析

西安天创数码大厦项目（以下简称天创大厦），由西安天创房地产有限公司（以下简称天创公司）投资运作，中国铁道建筑总公司（以下简称中国铁建）施工。天创大厦在投资建设过程中，银行贷款未成功，造成中国铁建垫资施工。天创公司对天创大厦项目融资失败，中国铁建为了收回垫资资金，规避后期可能出现的投资风险，组织考察组调研天创大厦项目，为天创大厦提供投资决策依据。

一、天创大厦项目概况

天创大厦位于西安市西南部的高新技术开发区集中新建区内，占地面积1.16万平方米，净用地面积0.71万平方米，原定建设期为2004年4月18日至2006年4月17日，标准为AAAAA甲级写字楼，总建筑面积56989平方米，共30层（地下两层1.1万平方米，裙楼4层1.02万平方米，塔楼28层3.5489万平方米）；地下两层车位；框架剪力墙结构。天创大厦预算总投资2.22亿元，测算项目总利润6588万元，中国铁建投资部保守测算该项目利润2734万元。

天创公司控股股东是海南金牌科技股份有限公司（以下简称金牌科技公司），名义上占有天创公司77%的股份，另有一自然人股东"向发铨"，名义上占有23%的股份，实际上金牌科技公司拥有100%的股权。金牌科技公司是海南金牌土地开发有限公司（以下简称金牌土地公司）、秦皇岛电力公司、中国铁建、铁一院等企业为开发海南金牌港而成立的一家股份公司，成立初期拥有资本金1.2亿元，金牌土地公司是大股东。金牌科技公司在海南拥有酒店（因亏损已经停业）和土地，在海南信托有存款（该信托公司已关闭清理，存款成死账），在武汉有少量股权投资。金牌科技公司的投资都不成功，前期筹集资金当下只剩投资在天创项目上的2300万元现金。王进修是海南金牌土地开发有限公司、金牌科技公司、天创公司三个公司的董事长和总经理。

2003年9月22日，西安市高新技术开发区以〔2003〕309号文批复天创大厦初步设计方案。

天创大厦项目五证情况：①国有土地使用证（编号：016458564）；②用地规划许可证（编号：高新地规字2001—066）；③西安市建设工程规划许可证（编号：高新建规字2003—116）；④施工许可证（编号：高新2004—048）；⑤西安市商品房预售许可证。

天创公司五证情况：①营业执照副本（编号：6101001401522）；②组织机构代码证（代码：73506582-5）；③房地产资质证书［陕建房（2004）0910号］；④地税税务登记证（西地税高字610112735065825号）；⑤国税税务登记证（国税高新字610134735065825号）。

二、中国铁建在天创项目投入情况

2003年7月7日，中国铁建与天创公司签订《关于合作开发西安天创数码大厦项目的协议书》，中国铁建投入1500万元资金，不占股份，派人参与天创公司管理，资金由双方共同控制。中国铁建可指定具有资质的下属施工单位，按当时的定额取费和政府公布的信息价格，总承包垫资施工到大厦封顶，总公司投入的资金和垫资按1～3年期银行贷款利率计息，且不论该项目盈利与否，天创公司支付中国铁建投资收益659万元。中国铁建与海南金牌土地开发有限公司和金牌科技公司分别签订股权质押合同，该质押合同经过两个公司的董事会通过。为保证总公司的收益，海南金牌土地开发有限公司将其在金牌科技公司的4779.5万股股份和金牌科技公司在天创公司的股份质押给中国铁建。

经过现场调研确认，天创公司对中国铁建欠款约为10374万元。其中，前期借款1500万元；工程垫资款6518.9万元（中国铁建直接拨付施工单位中铁十九局五公司1451.9万元；根据天创公司增加现金流量的要求，通过天创公司账户拨付中铁十九局五公司5067万元）；应计利息765万元（至2006年底）；投资收益659万元；天创公司欠付中国铁建施工单位工程款约931.1万元。

中国铁建施工单位共得到工程款6518.9万元。中国铁建施工单位与天创公司曾商定工程决算数额7450万元，双方没有验工计价签字确认。如果按7450万元施工决算，天创公司欠付中国铁建施工单位工程款931.1万元。

三、天创项目建设遇到困难分析

2004年4月天创大厦开工，2005年5月封顶，2005年底停工，大厦主体结构已经完成，内外装修及设备安装未做。项目停工原因：

（一）资金链断裂是主要原因

天创公司原开发计划是在封顶前依靠自有资金2230万元和中国铁建投入的1500万元资金，以及施工单位垫资，进行到天创大厦出地面后就可以贷款或预售，用贷款和预售房款归还总公司资金。由于项目建设期间国家房地产贷款政策发生变化，银行要求房地产公司必须具有占全部投资35%的资本金才能发放贷款，而天创公司注册资本金只有2000万元，已投入的全部自有资金只有2200万元，达不到35%资本金的贷款条件，银行不予发放建设贷款和售房按揭，不能办理按揭就难以对外销售。该公司把主要精力放在了整体销售上，也一直未能实现。由于贷款和销售都未能实现，项目资金链断裂，工程建设被迫停止。

（二）天创公司房地产运作能力和管理能力较低

金牌科技公司最初原始资本金1.2亿元，现在只剩下投到天创公司的2200万元现金资产，可见该公司历史经营能力和水平就不高。王进修既是天创公司董事长兼总经理，又是金牌科技和金牌土地两个股份公司的董事长兼总经理，第一次运作房地产项目，再加上天创公司也是初次进入西安房地产市场，一切都要从头学起，没有房地产市场运作经验。

（三）对西安市写字楼市场预测偏向

天创大厦开工前，西安的写字楼市场形势尚好，当时销售价格预估每平方米6000元。但是，近年西安市写字楼开发多，竞争加剧，价格下降，天创公司当初对此估计不足。

（四）项目定位存在问题

天创大厦定位为高档写字楼，而西安写字楼市场的情况是：一般企业为降低成本，不愿购买高档写字楼；大单位对高档写字楼需求偏小，且大部分倾向于自建。定位不准也是该项目不成功原因之一。

（五）天创大厦设计保守且建材价格上涨，成本加大

天创大厦钢筋混凝土量增加，加上施工期间钢材、水泥价格大幅上涨，导致建设成本大幅增加。

（六）项目合作方式成本高

中国铁建承包工程完全按定额和政府公布的信息价格结算，且所有资金都按贷款利率计息，项目融资成本较高。

四、天创公司财务状况

（一）资金投入情况

西安天创房地产有限公司共收到资金10290.2万元，具体如下。

1. 中国铁建投入资金

中国铁建共投入资金8018.9万元（前期1451.9万元工程款直接拨付给施工单位，未通过天创公司账面），其中，前期借款1500万元（见表1）。

表1 前期借款

序号	日期	凭证号	金额/万元	备注
1	2003-12-10	1	900	
2	2004-03-25	1	600	
	合计		1500	

截至审计时，中国铁建共支付工程垫资款6518.9万元，其中中国铁建直接拨付施工单位1451.9万元，通过天创公司拨付5067万元（见表2）。

表2 通过天创公司拨付工程垫资款

序号	日期	凭证号	金额/万元	备注
1	2004-04-18	42	200	
2	2004-06-02	1	150	
3	2004-06-02	2	100	
4	2004-06-15	40	188	
5	2004-07-01	6	150	
6	2004-07-04	16	450	
7	2004-08-04	9	267	
8	2004-08-06	11	150	
9	2004-09-01	1	411	
10	2004-09-02	3	250	
11	2004-10-08	3	336	
12	2004-10-08	5	150	
13	2004-11-11	7	440	
14	2004-12-14	52	400	
15	2005-01-12	55	367	
16	2005-06-02	3	200	
17	2005-07-02	4	151.3	
18	2005-12-12	17	300	
19	2006-04-13	9	413	
20	2007-06-28	27	-6.3	退回总公司款
	合计		5067	

2. 西安天创房地产有限公司投入资金

截至审计时，西安天创房地产有限公司共投入资金2271.28万元（见表3），其中公司注册资金2000万元，流动资金271.28万元。

表3 西安天创房地产有限公司投入资金

序号	日期	凭证号	金额/万元	备注
1	2002-10-25	15	300	
2	2002-10-06	02	230	
3	2002-12-25	01	92	

续表

序号	日期	凭证号	金额/万元	备注
4	2002-12-25	02	60	
5	2002-12-16	23	770	
6	2003-01-03	03	230	
7	2003-01-16	10	20	
8	2003-03-11	11	20	
9	2003-04-07	01	3	
10	2003-05-08	01	470	
11	2003-07-25	03	230	
12	2006-11-10	14	32	
13	2006-12-24	10	3	
14	2007-01-07	5	35	
15	2007-03-31	20	22	
16	2007-04-05	2	13	
17	2007-05-26	26	29.1	
18	2007-06-25	21	12.18	
19	2005-11-30	46	-300	退还投入资金
合计			2271.28	

（二）资金使用情况

该项目共发生成本费用10306.4万元，具体如下。

1. 支付工程款

共支付施工单位工程款6518.9万元，其中中国铁建直接拨付施工单位1451.9万元，通过天创公司拨付施工单位5067万元，见表4。

表4 天创公司拨付工程款统计表

序号	日期	凭证号	金额/万元	备注
1	2004-04-20	44	100	
2	2004-05-12	8	100	
3	2004-06-03	3	100	
4	2004-06-03	4	150	

续表

序号	日期	凭证号	金额/万元	备注
5	2004-06-15	33	188	
6	2004-07-06	20	150	
7	2004-07-06	21	450	
8	2004-08-05	10	267	
9	2004-08-07	12	150	
10	2004-09-01	2	411	
11	2004-09-02	4	250	
12	2004-10-08	4	336	
13	2004-10-08	6	150	
14	2004-11-11	5	440	
15	2004-12-15	53	400	
16	2005-01-03	53	367	
17	2005-04-13	34	200	
18	2005-04-19	40	100	
19	2005-05-01	2	113	
20	2005-06-21	26	100	
21	2005-07-25	28	50	
22	2005-12-01	3	30	
23	2005-10-30	21	80	
24	2005-11-30	32	20	
25	2005-12-15	20	20	
26	2006-01-02	2	100	
27	2006-01-02	3	100	
28	2006-01-02	4	80	
29	2006-01-02	5	30	
30	2006-01-05	9	30	
31	2006-01-19	26	20	
32	2006-02-01	1	-20	
33	2006-03-08	10	5	
	合计		5067	

截至2005年12月31日，天创公司对中国铁建施工单位开工累计计价

7781.6万元，列入计价的有些工程实际尚未施工，存在部分虚量。原因为当时中国铁建的垫资款有时间和进度要求，该项目主体封顶后中国铁建将不再垫资，而当时该项目资金缺乏，为向中国铁建要款，提前将部分未做工程先行计价。经现场调查，该项目实际完成工程量7331.4万元，并且这个数字得到天创公司签字认可。2006年，中国铁建施工单位向天创公司报决算总额8569.7万元。

2. 天创公司其他费用开支

天创公司其他费用开支3787.5万元，详见表5。

表5 天创公司其他费用开支统计

会计科目		支出项目	金额/元
一级科目	二级科目		
开发成本	建安工程	人防质检费	56000.00
		护桶费	2310.00
		刷墙涂料	750.00
		检测试验费	262120.00
		其他	64110.39
	小计		385290.39
	前期工程款	报建费	2326000.00
		定额编制费	138000.00
		劳动保险统筹基金	3780000.00
		审图费	150000.00
		土方外运费	23200.00
		图纸费	7926.00
		沉降观测费	6600.00
		设计费	1444800.00
	小计		7876526.00
	土地使用费	过户费	225660.00
		土地转让费	17200000.00
	小计		17425660.00
	基础设施费	自来水安装设计费	120667.00
		临建电力架设费	51929.00

续表

会计科目		支出项目	金额/元
一级科目	二级科目		
开发成本	基础设施费	环境影响报告费	6000.00
		施工噪声及排污费	22176.00
		排污管网安装费	22000.00
		路面修复费	4850.00
		消防预埋工程费	55000.00
	小计		282622.00
	开发间接费	工资	463567.00
		办公及差旅费	912944.94
		修理费	116121.29
		水电费	13605.20
		劳保费	18833.35
		测量费	78430.00
		工程交易服务费	21736.00
		暖气安装费	48600.00
		2002—2003年前期费用支出	537528.78
		土地使用税	66259.75
		其他	75751.38
		5—6月增加	579113.70
	小计		2932491.39
	开发成本合计		28902589.78
预付账款	广播电视信息网络	预付网络接入款	5000.00
	西安天然气总公司	付设计费	5000.00
	西安高新区社会事业服务中心	集中供热建设费	1305646.32
	西安普迈监理有限公司	标底编制费	222000.00
	恒瑞监理公司	监理费	30000.00
	西安莱茵电梯设备有限公司	电梯设备款	1020000.00
	陕西巨丰广告装饰公司	广告费	269000.00
	中企动力科技股份有限公司	网站制作费	9000.00
	西安通惠公司		800000.00
	预付账款合计		3665646.32

续表

会计科目		支出项目	金额/元
一级科目	二级科目		
其他应收款	海豪地产	场地租用押金	95000.00
	其他应收款合计		95000.00
长期投资			60000.00
待摊费用			168264.00
管理费用	2003 年度		474497.43
	2004 年度		1217605.03
	2005 年度		1092235.14
	2006 年度		764633.36
	2007 年 1—6 月		436967.41
	管理费用合计		3985938.37
销售费用	2005—2006 年度		809081.28
固定资产	购建固定资产		782417.00
	固定资产合计		782417.00
低值易耗品			70028.26
以上总计			38538965.01
调减	固定资产折旧		232419.11
	计提职工福利费		175740.04
	计提工会经费		30594.20
	计提职工教育经费		24733.66
	利息收入		200968.24
	调减合计		664455.25
合计支出			37874509.76

注：近 2 个月费用增加较多，天创公司的解释为：一是前期尚未入账、开发费用入账；二是办公场所搬迁及装修、办公家具、房屋租金等费用。

（三）天创公司财务现状

截至 2007 年 6 月 30 日，天创公司的财务状况见表 6。

表 6 天创公司的财务状况

科目	金额/万元	科目	金额/万元
货币资金	1059	应付账款	10046.9

续表

科目	金额/万元	科目	金额/万元
预付账款	366.6	其他应付款	1355.9
其他应收款	9.5	应付福利费	17.6
存货	11437.7	股东权益	1540.2
待摊费用	16.8	（1）股本	2000.0
长期投资	6.0	（2）未分配利润	-459.8
固定资产	65.0		
合计	12960.6	合计	12960.6

注：以上资金含义乌市方洪明等注入1075万元。

五、天创公司有关事项

（1）为了办理预售证，天创公司与金牌科技公司注册成立了西安天诚物业管理有限公司（以下简称天诚物业公司）。天诚物业公司成立于2004年12月22日。营业执照注册号6101001401930；住所为西安市高新区唐延路天创国际大厦602室；法定代表人李宝森；注册资本陆拾万元整；企业类型为有限责任公司；经营范围包括物业管理，楼宇设备、空调、水电的安装、维修（不含专控），房屋租赁，房屋代理销售，房地产信息咨询，五金、化工产品（除专控及易燃易爆危险品），日用百货的销售；具有物业管理三级资质（编号：市房物〔2006〕241号）。

天诚物业公司股权比例为海南金牌科技股份有限公司占90%，共54万元；天创公司占10%，共6万元。公司注册时，天创公司向金牌科技公司还款54万元，金牌科技公司以此款作为对天诚物业公司的投资。注册完成后，天诚物业公司将此款转入天创公司，其后，天创公司以固定资产转天诚物业公司抵作还款。

天创公司楼盘销售无进展，天诚物业公司的业务至今尚未开展。

（2）中国铁建施工单位停工撤场前后，没有与天创公司最后决算，决算数额确定后，对最终效益有一定影响。

（3）资金利息。截至2007年12月31日，天创公司挂账应付总公司利息765.3万元，其中应收垫资工程款利息587.3万元，前期1500万元借款利息

178万元。可能引起变动的因素有：①2005年后项目出于种种原因停工未再计提资金利息；②已经计提的利息中，部分工程量是虚的，因此其中利息有多提因素（垫资款利息是按工程进度计提的）。

（4）预付账款挂陕西巨丰广告装饰有限公司（以下简称巨丰广告公司）广告费26.9万元。该笔款项为天创公司与巨丰广告公司合同约定，巨丰广告公司负责天创公司项目的户外广告发布及天创大厦销售中心的建安工作，总计金额128.9万元，其中因终止曲江户外广告媒体的发布冲抵5.5万元；天创公司已按合同分2次支付巨丰广告公司26.9万元，尚有余款96.5万元，根据合同约定，该余款将以巨丰广告公司购买天创公司项目写字间（单价6000元/米^2）形式来冲抵。

（5）未挂账应付陕西汉唐文化广告传播有限公司广告费82万元，已与广告公司签订协议，以房产冲抵该款（单价6000元/米^2）。

（6）预付账款挂西安莱茵电梯设备有限公司102万元。按天创公司与西安莱茵电梯设备有限公司的电梯合同买卖约定，天创公司购入5台电梯，共计345万元（含运费）。目前天创公司已按合同规定如期支付西安莱茵电梯设备有限公司102万元，尚余243万元未付，天创公司至今未提货。

（7）预付账款挂恒瑞监理公司款3万元。根据合同，应付监理费75万元。

（8）西安市天然气总公司天然气设计费1.5万元，已支付0.5万元，欠1万元。

（9）陕西省广电网络西安分公司网络接入合同款6.9万元，已经支付0.5万元，欠6.4万元。

六、天创大厦项目投入产出预测

（一）天创项目支出预测

1. 工程成本费用

（1）已发生成本费用。天创公司账目不规范，预估成本费用只能按投入资金加上欠付工程款减去天创公司账面现金和固定资产进行测算。各公司共投入天创公司资金总额10085.98万元。其中，金牌科技公司投入2200万元、中国铁建投入资金1500万元、施工单位中铁十九局五公司得到计价款6385.98万元。天创公司对中国铁建负债1829.34万元，其中欠付总部利息765.32万元（至2006年12月31日），欠付中铁十九局五公司计价款1064.02万元（现未结算，暂按结算总额7450万元估算）。2007年4月26日，调研了解天创公司账面现金0.6万元，固定资产78万元。以上天创公司已经发生成本费用为11836.72万元（10085.98万元+1829.34万元-0.6万元-78万元）。

（2）剩余工程预计发生成本费用。完成天创大厦剩余工程，预计发生费用6763万元，构成如下：①电气工程费用1196万元，65%的费用以6000元/米^{2}单价的房屋面积抵付工程款。②消防工程费用360万元，65%的费用以6000元/米^{2}单价的房屋面积抵付工程款。③空调电梯工程费用913万元（其中空调费用640万元、电梯费用273万元，含电梯预付款103万元），空调65%的费用以6000元/米^{2}单价的房屋面积抵付工程款。④大厦外立面幕墙1000万元，70%的费用以4200~4800元/米^{2}的房屋面积抵付工程款。⑤给排水工程费用300万元。⑥室外工程费用200万元。⑦内部简单装饰费用500万元。⑧天然气工程费用15万元。⑨变更后土建费用700万元。⑩其他费用1579万元（其中监理费15万元、其他1564万元）。以上十项合计6763万元，含天创公司预付合同款286.56万元。

（3）天创项目全部工程成本费用。天创项目已发生成本费用11836.72万元，加上后续工程需投入成本费用6763万元，减去天创公司已经预付合同款286.56万元，天创项目全部成本费用约为18313万元。

2. 其他支出

其他支出由销售费用、营业税、所得税三项构成，共计4805万元。其中，销售费用按销售收入的2%估算，该项目销售费用约为571万元；营业税按5.5%营业税税率计算，该项目营业税约为1569万元；所得税按33%所得税税率计算，该项目所得税约为2665万元。

（二）天创项目销售收入预测

已签订后续合同以房屋面积抵扣工程款收入1987万元，其中，电气工程房屋抵扣款777.4万元（1196万元×65%）；消防工程房屋抵扣款234万元（360万元×65%）；空调工程房屋抵扣款416万元（640万元×65%）；大厦外立面幕墙房屋抵扣款560万元（800万元×70%）。

其他房屋销售收入26543万元，其中，①裙楼销售收入10001万元（10001米^2×1万元/米^2）。②地下车位销售收入2160万元（地下一层135个×10万元/个，地下二层135个×6万元/个）。③裙楼以上主塔楼销售收入14382万元（31961米^2×0.45万元/米^2）；裙楼以上主塔楼总面积35676平方米，扣除抵扣工程款房屋面积3715平方米后，剩余可销售面积31961平方米。

天创项目房屋面积抵扣工程款收入1987万元，其他房屋销售收入26543万元，构成天创项目全部销售收入28530万元。

（三）天创项目总利润预测

将上述销售收入减去成本费用、销售费用、营业税、所得税，得出该项目总利润5412万元（28530万元-18313万元-571万元-1569万元-2665万元=5412万元）。

（四）中国铁建整体收购利润预测

中国铁建整体收购天创公司股权，获得该项目控制权，支付天创公司本金2230万元、利润1600万元、汽车3辆。按此收购方案，中国铁建在天创项目上尚有利润3812万元（5412万元-1600万元），投资利润率约为2.08%。

（五）预测说明

1. 该项目收入预测采取稳健性原则

调研西安市房价情况，目前售房价格写字楼租价在38~80元/（月·米^2），售价4600~6300元/米^2，裙楼一般只租不售（调研组预估裙楼售价10000~18000元/米^2；旺座售楼员报价20000元/米^2，估计是虚价）；居住小区售价4000~4600元/米^2，地下有产权车位80000~140000元/个，无产权车位 60000~70000 元/个。对该项目效益预测中，房价裙楼按 10000 元/米²、主楼按 4500 元/米²、车位地下一层按 100000 元/个、地下二层无产权车位按 60000 元/个计算，均采用预估较低房价。

2. 目前西安市房价呈上涨趋势

调研了解，西安市科技开发区现有楼盘销售良好，在全国大城市中，该市房价没有疯狂上涨，总体房价不高，未来上涨趋势较明显。从 2007 年 4 月底到 7 月中旬房价两次调查数据分析，2 个多月时间，天创项目周边房价普涨 120~300 元/米²，车位价格没有变化。但是，不能排除未来数年随国家调控政策出台，天创项目房价下降的可能性。

3. 天创项目增值情况

现场调查了解，目前天创项目中增值项目有两项：

（1）土地增值约 1764 万元。天创公司介绍，到 2007 年 5 月西安开发区附近土地价格涨至 3600 元/米²，天创项目原协议转让价格是 1800 元/米²，地价翻一倍。调研组到西安开发区国土部门了解，政府土地价格仍是 1800 元/米²，但政府有关人员介绍，天创项目附近的黄金地段，政府现在有价无地，地价上涨无疑，但是涨到什么价位没有底数。近年来，天创项目附件没有土地拍卖，也就没有可以参考的价格数据。按土地已经增值 1800 元/米² 计算，天创项目 9800 平方米土地共增值 1764 万元。

（2）城市配套费增值约 570 万元。根据西安市有关文件（政府网站已登载），西安开发区城市配套费现标准为 150 元/米²，天创项目原标准 50 元/米²，按建筑面积 56989 平方米计算，该项目城市配套增值约 570 万元。

七、重组收购天创公司投资决策

（一）中国铁建对天创大厦项目基本判断

（1）前期中国铁建已经真实投入该项目资金 8018.9 万元。

（2）天创公司已经继续运作天创大厦项目，如果中国铁建不收购重组天创公司，将会有其他企业或个人资本重组收购，届时中国铁建投入资金收回将更加复杂困难。

（3）该项目是中国铁建下属单位施工，如中国铁建收购重组天创公司，天创公司与施工单位之间的纠纷，将由中国铁建内部处理解决。

（4）房地产项目隐性成本较多，该项目存在隐性成本，溢价收购成本非全是天创公司利润。

（5）西安房地产价格预测未来数年上涨趋势明显。目前全国主要城市房地产价格上涨较快，虽然西安当前上涨较慢，未来数年西安房地产价格会补涨，向国内一级或二级城市看齐。

（6）按目前天创公司出资溢价2000万元收购，该项目按当前投入产出分析，可以基本持平（因原料价格上涨成本增加），如项目建成持有暂不销售，未来数年西安房地产价格上涨，项目收入将大幅增加，该可能极大。

（7）中国铁建成立总公司西安天创项目股权转让处理小组，组长由公司领导兼任，小组成员由经营计划部、企业管理部、财务部、审计局等部门有关人员组成，根据调研报告作出重组收购天创公司建议报告。

（二）中国铁建对收购西安天创项目股权转让决策

（1）适当提高转让价格，促成转让。为了收回中国铁建已经投入的资金，避免造成经济损失，中国铁建总经理办公会议决定，将转让溢价提到最高2000万元（天创公司原商定溢价1600万元，后增加至溢价2000万元），争取促成金牌科技公司将天创公司股权转让给中国铁建，达到中国铁建全资控制运作天创大厦目标。

（2）如果天创公司不守约，再次提高转让要价，中国铁建将提起诉讼，通过法律保全已投入资产安全。

八、重组收购天创项目结果

经双方协商，在天创公司对天创大厦已投入2200万元资金基础上，中国铁建溢价2000万元，即中国铁建付出总价4200万元收购西安天创房地产有限公司全部股份。中国铁道建筑总公司、海南金牌科技股份有限公司各自履行完毕公司审批决策流程，双方签署《西安天创房地产有限公司股权转让合同》。2007年9月末，双方在西安工商局办理天创公司股权转让登记注册变更，中国铁道建筑总公司正式完成对西安天创房地产有限公司的重组收购工作，达到全资控制运作天创大厦目标。

（2007年9月30日）

注： 作者是中国铁道建筑总公司西安天创大厦项目收购调研小组负责人，亲自起草该项目重组收购调研报告，负责该项目重组收购全过程具体运作。

中铁集贤焦电项目投资分析

中铁集贤焦电项目是中铁十五局集团有限公司（以下简称中铁十五局）投资建设的年产 80 万吨焦炭的煤化工项目。该项目首期 20 万吨/年工程即将建成，后续 60 万吨/年工程由于大股东投资不到位、项目公司股权变更困难、中铁十五局后续资金紧张，且贷款资金成本高，续建困难。中铁十五局是中国铁建股份有限公司（以下简称中国铁建）的全资子公司，由于前期中铁十五局已经向该项目投入资金，为了保证前期投资安全，中国铁建对是否收购投资该项目，组成项目调研组，依据调研情况和数据作出投资决策。

一、项目简介

该项目位于黑龙江省集贤县河东区工业园区河东街道浸油厂南，用地面积 34 万平方米。该项目采用 QRD—2003 捣固式清洁型焦炉，焦电联产余热用于发电。现厂区占地面积 34 万平方米，热电联产车间包括 5×45 吨/小时余热锅炉、3×15000 千瓦汽轮发电机组，年发电 356.4×10^6 千瓦。原建设期 2 年，运营期 30 年。2004 年 4 月 17 日，集贤万邦焦化有限公司在黑龙江省集贤县工商局注册，当时公司由三元股东组成，即万邦联合投资有限公司（以下简称万邦公司）、中铁十五局、山西焦炭产业投资控股有限公司（以下简称山西焦炭公司），注册资金 2000 万元，三方占股分别为 55%、30%、15%，各出资 1100 万元、600 万元、300 万元。2005 年山西焦炭公司董事长受贿被捕，该公司撤资，其出资的 200 万元转为万邦公司出资。从 2004 年下半年至 2007 年底，万邦公司作为大股东，资金没有到位，国家宏观调控趋紧，焦炭行业贷款受到限制，本项目银行承诺的贷款资金不到位，项目处于停建状态。

2006年中铁十五局曾要把该项目卖给唐山市宏文实业集团有限公司，对方预付了300万元。2007年下半年，国内焦炭行情好转，中铁十五局经过多次艰难谈判，于2007年12月28日与宏文公司、万邦公司分别签署股权转让协议，12月29日完成股权转让登记变更，中铁十五局成为该项目独资投资人，设计单位是山西化工设计院，施工单位是中铁十五局七公司，监理单位是黑龙江冶金规划设计院监理公司。

中铁十五局拥有100%股权后，将公司名称变更为中铁焦电集贤有限公司（以下简称中铁焦电公司），注册资金仍是2000万元，并完善了公司法人治理结构，成立了董事会、监事会。公司设立七个部门，即行政部、设备管理部、采购供应部、营销部、财务部、产品检验部、生产工艺部，员工30~40人，首期年产20万吨/年工程正式投产，正招聘和培训新员工。

2005年黑龙江省发展改革委下发《关于对集贤万邦焦化公司年产80万吨焦化工程申请的确认通知》（黑电计〔2005〕249号），批复该项目生产能力从每年60万吨扩大到80万吨，总投资3.6459亿元，其中固定资产投资3.4974亿元，铺底流动资金1485万元；资金来源为股东自筹资本金35%，计1.2671亿元，银行贷款65%，计2.3698亿元。

截至2008年5月初，中铁十五局完成该项目投资1.2625万元，占总投资的34.63%。主要完成实物工程量：

（1）煤系统：年产80万吨级的备煤、配煤、粉碎、煤塔、皮带运输等煤系统建设已经完成并调试完毕。

（2）炼焦系统：完成炼焦车间39孔15万吨焦炉、捣固站、装煤推焦车、熄焦车等焦炉系统单体及调试，其余13孔5万吨焦炉正在砌筑，很快将具备生产条件。

（3）熄焦系统：熄焦塔、沉淀池、凉焦台、振动筛、输送通廊熄焦系统已经建设和调试完毕。

（4）配套工程：已经拿到33万平方米土地使用证，完成1430米进厂道路、简易公路、供电、供水、供暖、围墙、办公楼等附属工程。

（5）首期设计年生产焦炭20万吨，第一批建成15万吨，2008年5月18

日,第一批焦炭试产成功,达到设计质量要求。

(6) 关于原材料供应,中铁十五局已经与有关单位签订供煤协议。

(7) 产品销售准备方面,中铁十五局正在与年需50万吨焦炭的吉林铁合金厂商谈优先采购权的代理商协议。

(8) 中铁十五局向民生银行青岛分行申请2.37亿元的项目贷款并已经获得民生银行总行的批准,具体放款方案正在洽谈。调研时没有见到银行批件。

二、项目现时困难

目前,中铁集贤焦电项目存在以下困难:

(1) 完成先期20万吨/年的焦炭工程,中铁十五局急需解决流动资金和清还债务资金共计6527万元,其中生产15万吨焦炭需流动资金约3500万元,欠付工程款和设备款3027万元。

(2) 当前20万吨/年生产规模太小,脱硫装置没上,环保设施没有配套建设,生产前的验收难度较大。现在国家环保标准越来越高,黑龙江省环保局难以通过20万吨/年规模的生产环境评价验收,集贤县政府正协助中铁十五局做工作。

(3) 集贤县要求中铁十五局尽快完成后60万吨/年焦炭续建任务,目前年产20万吨属于违规生产。

(4) 20万吨/年规模小,目前发电设施没有配套建设,致使每吨焦炭损失利润110元左右,降低了投资收益。

(5) 外欠设备款、工程款时间长,经常有被欠单位来厂里要账或诉诸法院。

(6) 民生银行按高于规定贷款利息10%放贷,并收取一定手续费。

中铁十五局请求其上级单位中国铁建:

(1) 投资续建该项目后期工程(60万吨/年),双方按实出资本划分股份;

(2) 如果中国铁建不投资该项目,申请上级机关批准中铁十五局贷款投资,完成该项目后续工程建设。

三、项目现况

(一) 项目财务状况

1. 资金来源及使用

截至 2008 年 4 月 30 日，中铁十五局共向该项目投入资金 8440 万元，其中 6500 万元为借款；浙江天铁公司预付定金 1000 万元；其他借款 100 万元；无银行借款。资金主要用于建筑及安装工程，包括硬化厂区、路面，修建备煤、筛焦、炼焦车间和办公用房，以及所需的大型设备的购置安装等。

2. 资产状况

中铁焦电公司的办公楼、车间和设备安装工程尚未经有关部门监督验收，因此没有结转为"固定资产"，以"在建工程""预付款"名义挂账列示，有 8900 多万元。尚有部分存货、固定资产及结余现金。

土地由集贤县政府无偿交给公司使用，政府以补贴的名义向企业出资 2023 万元，公司用以支付购地款，账列土地为无形资产 2570 万元，高出政府出资的 547 万元，为中铁十五局收购万邦公司股权的溢价费用。

资产总额 12625 万元，其中，流动资产 6733 万元，包括预付款 5921 万元；非流动资产 5892 万元，包括在建工程 2932 万元，无形资产 2570 万元。

负债 10133 万元，均为流动负债，包括其他应付款 9898 万元；无长期负债。

权益资本 2492 万元，注册资本 2000 万元，资本供给 492 万元。

3. 续建需要的资金

(1) 采用现在炉型。按现在的炉型，根据 2005 年黑龙江省发展改革委的批复，达到 80 万吨/年设计产量，项目总投资 3.6459 亿元（2004 年），外加转让溢价 0.0547 亿元，项目总投资应为 3.7006 亿元（3.6459 亿元 + 0.0547 亿元）。目前已经完成投资 1.2625 亿元，中铁十五局已投入资金 0.8440 亿元，该项目后续建设需要资金 2.8566 亿元（3.6459 亿元 + 0.0547 亿元 - 0.8440 亿元）。此价格是按 2005 年投资估算测定的，考虑近年物价上涨因素，该项目续建投资估算为3.3亿元。

（2）续建改变炉型。为了回收化工产品，增加投资收益，采用煤炭科学研究总院续建推荐机焦炉型方案，续建60万吨/年焦炭工程需要再投资3.9470亿元，项目现资产为1.2625亿元，该项目全部投资为5.2365亿元（3.9740亿元+1.2625亿元），计算出后续建设需要资金4.3925亿元（5.2365亿元-0.8440亿元）。此投资未考虑生产副产品甲醇的投资。

（二）项目所在地简介

项目所在地集贤县，隶属黑龙江省双鸭山市，距双鸭山只有十几分钟的车程，县市相连，全县总人口32万人。近年，该县经济持续增长，2007年实现地区生产总值40.32亿元，按可比价格计算比上年增长16.0%。其中第一产业增加值14.55亿元、第二产业增加值15.25亿元、第三产业增加值10.52亿元，比重分别为36.1%、37.8%、26.1%。人均地区生产总值12645元，比上年增长15.4%。2007年该县原煤产量800万吨，煤质以瘦煤、弱黏煤、1/3焦煤、肥煤为主。2007年，城乡居民收入增长显著，城镇居民人均可支配收入10047元，农民人均纯收入4122元，在岗职工平均工资15799元。该县原来在黑龙江省经济发展质量排名中居第43位，2007年已经上升到第13位。本届县委县政府领导班子比较关注经济发展，具有强烈的"招商强县"理念，成效也比较显著，五年已经招商439个项目，累计到位资金21亿元。中铁焦炭厂交通便利，公路可以直接通到厂区，厂区距铁路金沙岗火车站3千米，该火车站有六轨道，原属地方铁路，现在已属国铁，但是收费仍然按地方铁路标准高价收费。

（三）首期20万吨/年生产工艺

该项目首期20万吨/年（已建成15万吨/年、正建5万吨/年）QRD—2003捣固式清洁型热回收炉型焦炭的生产工艺，由煤焦处理车间、炼焦车间和热电联产车间三部分组成。

煤焦处理车间由年产80万吨级的备煤、配煤、粉碎、煤塔、皮带运输等煤系统组成。

炼焦车间由 39 孔年产 15 万吨（其余 13 孔年产 5 万吨焦炉正在砌筑）焦炉、捣固站、装煤推焦车、熄焦系统组成。熄焦系统由熄焦车、熄焦塔、沉淀池、凉焦台、振动筛、输送通廊组成。

热电联产车间现未建，该车间由水处理、脱硫除尘、汽轮发电机组、冷却塔、换热站、变电站等工段组成。

1. 现工艺优点

生产焦炭采用现在的 QRD—2003 炉型工艺，具有以下优点：

（1）节省主焦煤。双鸭山市（含集贤县）不产主焦煤，当地主焦煤来源于七台河市的煤矿，距本厂大约 200 千米。现炉型可参配大量无烟煤、贫瘦煤和 1/3 焦煤，大量节约（或少用）主焦煤，这样就降低了主焦煤的采购运输成本，扩大了炼焦煤种的范围。

（2）环保效果好。该炉型采用有组织烟气排放，漏烟漏气量很低，释放到大气中的有害成分少，没有水污染；高温烟气经脱硫除尘处理，可高空达标排放，环保效果理想。

（3）产品质量好，安全性能高，生产规模可调控。该工艺采用捣固式装煤，炼焦周期长，结焦温度可调，通过烟道插板调控炼焦系统的负压运行，可避免烟气泄漏，提高安全性能，工艺简单易行，并可以停炉灵活调整产量；生产出来的焦炭具有块大，抗碎强度、耐磨强度、反应性、反应后强度、抗碱性等指标较好等优点，可有效降低炼钢中的焦炭消耗量。

（4）建设成本和生产费用低。该炉型的建设成本大约是机焦炉型的 2/3，原料成本和生产费用却比机焦炉低。

2. 现工艺缺点

现有炉型生产工艺副产品（化学产品）不能回收，现在副产品如煤焦油、粗苯、硫黄和煤气的价格高企，不回收就要损失一部分利润。据调查，不回收副产品，每吨焦炭要损失 300 元左右的利润。

（四）项目立项批复

目前，该项目已经获得项目建议书、用地规划、土地使用证、施工许可、环保、余热发电接入系统等六项批复,建设手续完备。

1. 项目建议书批复

2004年4月12日,黑龙江省发展改革委下发《关于集贤万邦焦化有限公司焦化工程项目建议书的批复》(黑发改能源〔2004〕287号)。2004年4月25日,黑龙江省双鸭山市发展计划委下发《关于集贤万邦焦化有限公司QRD—2000环保型焦化项目的批复》(双计工字〔2004〕100号)。2005年9月14日,黑龙江省发展改革委下发《关于对集贤万邦焦化公司年产80万吨焦化工程申请的确认通知》(黑发改能源〔2005〕813号),正式批准该项目。

2. 建设用地规划许可证

2004年4月25日,集贤县城镇规划管理处下发《建设用地规划许可证》,编号0405,用地单位集贤万邦焦化有限公司,用地名称年产160万吨焦化厂,用地位置集贤县河东区工业园区河东街道浸油厂南,用地面积34万平方米。

3. 国有土地使用证

2004年7月4日,集贤县人民政府和环保局下发《国有土地使用证》,证书编号001425929,使用权人是集贤万邦焦化有限公司。2008年6月初,集贤县政府重新下发《国有土地使用证》,使用权人变更为中铁焦电集贤有限公司,地号为6/87/1,地类为工业,使用权类型为出让,终止日期为2054年7月4日,使用权面积为34万平方米,证书盖有中华人民共和国国土资源部土地证书专用章。

4. 施工许可证

2004年4月14日,黑龙江省双鸭山市发展计划委批复工程开工。2004年4月28日,集贤县建设局下发《施工许可证》,证书编号2004003,合同价格26000万元,合同日期为2004年4月26日至2005年11月30日。

5. 环保批复

本项目有年产60万吨和年产80万吨两个环保批复,两个批复的焦炉炉型不同。

(1)年产60万吨焦炭环保批复。《关于集贤万邦焦化有限公司60万吨/

年焦炭煤化工项目环境影响报告书审批意见的复函》（黑环函〔2005〕99 号）认为该项目建设内容和项目所在区域周围的环境状况叙述清楚，对项目建设可能带来的环境问题分析得比较明确，提出的污染防治措施可行，评价结论可信，可以作为工程实施和环境管理的依据。在认真落实各项环境保护措施的情况下，同意项目建设。

（2）扩建年产 80 万吨焦炭环保批复。2005 年 8 月 5 日，黑龙江省环保局下发《集贤万邦焦化有限公司 80 万吨/年焦炭煤化工工程环境影响报告书》（黑环函〔2005〕99 号），认为该项目原炉型 TJL4350 型焦炉改为 QRD—2003 清洁型捣固式热回收炼焦的工艺，同时由 60 万吨/年的生产能力提高到 80 万吨/年，余热回收利于发电，调整后的工艺在控制污染物产生方面优于传统的机焦工艺；并认为该项目生产工艺所产生的废气、噪声等可以实现达标排放，废水可以实现循环利用，固体废弃物可以得到综合利用。经审查研究，原则同意上述调整工艺和提高生产规模。文件批复，鉴于该工艺与国家发展改革委 2004 年 76 号公告《关于焦化准入条件》属于不同类型的生产工艺，要求建设单位在工程投产后三个月内，向省环保局报告工艺运行的环保情况，并要求建设单位在接到批文后的三个月内完善该项目环境影响报告书的补充调整工作，并上报省环保局审核备案。在集贤县政府的协助下，项目公司按该批复要求，完善了环境影响报告书的补充调整工作，并交省环保局备案。

6. 发电接入系统批复

2005 年 7 月 29 日，黑龙江省电力有限公司下发《关于集贤万邦焦化有限公司新建 3 台 15 兆瓦余热发电机组接入系统的批复》（黑电计〔2005〕249 号）。该批复同意佳木斯电业局上报的《关于集贤万邦焦化有限公司新建 3 台 15 兆瓦余热发电机组接入系统的请示》，同意集贤万邦焦化有限公司利用焦炉高温烟气、配套建设 5 台 45 吨/小时余热回收锅炉和 3 台 15 兆瓦凝汽式发电机组，并指出该工程属于综合利用节能项目，有利于保护环境，减低能源消耗，符合国家产业政策和建设节约型社会的要求，省电力公司原则同意机组投产后接入系统运行。要求项目法人委托有资质的中介机构，编制接入系统可行性研究报告并报批。

(五) 原料煤来源调查

现炉型（QRD—2003）生产二级冶金焦，采用四种原料煤：主焦煤、1/3焦煤、瘦煤、弱黏煤。四种原料煤所占比例为：主焦煤50%~80%，1/3焦煤30%~35%，瘦煤约10%，弱黏煤约5%，具体比例需要由试验确定，1.4~1.45吨配合煤可生产出1吨焦炭。

1. 主焦煤

双鸭山地区（含集贤县）不生产主焦煤，该市的主焦煤来源于七台河市的煤矿。七台河市桃山选煤有限公司和建兴煤业有限公司目前主焦煤价格1080元/吨［中铁焦电厂已经预付款价格980元/吨（洗煤后）］，七台河市距集贤县大约200千米，汽车运费69元/吨。七台河市洗煤厂很多，主焦煤要到七台河洗煤厂采购。

桃山选煤有限公司是一家私企，既有煤矿也有洗煤厂，其可采储量5000万吨，目前开有7个井口，有铁路专用线7千米，年产原煤100万吨，其中优质无烟煤60万吨、主焦煤40万吨；计划2008年再扩产增加2个井口，其中1个井口生产主焦煤30万吨/年，另一个井口生产无烟煤20万吨/年，预计2008年10月以后可以扩产出煤。该公司同意扩产后供应中铁焦电厂主焦煤20万吨/年。

七台河建兴煤业有限公司是一家洗煤厂，每年可洗原煤60万吨，据公司董事长介绍，2006年卖出主焦煤60万吨、肥煤20万吨，并表示该厂有能力供应中铁焦电厂，并愿意找像中国铁建这样的长期稳定合作伙伴，价格随行就市，目前每年可供应5万吨，如果提前支付预付款，可以扩大供应量。该厂董事长还表示，现在火车皮很难要到，如果双方长期合作，该公司可以买汽车为中国铁建运输主焦煤。

2. 1/3焦煤

目前，集贤县只有升平煤矿一家（属于双鸭山北方升平煤矿有限公司）生产1/3焦煤，可采储量7000万吨，矿井年生产规模35万吨，2007年超产达到63.5万吨，距中铁焦炭厂大约18千米。该矿2007年上缴集贤县税金4000多万元，县里奖励煤老板180万元。升平煤矿正在搞技改，计划扩产到年产90万吨规模。该公司自有60万吨/年的洗煤厂。在集贤县协调下，该公司给中铁焦炭厂出具了年供应40万~50万吨1/3焦煤的《煤炭供应承诺》。

双鸭山市长山矿业股份有限公司，矿址在集贤县，属于正在建设中的1/3焦煤煤矿，可采储量4000万吨，预计2009年春季投产供煤。集贤县政府已经对该矿核准并下发采矿证，各项生产手续完备。在集贤县华书记、肖副县长等领导协调下，该公司给中铁焦炭厂出具了从2009年起年供应35万吨1/3焦煤的《煤炭供应承诺》。

集贤县表示，该县生产的1/3焦煤优先供应本县焦电厂（当前主要是中铁焦电厂，另一家没有建成）。该县煤炭管理局表示，本县煤炭企业都受政府管理，政府将加强对煤矿的控制，焦煤就地转化增加附加值，但是价格政府不能控制，要随行就市。

3. 瘦煤、弱黏煤

瘦煤、弱黏煤在二级冶金焦的配煤中所占比例少，双鸭山市四区四县（含集贤县）的瘦煤、弱黏煤矿井较多，集贤县有个体煤矿14家，除了升平煤矿和在建的长山煤矿，多数煤矿生产瘦煤、弱黏煤和肥煤。国企双矿集团的集贤煤矿隶属黑龙江省龙煤集团，2007年产原煤170万吨，现在每天产煤5000多吨，外卖由龙煤集团统一调拨，矿上没有自主权；只有计划外超产部分，可以不公开自卖。私企长三景煤矿年产瘦煤30万吨，现正扩建达到年产50万吨，50万吨/年的洗煤厂正在建设中。

（六）焦炭销路调查

1. 国内市场

由于焦煤资源紧张，国内焦炭价格一年来不断上涨。山西焦炭在全国最有代表性，产量占全国80%以上，每月生产焦炭600万吨。2008年5月，山西焦炭企业均提高焦炭产品报价，目前山西一级冶金焦的主流报价在2300~2450元/吨，二级冶金焦主流报价在2000元/吨左右，每吨均比四月初上涨200元左右，相当于环比上涨近10%。南方沿海钢铁企业从北方港口转运焦炭，平均到厂价格已经达到了2800元/吨，并在向3000元/吨发展。

为了切实了解焦炭市场需求情况，较近的产品大客户是吉林铁合金厂、四平红嘴钢铁厂。目前，两个厂都紧缺焦炭，希望中国铁建能够有现货供应。两厂都表示2009年要扩大产量，增加焦炭采购量，四平红嘴钢铁厂表示中国铁建生产的焦炭他们可以全部购买。

2. 国际市场行情

2007年我国焦炭累计出口量达1530.65万吨，较2006年同比增长5.57%，出口金额累计达30.54亿美元，较2006年同期的20.08亿美元上升约52%。2008年1—4月，中国累计出口焦炭及半焦炭428万吨，同比下降16.6%，累计出口金额16.26亿美元，同比增加97.6%，4月出口焦炭月均价432美元/吨，5月国际焦炭价格已突破500美元/吨，达到历史新高位。2008年以来，我国焦炭出口量一直保持较低水平，主要原因是国内焦炭需求旺盛，而原料焦煤供应不足导致焦炭生产难以满足市场需求，推动焦炭价格近一年来快速上涨，这是推动钢材成本增加的主要因素。

（七）竞争对手其他焦炭厂情况

集贤县周边城市只有七台河市出产主焦煤，因此当地建有14家焦炭厂，年产焦炭640万吨，目前该市规模小于年产60万吨的焦炭厂都在扩建。双鸭山市建龙焦炭厂隶属建龙钢铁控股有限公司（以下简称建龙钢铁），总部位于北京市丰台区。2006年，该企业名列中国企业500强第214位，中国钢铁企业第17位，全球钢铁企业第49位；2007年总资产252亿元，员工2.5万余人。在双鸭山市，建龙钢铁2007年生产钢铁200万吨。2006年，因为采购不到焦炭被迫停产，迫使其自建一座年产60万吨的焦炭厂，炉型为机焦炉。国内焦炭市场行情处于最好时期，建龙焦炭厂正在扩建，第一步扩建到120万吨/年，第二步扩建到180万吨/年。建龙焦炭厂原煤配合后成本大约1000元/吨，焦炭外卖价格2200元/吨，2008年1—4月实现焦炭利润1.08亿元。该厂预测，目前焦炭行情还要涨，估计要涨到2400元/吨，原因是原煤价格上涨。该厂目前不签大合同，不接受大额预订金，仅等着焦炭涨价。

佳木斯东兴煤化工有限公司（以下简称东兴公司），年产焦炭25万吨，目前正在新建年产 80 万吨 2 座 60 孔 JNDK43－02F 型捣固焦炉及与其相配套的附产品生产设施，建成后该公司生产规模将达到年产 105 万吨。据该公司关副总经理介绍，现在省政府已经不批准年产 60 万吨以下的焦炭项目了，该项目以缓解佳木斯市煤气供应紧张状况（新增 1.6 亿米^3/年城市煤气）为由获得省政府批准立项，实际是要上年产 80 万吨焦炭和副产品项目。东兴公司炼焦回收化工产品煤焦油、甲醇、粗苯后，用来深加工生产甲醇。其可行性研究报告显示，扩建 80 万吨焦炭项目（含化产回收），大约需要 3.2 亿元投资，加上配套建成 10 万吨甲醇生产厂，共需要投资 7.5 亿元。该公司目前正争取得到黑龙江省政府专项扶持资金，按标准 1 亿元投资可争取 3000 万～3500 万元。焦炭加回收副产品每吨有 600 多元利润。现在该公司配好的原煤价格大约 1000 元/吨，焦炭市价 2260 元/吨，最近还要涨价，估计每吨要涨 200 元左右，原因是煤炭价格上涨。该公司现在已经不签大合同，担心由于以后焦炭涨价受到损失。两年前甲醇每吨 500 多元，现在每吨 4000 多元。当前焦炭是暴利，今年 1—4 月该公司已经获得 1 亿元利润，并认为焦炭行业现在的暴利并不正常，将来会走向正常合理的利润。该公司焦炉排烟排气很差，烟气缭绕。

四、政府优惠政策

2007 年 12 月 10 日，《集贤县人民政府关于急需明确和协调集贤焦化项目有关问题请示的答复意见函》（集政函〔2007〕20 号）明确，对于 2004 年集贤万邦焦化有限公司 80 万吨/年焦炭、5.5 万千瓦·时/年发电项目在集贤县开工建设，经市、县两级党委、政府研究决定，为加快项目建设进程，对该项目用地实行"零地价"政策。2006 年，因为集贤万邦焦化有限公司停建，县政府吊销了该项目的土地使用证。中铁十五局控股后，县政府对该项目原有的政策不变，用地继续实行"零地价"政策，重新办理土地使用证；同时该项目可享受集贤县外来投资优惠政策，对于当地政府可以控制的所得税税收，享受免三减三待遇，县政府正式出具了函件对此予以确认。

五、待建方案经济评价

中铁十五局聘请煤炭科学研究总院对该项目作出中期评估（见表 1），评估采用 1×60 孔 TJL5550D 5.5 米侧装捣固焦炉炉型，评估结果认为该项目财务评价较好。待建方案项目总投资 3.974 亿元，包括固定资产投资、建设期贷款利息和铺底流动资金，其中建设投资 3.0132 亿元，项目建成可实现销售收入 11.8480 亿元，投资利润率为 56%，投资利税率 57.8%。税后财务评价指标如下：投资回收期 2.71 年（包括建设期）。全部投资财务内部收益率 51.66%，全部投资财务净现值 8.2586 亿元，规模总投资 3.3683 亿元，盈亏平衡点为 31.89%。该项目税前折合吨焦利润 278.37 元，远大于已建方案的热回收焦炉的吨焦利润 130 元；如果加上政府优惠税收政策（免三减三），利润更加可观。上述数据说明该方案具有很好的投资价值和抗风险能力。

表 1 主要技术经济指标中期评估表

序号		项目名称	单位	数量	备注
一		生产规模	万吨/年	60	
二		产品产量	吨/年	600000	
	1	全焦（干）	吨/年	516000	
		其中：>40mm	吨/年	48000	
		25~40mm	吨/年	12000	
		10~25mm	吨/年	24000	
		<10mm	吨/年		
	2	焦炉煤气（干）	Nm^3/a	287.66×10^6	
		其中：焦炉自用	Nm^3/a	129.45×10^6	
		外供及自用	Nm^3/a	158.21×10^6	
	3	焦油	吨/年	28766	
	4	粗苯	吨/年	8232	
	5	硫铵	吨/年	7350	
	6	硫黄	吨/年	764	
三		年操作日	天	365	
四		主要原材料、辅料消耗			
	1	洗精煤	吨/年	913200	含水 10%
	2	洗油	吨/年	810	
	3	NaOH	吨/年	860	
	4	H_2SO_4	吨/年	5600	
	5	HPF 脱硫剂	吨/年	2.55	

续表

序号	项目名称	单位	数量	备注
五	动力消耗			
1	生产用水	米^3/小时	138	
2	电	千瓦·时/年	25025000	
六	全厂定员	人	380	
七	工程项目总投资	万元	39740	
1	建设投资	万元	30132	
2	建设期利息	万元	955	
3	流动资金	万元	8653	
八	年销售收入	万元	118480	
九	年平均经营成本	万元	95505	
十	年平均利润总额	万元	22269	
十一	年平均所得税	万元	5567	
十二	年平均增值税	万元	8833	
十三	财务评价指标			
1	投资利润率	%	56	
2	投资利税率	%	57.80	
3	投资回收期	年	2.71	税后
4	全投资财务内部收益率	%	51.66	
5	全投资财务净现值	万元	82586	

六、波特五力模型分析

20世纪80年代初美国经济和管理学家迈克尔·波特（Michael Porter）提出波特五力模型理论。该理论是企业战略竞争分析工具，认为行业中存在着决定竞争规模和程度的五种力量，这五种力量综合起来影响着产业的吸引力以及现有企业的竞争战略决策。五种力量分别为：同行业内现有竞争者的竞争能力、潜在竞争者进入的能力、替代品的替代能力、供应商的讨价还价能力与购买者的议价能力。详见图1。

竞争战略源于企业对决定产业吸引力的竞争规律的深刻理解。任何产业，无论是国内的还是国际的，无论生产产品的还是提供服务的，竞争规律都将

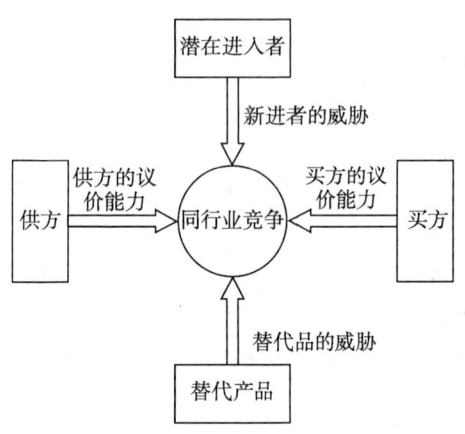

图 1　波特五力模型分析

体现在波特五种竞争的作用力上。因此，波特五力模型是企业制定竞争战略时经常利用的战略分析工具。下面采用波特五力模型分析中铁集贤焦电项目的投资必要性和可能性。

1. 同行业内现有竞争者的竞争能力

（1）焦炭利润高。该项目现有工艺每吨焦炭有 300 多元利润（含余热发电利润）；如果采用机焦炉型建设 60 万吨/年后续工程，生产化工产品，每吨焦炭综合利润可达 600 多元。按中介公司中期预测，现有工艺生产焦炭每吨利润 130 元，比预测低的原因是近期原煤涨价，每吨涨了 500 元，按 1.45∶1 计算，焦炭应该涨 725 元/吨，而实际上焦炭只涨了 500 多元/吨，焦炭涨价滞后造成焦炭利润降低。

（2）现有炉型设计较新。目前中铁集贤焦炭项目 20 万吨的 QDR—2003 的炼焦炉型在黑龙江省还没有（山西省较多），黑龙江省环保批复："鉴于该工艺与国家发展改革委 2004 年 76 号公告《关于焦化准入条件》属于不同类型的生产工艺，要求建设单位在工程投产后三个月内，向省环保局报告工艺运行的环保情况。"同样的炉型在 2005 年获得国家环保总局的科技成果奖（2005 年第 01 号）。中铁集贤焦炭项目炉型较新，现有老厂无法与之相比。

（3）建设手续齐全。该项目建设具有项目建议书、用地规划、土地使用证、施工许可证、环保、余热发电接入系统等六项批复，建设手续齐全。

（4）扩大产能不用报批。该项目不论采用现炉型还是机焦炉型都不用上报批准，原年产 60 万吨焦炭投资方案获批准的是机焦炉型，年产 80 万吨焦炭方案获批准的是现炉型，两种炉型都得到政府批准。

（5）企业资金充足。中国铁建 A 股、H 股上市成功后资金充足，有实力投资该项目。

（6）竞争对手在扩产。现在焦炭市场行情高涨，产品紧俏，调研发现现有的焦炭厂都在大规模扩建，建龙焦炭厂正要从年产 60 万吨扩建到年产 180 万吨，东兴公司正要从年产 25 万吨扩建到年产 105 万吨，各厂都在赶时间扩产。

（7）没有运输专用线。原设计方案和中期报告都没有考虑铁路专用线，现有的铁路运输成本高（装卸车各 5 元/吨），且运能受限制。金沙岗火车站距中铁焦电公司 3 千米，如果达到年产 80 万吨的焦炭生产规模，再加上 40 万吨/年左右的原煤运输，中国铁建可以考虑自建铁路专用线，从根本上解决运输问题。

（8）主焦煤运距远。现有炉型使用主焦煤较多，主焦煤来自七台河市，距中铁焦电公司 200 千米，运输成本 69 元/吨（调研时汽油涨价前运价），若汽油涨价，运输成本还要增加，因此中国铁建比七台河市焦炭厂生产成本高。

（9）人才缺乏。中国铁建没有焦炭方面的人才，完全依靠从市场招聘，或从其他焦炭厂高薪挖人才。

（10）焦炭属于非主业。焦炭投资属于中国铁建的非主业投资，需要上报国资委审批。

（11）续建时间较慢。佳木斯东兴公司扩产的 80 万吨预计在 2008 年 10 月达产，双鸭山建龙焦化厂预计 2008 年底扩产的 60 万吨可以达产，明年将再扩产 60 万吨。中国铁建现在开始续建，也要 2009 年 5—6 月才能达产，比以上两个厂要慢半年。

（12）不回收化工产品。目前，焦炭副产品（化工产品）利润很高，甲醇已经从两年前的 500 元/吨上涨到约 4000 元/吨，其他副产品价格也在高位，现有炉型不能回收化工产品在利润上是损失，而要生产化工产品又要加大建厂投资。

2. 潜在竞争者进入的能力

（1）环保要求高。焦化行业属于传统产业，生产过程中会产生大量的粉尘、废气、废水等污染物，据统计，生产每吨焦炭大约逸散0.55千克颗粒物、产生1吨焦化废水和1300~1900立方米废气。目前国家环保政策要求越来越严，节能降排20%已经成为环保硬指标。炼焦对环境污染较大，各地环保局都在暗查。私企环保设施应用灵活，生产成本相对更低；国企生产焦炭必须上环保设施并持续使用，生产成本相对更高。

（2）国家取缔小焦炉厂。2005年下半年，国家发展改革委等九部委联合出台宏观调控政策，对焦炭行业进行清理整顿，国内焦化企业进入整合期，焦化行业入门门槛提高，现在上年产80万吨焦炭项目要报国家发展改革委批准。焦炭投资增长的趋势减缓，焦炭产品进一步紧缺，价格持续升高。

（3）中期评估效益好。煤炭研究设计总院中期评估报告认为，该项目待建方案总投资为3.9740亿元（建设投资为3.0132亿元），在不考虑政府免三减三等优惠政策的前提下，建成后可实现年销售收入11.8480亿元，年平均利润总额2.2269亿元，投资利润率56%，投资利税率57.9%，投资回收期2.71年（税后），盈亏平衡点为31.89%，税前折合吨焦利润为278.37元。焦炭行业评估效益好，吸引潜在竞争者千方百计进入焦炭生产行业。

（4）地方政府支持。黑龙江省加快东部煤电化基地建设，将牡丹江、佳木斯、鸡西、七台河、双鸭山、鹤岗等六市列入基地建设中，集贤县政府大力支持该项目，出台土地零地价、地方所得税免三减三等政策，吸引投资者在集贤县投资建厂生产焦炭。

3. 替代品的替代能力

目前焦炭尚未发现替代品。焦炭是煤在1000℃的高温条件下经过干馏得到的优质燃料，可作高炉冶炼的燃料，也可用于铸造、有色金属冶炼、制造水煤气；可用于制造生产合成氨的发生炉煤气，也可用来制造电石，以获得有机合成工业的原料。在炼焦过程中产生的化学产品经过回收、加工可提取焦油、氨、萘、硫化氢、粗苯等产品，并获得净焦炉煤气、煤焦油，粗苯精制加工和深度加工后，可以制取苯、甲苯、二甲苯、二硫化碳等，这些产品广泛用于化学工业、医药工业、耐火材料工业和国防工业。

4. 供应商的讨价还价能力

（1）原煤价格上涨。国内原煤价格上涨已成共识，调研中许多煤老板不签长期订货合同，等着煤涨价。中国铁建调研回京不到一个月时间，主焦煤价格已经涨到 1500 元/吨（调研时 1080 万元/吨）。原煤价格上涨，焦炭价格如果跟着上涨，对中国铁建投资影响不大。但是，市场变化难以预料，现在焦炭价格未涨到位（现上涨到约 2700 元/吨，调研时约 2200 元/吨）。按现在价格生产焦炭，投资利润比当初预估要低。原煤价格预期上涨，供应商讨价还价能力增强。

（2）原煤来源有保障。焦炭四种原料煤目前都能得到供应保障。集贤县政府能够保证供应 1/3 焦煤，主焦煤能在七台河采购到，瘦煤、弱黏煤当地产量充足。国内市场煤炭紧缺主要受铁路运力限制，中铁焦电公司当地周围县市就是煤产地，铁路运力不足可以依靠汽车运输，因此不存在运力不足问题。原煤货源充足，供应商讨价还价能力低。

5. 购买者的议价能力

（1）焦炭销路好。目前焦炭市场处于历史最好的时期，焦炭产品紧俏，不愁销路，购买者的议价能力不强。

（2）焦炭产品具有周期性。焦炭产品一般 3 年左右为一个周期。本轮如果从 2007 年算起，2009 年将是高峰期，随后回落。如果本项目在 2009 年中期不能建成，或者该周期高峰提前回落，本项目将被迫等待下一个周期性高峰。在两个高峰期间的低潮期，购买者的议价能力将显著提升，对焦炭生产方不利。

七、最大风险分析

1. 最大风险

通过波特五力模型分析的结果，得出该项目最大风险是中国铁建建成焦炭后续年产 60 万吨工程，国内焦炭价格却步入周期性低谷，造成投资回收期延长。

2. 风险分析

（1）现在投资建设该项目，要在2009年5—6月建成达产，估计能够赶上高峰期尾部。

（2）煤化工产业链条是：原煤—洗煤—焦炭—副产品回收—化工产品深加工。二级冶金焦炭在产业链处于居中位置，煤炭价格上涨理论上会推动下游焦炭价格上涨。2005年煤炭价格上涨焦炭价格不涨的现象属于不正常现象，这种情况估计以后出现的概率很小。

（3）不论什么时候，冶金焦炭都是钢铁行业中的重要一环，该产业链条中的各个环节利润应该均衡，否则整个产业链条都要受到影响，由此预测，即使在低潮时焦炭生产也应该有利润，只是利润没有在高潮时那么多。

（4）发达国家对环保要求高，炼焦行业在发达国家已经成为夕阳产业，因此焦炭在国际市场属于紧缺商品。中国铁建可在国内市场销售的同时，开拓国外市场，两个市场互补，当国内市场处于周期性低潮时，可以通过增加出口来弥补损失。

综合以上分析得出，即使最大风险来临，投资亏损的可能性也比较小；进一步分析，即使该项目发生周期性亏损，估计时间也不会太长，只要有实力就能挺过困难期，迎接下一个周期性高潮。高潮和低潮都不会持续很久，拥有合理的焦炭利润期才能持久，才能有利于该产业长期稳定发展。

八、投资建议

该项目不论中国铁建是否投资，中铁十五局都必须向前推进后续60万吨/年工程的建设，否则首期20万吨/年工程因环保问题将无法通过验收，地方政府的耐心和支持也是有限度的。因此，根据以上战略分析，对中国铁建投资该项目提出如下三条建议：

（一）投资建议

鉴于该项目已经完成1.2亿多元投资，后续项目预期有较好的收益，建议中国铁建投资续建该项目，尽快完成后续年产60万吨焦炭工程。焦炭投资不是中国铁建主业，建议项目建成后生产经营一段时间，在焦炭高峰期退出该项目，回归中国铁建主业。

（二）后续炉型选择建议

如果中国铁建有扩大投资、延长产业链、扩大利润来源、生产煤化工产品的长远打算（如生产甲醇等），建议选择中期评估报告推荐的待建方案，采用 1×60 孔 TJL5550D 5.5 米侧装捣固焦炉炉型。

如果中国铁建想要短平快投资，尽早见效益，不想延长产业链，没有扩大投资的目标，建议仍然采用现在的炉型（QRD—2003 型）。两种炉型各有优缺点，只要按设计要求建成，都能达到环保要求，都可以生产出符合要求的焦炭产品。

（三）投资方式建议

采用推荐机焦炉型续建，项目总投资 5.2365 亿元（1.2625 亿元＋3.9740 亿元），中铁十五局已出资 8440 万元，约占 16.12% 的股份；中国铁建接续出资 4.39252 亿元，约占 83.88% 的股份。

按现有炉型续建，总投资约 4.0581 亿元（3.6459 亿元＋0.0547 亿元＋预估涨价 15%），中铁十五局已出资 8440 万元，约占 20.80% 的股份；中国铁建接续投资 3.2141 亿元，约占 79.20% 的股份。

建议中国铁建与中铁十五局联合投资，中铁十五局用已经投入的 8440 万元作为股本投资，外欠款和续建资金由中国铁建投资，双方以实出资金比例划分股份。项目建成后，选取适当的市场时机，转让退出该项目。

（2008 年 6 月）

注： 作者是中国铁建集贤焦电项目调查组组长，调研报告和决策上会报告主笔起草人。作者在攻读工商管理博研班期间，利用本项目调研情况和数据，完成本文并提交作为"企业战略管理学"课程论文。

基于决策数据赋权 TOPSIS 法在房地产多项目投资方案比选中的应用研究

投资项目比选是作出正确投资决策的前提。投资前对投资项目进行全面评估，作出项目可行性研究报告和投资分析报告，据此作出投资决策。房地产项目评估存在两种评估方式：一是房地产单项目评估，二是房地产多项目评估。房地产多项目评估是在房地产单项目评估基础上，对符合投资条件的多个房地产项目进行分析比较和排序，为房地产投资决策提供科学依据。对房地产投资项目的投资前评估，惯于采用财务评估指标和风险的不确定性分析作为主要方法。传统的财务评估指标和风险不确定性分析方法，对单项目房地产投资决策是有效的，但是用于多项目房地产投资决策，却存在原始数据使用不全面、数据分析不完整、忽视风险和收益外决策指标、决策主观性偏重的问题。在房地产多项目投资综合评价方面，克服当前存在的问题，实现投资决策的客观性、全面性、科学性，实现投资风险可控和收益最大化，成为当前研究的主要方向。在房地产多项目投资中，每个房地产投资项目均符合单项目投资约束条件，在投资资金和项目管理能力有限的情况下，只能通过客观科学的方法择优选择项目投资。

TOPSIS 法（Technique for Order Preference by Similarity to an Ideal Solution，逼近于理想的排序方法）是有限方案多目标决策分析的常用方法之一。TOPSIS 法由 C. L. Hwang 和 K. Yoon 于 1981 年首次提出。目前，TOPSIS 法在医疗系统综合效益评价、航运系统竞争力评价、供应链供应商选择、投资风险评价等众多领域得到广泛应用。房地产投资领域文献分析显示，TOPSIS 法在房地产开发地域潜力、单项目房地产投资风险分析、基于熵权的房地产投资方面得到研究和应用。本项研究将基于决策数据赋权的 TOPSIS 法应用于房地产多项目投资方案比选，进而从单项目通过评选的项目群中选择优质的项目展开投资，以期获得更好、更稳健的投资收益。

一、构建房地产项目综合评价指标体系

投资前某房地产公司尽职调研了 4 个房地产项目，每个项目有 12 个预测评估指标，即销售额、营业收入、所得税前成本、净利润、净利润率、自有资金内部收益率、项目开工时间、首次开盘时间、首期上房时间（月）、自有资金回正时间（月）、全投资回正时间（月）、整体销售超 95% 时间。4 个房地产项目都通过了单项目评审要求，受融资和管理能力限制，拟选择两个项目投资。在房地产项目众多初始评估指标中，根据综合评价指标的科学性、完备性、独立性、代表性、重要性原则，最后选取销售额、所得税前成本、净利润率、自有资金内部收益率、自有资金回正时间（月）5 项指标，组建对 4 个房地产项目开展综合评价的指标体系。详见表 1。

表 1　4 个案例房地产项目选取评估指标数据

房地产项目名称	销售额/万元	所得税前成本/万元	净利润率/%	自有资金内部收益率/%	自有资金回正时间/月
项目 1	342028	296168	10.64	22.85	22
项目 2	804454	725123	8.06	18.80	24
项目 3	292093	229997	17.54	19.80	45
项目 4	775839	680115	18.18	18.28	21

采用 TOPSIS 法对 4 个房地产项目做出综合评价，并推荐两个优质项目为投资备选项目。

二、基于决策数据赋权 TOPSIS 法数学模型

（一）基于决策数据的指标权重赋值

基于决策数据的指标赋权方法是基于离散正态分布决策数据给出权重的方法。为便于更好地理解该方法，先对正态分布及其密度函数给出简要介绍。

1. 正态分布的概率密度

对于连续随机变量 x，其概率密度为：

$$\varphi_{\mu,\sigma}(x) = \frac{1}{\sqrt{2\pi} \cdot \sigma} \cdot e^{-\frac{(x-\mu)^2}{2\sigma^2}} \tag{1}$$

作为密度函数的连续性分布叫作参数 μ 和 σ^2 的正态分布，记作 $N(\mu, \sigma^2)$，特别地，称 (0,1) 的正态分布 $N(0,1)$ 为标准正态分布，又称高斯分布，其密度函数为 $\varphi_{0,1}(x)$，简记为 $\varphi(x)$，也称为标准正态分布，其中：

$$\varphi(x) = \frac{1}{\sqrt{2\pi}\sigma} \cdot e^{-\frac{x^2}{2}} \tag{2}$$

对已给出的决策数据 $(x_1, x_2, \cdots, x_i, \cdots, x_n)$，计算均值 μ 和标准差 σ 公式如下：

$$\mu = \frac{1}{n}\sum_{i=1}^{n} x_i \tag{3}$$

$$\sigma = \sqrt{\frac{1}{n}\sum_{i=1}^{n}(x_i - \mu)^2} \tag{4}$$

2. 依赖决策数据给出权重的方法和步骤

（1）采用标准样本变换法对决策数据进行无量纲化处理。

对已经给出的决策数据 $(x_1, x_2, \cdots, x_i, \cdots, x_n)$，利用得到的均值 μ 和标准差 σ 按标准样本变换法无量纲化处理如下：

$$x_i^* = \frac{x_i - \mu}{\sigma} \tag{5}$$

得到 $(x_1^*, x_2^*, \cdots, x_i^*, \cdots, x_n^*)$。

应用公式（5），对表 1 中项目指标进行无量纲化处理，得到表 2。

表2　4个案例房地产项目主要评估数据标准样本变换法无量纲化处理后数据

房地产项目名称	销售额	所得税前成本	净利润率	自有资金内部收益率	自有资金回正时间
项目1	1.2214	0.9601	-0.7272	-0.7272	-0.7271
项目2	1.1875	0.9985	-0.7287	-0.7287	-0.7286
项目3	1.2974	0.8681	-0.7219	-0.7219	-0.7216
项目4	1.2111	0.9719	-0.7277	-0.7277	-0.7276

(2)求出正态离散分布函数值。

分别求出正态离散分布函数 $\varphi(x)$ 在 $x_1^*, x_2^*, \cdots, x_n^*$ 处的数值 $u_1, u_2, \cdots, u_n$，其中：

$$u_i = \varphi(x_i^*) \quad (6)$$

应用公式（6）得到表2中各项数据的正态分布函数值，组成数据表3。

表3 4个案例房地产项目主要评估数据正态分布函数 $\varphi(x)$ 数据

房地产项目名称	销售额	所得税前成本	净利润率	自有资金内部收益率	自有资金回正时间
项目1	1.08×10^{-6}	1.43×10^{-6}	1.74×10^{-6}	1.74×10^{-6}	1.74×10^{-6}
项目2	4.70×10^{-7}	5.77×10^{-7}	7.29×10^{-7}	7.29×10^{-7}	7.29×10^{-7}
项目3	1.19×10^{-6}	1.89×10^{-6}	2.13×10^{-6}	2.13×10^{-6}	2.13×10^{-6}
项目4	4.79×10^{-7}	6.22×10^{-7}	7.65×10^{-7}	7.65×10^{-7}	7.65×10^{-7}

(3)计算依赖决策数据给出的权重值。

对于已经计算出来的 $u_1, u_2, \cdots, u_n$，按照以下公式作归一化处理，计算权重：

$$\omega_i = \frac{u_i}{\sum_{i=1}^{n} u_i} \quad (7)$$

得到 $(\omega_1, \omega_2, \cdots, \omega_n)$，即为所求权重向量。

应用公式（7）得到案例项目1至项目4评价指标体系中每一行项目各指标的权重值，见表4。

表4 4个案例房地产项目主要评估数据权重

房地产项目名称	销售额 (ω_{i1})	所得税前成本 (ω_{i2})	净利润率 (ω_{i3})	自有资金内部收益率 (ω_{i4})	自有资金回正时间 (ω_{i5})
项目1	0.1392	0.1851	0.2252	0.2252	0.2253
项目2	0.1452	0.1785	0.2254	0.2254	0.2254
项目3	0.1257	0.2001	0.2247	0.2247	0.2248
项目4	0.1410	0.1831	0.2253	0.2253	0.2253

以上数据构成权重矩阵 W 如下：

$$W = (\omega_{ij})_{4\times 5} = \begin{bmatrix} 0.1392 & 0.1851 & 0.2252 & 0.2252 & 0.2253 \\ 0.1452 & 0.1785 & 0.2254 & 0.2254 & 0.2254 \\ 0.1257 & 0.2001 & 0.2247 & 0.2247 & 0.2248 \\ 0.1410 & 0.1831 & 0.2253 & 0.2253 & 0.2253 \end{bmatrix}$$

其中，$i = 1, 2, 3, 4$；$j = 1, 2, 3, 4, 5$。

（二）TOPSIS 法数学模型与仿真案例应用

TOPSIS 法的基本原理是科学选取评价指标组成评价指标体系，构成原始数据矩阵；对指标原始数据归一化处理后，构成初步集结数据矩阵，采用理想法找出有限方案中的最优方案和最劣方案（分别用最优向量和最劣向量表示），然后分别计算各评价对象与最优方案和最劣方案间的距离，获得各个评价对象与最优方案的相对接近程度，作为评价优劣的依据。TOPSIS 法又称优劣解距离法。

TOPSIS 法数学模型如下：

设有 n 个评价对象，m 个评价指标，相应指标原始数据为：

$$a_{ij} \quad (i = 1, 2, \cdots, n;\ j = 1, 2, \cdots, m)$$

构造原始数据矩阵：

$$A = (\omega_{ij} a_{ij})_{n\times m} = \begin{bmatrix} 47601 & 54810 & 0.0240 & 0.0515 & 4.9559 \\ 116832 & 129470 & 0.0182 & 0.0424 & 5.4099 \\ 36715 & 46016 & 0.0394 & 0.0445 & 10.1150 \\ 109398 & 124514 & 0.0410 & 0.0412 & 4.7315 \end{bmatrix}$$

其中，$i = 1, 2, 3, 4$；$j = 1, 2, 3, 4, 5$；$n = 4$；$m = 5$。

1. 指标的一致化处理

原始数据表中第 2 列所得税前成本、第 5 列自有资金回正时间是极小型指标，第 1、第 3、第 4 列为极大型指标。将极小型指标转化为极大型指标 b_{ij}，方法如下：

基于决策数据赋权 TOPSIS 法在房地产多项目投资方案比选中的应用研究

$$b_{ij} = \begin{cases} a_{ij} & （极大型指标） \\ \dfrac{1}{a_{ij}} & （极小型指标） \end{cases} \qquad (8)$$

适当调整（扩大或缩小一定比例）转换数据，应用公式（8）得到指标属性一致化处理后均为极大型指标的初级评价集结数据矩阵 B：

$$B = (b_{ij})_{4 \times 5} = \begin{bmatrix} 4.7601 & 1.8245 & 2.3966 & 5.1469 & 2.1008 \\ 11.6832 & 0.7724 & 1.8168 & 4.2376 & 0.8559 \\ 3.6715 & 2.1732 & 3.9417 & 4.4496 & 2.7237 \\ 10.9398 & 0.8031 & 4.0960 & 4.1185 & 0.9141 \end{bmatrix}$$

矩阵 B 中各列数据计算说明：①第 1 列按极大型指标数据一致化处理，并缩小 1 万倍；②第 2 列按极小型数据一致化处理，转化为极大型数据，并扩大 10 万倍；③第 3 列按极大型数据一致化处理并扩大 100 倍；④第 4 列按极大型数据一致化处理并扩大 100 倍；⑤第 5 列按极小型数据一致化处理，转变为极大型数据，并扩大 10 倍。

2. 无量纲化处理评价指标

采用向量归一化法，对矩阵 B 中数据进行无量纲化处理，公式如下：

$$c_{ij} = \dfrac{b_{ij}}{\sqrt{\sum_{i=1}^{n}(b_{ij})^2}} \qquad （极大型指标） \qquad (9)$$

由公式（9）对矩阵 B 中数据归一化处理后，得到进一步集结数据矩阵 C：

$$C = (c_{ij})_{4 \times 5} = \begin{bmatrix} 0.2784 & 0.5985 & 0.3727 & 0.5711 & 0.5739 \\ 0.6833 & 0.2534 & 0.2825 & 0.4702 & 0.2338 \\ 0.2147 & 0.7129 & 0.6129 & 0.4938 & 0.7441 \\ 0.6399 & 0.2635 & 0.6369 & 0.4570 & 0.2497 \end{bmatrix}$$

3. 确定正理想解和负理想解

正理想解是一个虚拟的最优方案，构成最优向量 C^+，其每个指标都是所有评价对象中该指标的最优值，即

$$C^+ = (c_1^+, c_2^+, \cdots, c_m^+)$$

其中，$c_j^+ = \max\limits_{1 \leq i \leq n} c_{ij}; j = 1, 2, \cdots, m$。

由 C 中各元素每列取最优值得到最优向量 C^+：

$$C^+ = (0.6873, \ 0.7058, \ 0.6374, \ 0.5713, \ 0.7536)$$

负理想解是一个虚拟的最差方案，构成最差向量 C^-，其每个指标都是所有评价对象中该指标的最差值，即：

$$C^- = (c_1^-, c_2^-, \cdots, c_m^-)$$

其中，$c_j^- = \min\limits_{1 \leq i \leq n} c_{ij}; j = 1, 2, \cdots, m$。

由 C 中各元素每列取最差值得到最差向量 C^-：

$$C^- = (0.2079, \ 0.2577, \ 0.2828, \ 0.4573, \ 0.2279)$$

4. 计算评价对象与理想解的距离

每一个评价对象与正理想解 C^+ 和负理想解 C^- 的距离 s_i^+ 和 s_i^-，采用欧几里得公式计算得出：

$$s_i^+ = \sqrt{\sum_{i=1}^{n}(c_{ij} - c_j^+)^2}$$

其中，$i = 1, 2, \cdots, n; \ j = 1, 2, \cdots, m$。

$$s_i^- = \sqrt{\sum_{i=1}^{n}(c_{ij} - c_j^-)^2}$$

其中，$i = 1, 2, \cdots, n; \ j = 1, 2, \cdots, m$。

对案例项目 1~4，应用以上公式得到各项目的 s_i^+ 和 s_i^- 值，见表5。

5. 计算各评价对象与理想解的相对接近度 f_i

$$f_i = \frac{s_i^-}{s_i^+ + s_i^-}$$

$0 \leq f_i \leq 1$，f_i 越接近 1 表明评价对象越优，案例项目 1~4 的 f_i 值见表5。

表5 房地产项目 1~4 接近度 f_i 计算表

项目	c_{i1}	c_{i2}	c_{i3}	c_{i4}	c_{i5}	S_i^+	S_i^-	f_i	排序
C^+	0.6873	0.7058	0.6374	0.5713	0.7536				
项目 1	0.2769	0.6037	0.3729	0.5713	0.5657	0.3271	0.3685	0.5297	2

续表

项目	c_{i1}	c_{i2}	c_{i3}	c_{i4}	c_{i5}	S_i^+	S_i^-	f_i	排序
项目2	0.6873	0.2577	0.2828	0.4707	0.2279	0.6420	0.0134	0.0204	4
项目3	0.2079	0.7058	0.6121	0.4929	0.7536	0.0824	0.6213	0.8829	1
项目4	0.6385	0.2664	0.6374	0.4573	0.2453	0.5214	0.3550	0.4051	3
C^-	0.2079	0.2577	0.2828	0.4573	0.2279				

6. 按接近度 f_i 从大到小排列各评价对象的优劣次序

按接近度 f_i 值从大到小进行排列如下：

$$f_3(0.8829) > f_1(0.5297) > f_4(0.4051) > f_2(0.0204)$$

根据相对接近度越大项目越优的 TOPSIS 法评价准则，4个项目评价比选结果为：项目3优于项目1，项目1优于项目4，项目4优于项目2。

综合评价比选得出结论：推荐房地产项目3、项目1作为投资备选项目。

三、模型应用注意事项

（1）科学合理选择评价指标。从评估通过的单项目的众多指标中选取指标纳入综合评价指标体系，需要具有专业知识，充分理解每项指标的含义；只有科学合理地选择独立性强、具有代表性的指标，避免选择性能相近或属性重叠的指标，才能得出科学合理的综合评价结果。选择指标和确定指标权重，避免主观随意性，是多项目投资综合评价的基础。

（2）指标属性一致化处理方法和扩缩指标倍数的选择。指标的属性有四种，即极大型、极小型、中间型和区间型指标，每种指标都有不同的一致化方法和计算公式。本案例为真实投资项目，只有极大型和极小型两种指标，因此本文只介绍极大型、极小型两种指标的一致化处理方法。实际应用中如遇到其他属性指标，可参考文献，将中间型、区间型指标属性数据转化为极大（或极小）型指标。相同属性的一列参评指标，扩大或缩小相同的倍数，不影响项目综合评价比选结果，应用中可根据需要对参评对象同一指标扩大或缩小相同的倍数。

（3）选择指标去量纲化方法。在多指标综合评价中涉及两类基本变量：一是各指标的实际值，二是各指标的评价值。由于各指标所代表的物理含义不同，所以存在着量纲上的差异。指标的量纲性不一致是影响对事物整体评价的主要因素，而指标的去量纲化处理是解决这一问题的主要手段。无量纲化，也称作数据的标准化、规格化，是一种通过数学变换来消除原始变量量纲影响的方法。去量纲化方法有多种，常用方法有向量归一化法、标准样本变换法、极差变换法、功效系数法等。同一指标不论采用何种去量纲化方法，去量纲化后的指标评价值与其综合评价结果是一致的。本案例权重计算采用标准样本变换法，无量纲化处理法采用向量化归一化法，如采用其他去量纲化方法可以得出相同的评价结果。

（4）科学选择评价指标权重赋值方法。本案例选用基于决策数据的指标权重赋值方法。该方法与指标数据相关性强，不依赖数据排序。其他多种指标权重赋值方法各有特点，在项目投资比较中可以选择适用的权重赋值方法。权重赋值结果要与项目实际和心理需求相符合，避免主观赋权。

（5）房地产投资多项目综合评价比选是房地产投资前期项目管理的重点之一，在源头上选择指标优质、投资收益高、风险可控的房地产项目，才能为房地产加强项目管理、做好目标成本控制提供前提条件，实现项目预期收益。

四、结语

TOPSIS法对投资项目的数据资料无特殊要求，使用灵活简便，在房地产多项目投资比选中可以较理想地发挥排序比较作用。房地产多项目投资研究结论表明，基于决策数据的指标权重赋值方法与综合评价TOPSIS法相结合，可以揭示原始指标深层隐藏的数据信息，为投资科学决策提供服务。基于决策数据赋权TOPSIS法是科学的多项目投资决策新方法，值得在多项目投资领域应用推广。

（2021年3月）

注：本文发表于《铁道建筑技术》杂志2021年第6期。

基于决策数据赋权 RSR 法揭示公路 PPP 项目深层投资风险探究

PPP 是当前政府和社会资本合作投资公路交通基础设施的重要投资模式。政府根据社会需要在投资前作出 PPP 项目可行性研究报告,以此公开选择社会资本方,寻求合作投资。社会资本方依据政府的可行性研究报告,对 PPP 项目开展实地调研,深入研究作出项目投资分析报告,并据此作出投资决策。对项目评估审核主要有两种方式:一种是 PPP 单项目评估,另一种是 PPP 多项目综合评价。在 PPP 项目资源较少时,只要 PPP 单项目投资评估符合投资约束条件,社会资本方即可作出投资决策。在 PPP 项目资源较多,而社会投资方的资金有限时,面对各地政府提供的多个 PPP 投资项目,社会投资人必须在对单项目投资审核通过的基础上,对多个 PPP 项目进行综合评价,选择投资风险小、收益稳定、可以发挥社会投资人优势的 PPP 项目开展投资。目前对 PPP 项目投资评估,主要采用静态(或动态)财务评估指标、现场风险调研和风险不确定性分析作为主要评估方法。传统项目评估分析方法对 PPP 单项目投资决策是科学的、有效的,但是对 PPP 多项目投资决策却存在项目分析不全面,原始数据指标隐含的风险揭示不彻底、投资决策偏主观等诸多问题。克服 PPP 多项目投资决策存在的诸多问题,全面分析多项目评估指标,对多项目进行综合评价和科学排序,为社会资本方投资 PPP 项目提供策略和方法,成为当前 PPP 多项目投资面临的重要课题。

秩和比(Rank – Sum Ratio,RSR)法是中国预防医学科学院田凤调教授于 1988 年提出的统计分析方法。RSR 法在我国医疗卫生系统首先得到广泛应用,随后在环境综合评价、体育赛事比较、社区服务评价等多领域得到推广应用。现有文献显示，RSR 法尚未在 PPP 多项目投资领域得到广泛应用。本文创新之处在于：①研究方法的丰富创新，将决策数据赋权方法与秩次直接计算 RSR 法创新性结合，丰富了 RSR 法的指标赋权内容；②RSR 法应用范围推广创新，本文将决策数据赋权与 RSR 结合成新方法，应用于 PPP 多项目综合评价比选，揭示 PPP 多项目的深层风险，为政府和社会资本作出科学决策，选择低风险和收益稳定的 PPP 项目提供可靠信息。

一、构建 PPP 项目综合评价指标体系

某大型基建综合公司调研考察了多个公路交通 PPP 投资项目，其中 4 个 PPP 项目通过了单项目投资评估约束条件，即某省二级公路 PPP 项目（项目 1）、某省联络线高速公路 PPP 项目（项目 2）、某省高速公路 PPP 项目（项目 3）、某市智慧公路网及配套公共服务建设 PPP 项目（项目 4），每个 PPP 项目有 8 项主要单项目评估指标，指标数据见表 1。

表 1　4 个案例 PPP 项目投融资原始评估指标数据

项目名称	总投资/万元	建安费/万元	降造率/%	所得税后净现金流量/万元	税后静态投资回收期/年	项目全投资财务内部收益率/%	资本金财务内部收益率/%	项目风险数量/项
项目 1	1288300	949700	0	1600476	19.21	5.25	9.49	6
项目 2	828224	548263	0	887419	18.10	6.13	8.37	6
项目 3	1023049	445337	3	94539	7.04	4.59	4.16	5
项目 4	535856	216969	15	469316	13.59	6.28	13.26	3

依据科学性、完备性、独立性、重要性原则，从众多原始数据指标中选取具有代表性的指标，纳入 RSR 法综合评价指标体系。对表 1 原始数据进行选取，分析如下：

（1）从基建综合性企业的投资视角分析，为获取施工利润，建筑企业更重视建安费占总投资比例指标，可以构建新的相对性指标，即"建安费占总投资比例"。采用"建安费/总投资"计算，得到 4 个案例 PPP 项目的建安费占总投资比例，这一新的指标数据依次为：0.7372、0.6620、0.4353、0.4049。把该项指标纳入综合评价体系后，项目总投资与建安费两项原始数

据指标不再纳入综合评价指标体系。

（2）降造率、税后静态投资回收期、项目风险数量是基建企业关心的重要投资项目指标，纳入综合评价指标体系。

（3）所得税后净现金流量指标属于绝对数据指标，该指标内含的信息量在税后静态投资回收期、项目全投资财务内部收益率、资本金财务内部收益率三项指标中都有体现，因此所得税后净现金流量指标不纳入综合评价指标体系。

（4）项目全投资财务内部收益率内含全投资信息，资本金财务内部收益率内含项目不同资金来源、资金构成和融资方式信息，因此项目全投资财务内部收益率、资本金财务内部收益率两项指标纳入综合评价指标体系。

新创1项指标、舍去3项原始指标后，择取建安费占总投资比例、降造率、税后静态投资回收期、项目全投资财务内部收益率、资本金财务内部收益率、项目风险数量等6项指标纳入PPP多项目综合评价指标体系，得出表2。

表2　4个案例PPP项目综合评价指标体系

项目名称	建安费占总投资比例/%	降造率/%	税后静态投资回收期/年	项目全投资财务内部收益率/%	资本金财务内部收益率/%	项目风险数量/项
项目1	73.72	0	19.21	5.25	9.49	6
项目2	66.20	0	18.10	6.13	8.37	6
项目3	43.53	3	7.04	4.59	4.16	5
项目4	40.49	15	13.59	6.28	13.26	3

二、决策数据指标权重赋值

基于决策数据的指标赋权方法是基于离散正态分布决策数据给出权重的方法。为便于更好地理解该方法，先对标准正态分布及其密度函数给出简要介绍。

（一）标准正态分布的概率密度

根据概率论数学理论，对于连续随机变量 x，其标准正态分布概率密度函数公式为：

$$\varphi_{0,1}(x) = \frac{1}{\sqrt{2\pi}\sigma} \cdot e^{-\frac{x^2}{2}} \tag{1}$$

标准正态密度函数 $\varphi_{0,1}(x)$，简记为 $\varphi(x)$，也称为标准正态分布。对已给出的决策数据 $(x_1, x_2, \cdots, x_i, \cdots, x_n)$，计算均值 μ 和标准差 σ 公式为：

$$\mu = \frac{1}{n}\sum_{i=1}^{n} x_i$$

$$\sigma = \sqrt{\frac{1}{n}\sum_{i=1}^{n}(x_i - \mu)^2}$$

（二）依赖决策数据给出权重的方法和步骤

1. 采用标准样本变换法对决策数据进行无量纲化处理

对已经给出的决策数据 $(x_1, x_2, \cdots, x_i, \cdots, x_n)$，利用得到的均值 μ 和标准差 σ 按标准样本变换法无量纲化处理如下：

$$x_i^* = \frac{x_i - \mu}{\sigma} \tag{2}$$

得到 $(x_1^*, x_2^*, \cdots, x_i^*, \cdots, x_n^*)$；

应用公式（2），对表2中每个项目的评估指标进行无量纲化处理，得到表3。

表3 4个案例PPP项目主要评估数据无量纲化处理后数据

项目名称	建安费占总投资比例	降造率	税后静态投资回收期	项目全投资财务内部收益率	资本金财务内部收益率	项目风险数量
项目1	-0.5177	-0.6233	2.1299	-0.6158	-0.6097	0.2366
项目2	-0.5294	-0.6298	2.1163	-0.6205	-0.6171	0.2805
项目3	-0.5861	-0.7290	1.7411	-0.7234	-0.7249	1.0223
项目4	-0.5077	-0.5597	2.1858	-0.5775	-0.5633	0.0225

2. 求出正态离散分布函数值

分别求出正态离散分布函数 $\varphi(x)$ 在 $x_1^*, x_2^*, \cdots, x_n^*$ 处的数值 $u_1, u_2, \cdots u_n$，其中：

$$u_i = \varphi(x_i^*) \tag{3}$$

应用公式（1）、公式（3）得到表 3 中各项数据的正态分布函数值，见表 4。

表 4　4 个案例 PPP 项目主要评估数据正态分布函数 $\varphi(x)$ 数据

PPP项目名称	建安费占总投资比例	降造率	税后静态投资回收期	项目全投资财务内部收益率	资本金财务内部收益率	项目风险数量
项目 1	0.0500	0.0471	0.0059	0.0473	0.0475	0.0556
项目 2	0.0526	0.0496	0.0064	0.0499	0.0500	0.0582
项目 3	0.1184	0.1078	0.0309	0.1082	0.1081	0.0834
项目 4	0.0716	0.0697	0.0075	0.0690	0.0695	0.0815

3. 计算依赖决策数据给出的权重

对于已经计算出来的 u_1，u_2，$\cdots$，u_n，按照以下公式作归一化处理计算权重：

$$\omega_i = \frac{u_i}{\sum_{i=1}^{n} u_i} \tag{4}$$

得到 $(\omega_1, \omega_2, \cdots, \omega_n)$，即为所求权重向量。

应用公式（4）得到 4 个案例 PPP 项目评价指标体系中每个项目（即表格每一行）各指标的权重值，见表 5。

表 5　4 个案例 PPP 项目主要评估数据权重

PPP项目名称	建安费占总投资比例	降造率	税后静态投资回收期	项目全投资财务内部收益率	资本金财务内部收益率	项目风险数量
项目 1	0.1974	0.1858	0.0234	0.1867	0.1874	0.2194
项目 2	0.1972	0.1860	0.0242	0.1871	0.1875	0.2181
项目 3	0.2127	0.1936	0.0555	0.1944	0.1942	0.1497
项目 4	0.1943	0.1889	0.0203	0.1870	0.1886	0.2209

通过以上数据表，构建研究对象项目权重矩阵 W 如下：

$$W = (\omega_{ij})_{4\times 6} = \begin{bmatrix} 0.1974 & 0.1858 & 0.0234 & 0.1867 & 0.1874 & 0.2194 \\ 0.1972 & 0.1860 & 0.0242 & 0.1871 & 0.1875 & 0.2181 \\ 0.2127 & 0.1936 & 0.0555 & 0.1944 & 0.1942 & 0.1497 \\ 0.1943 & 0.1889 & 0.0203 & 0.1870 & 0.1886 & 0.2209 \end{bmatrix}$$

其中，$i = 1,2,3,4$；$j = 1,2,3,4,5,6$。

三、样本秩定义

RSR 法基本原理是对参评原始数据指标排序，编出指标的秩，通过对秩的系列计算得出项目的 RSR 值；通过比较 RSR 值，得出对评价对象的科学评价结果。样本秩定义如下：设 c_1, c_2, ⋯, c_n 是从一元总体抽取的容量为 n 的样本，其从小到大的顺序统计量是 $c_{(1)}$, $c_{(2)}$, ⋯, $c_{(n)}$，若 $c_i = c_{(k)}$，则称 k 是 c_i 在样本中的秩，记作 r_i；对每一个 $i = 1, 2, ⋯, n$，称 r_i 是第 i 个秩统计量，r_1, r_2, ⋯, r_n 总称为秩统计量。

秩可以通俗理解成是一种顺序或者排序，它是根据原始数据的排序位置，通过一定计算规则求解出的评价者需要的评价比较结果。以下通过真实 PPP 项目案例，仿真模拟 RSR 法应用，更加深入理解应用样本秩的定义。

四、PPP 多项目比选 RSR 法数学模型和应用步骤

4 个案例 PPP 项目都是通过初选符合投资条件的 PPP 项目，投资方受资金限制，不能全部投资这 4 个项目，只能从中优选 2 个项目投资。采用 RSR 法对这 4 个 PPP 项目排出优劣次序，从中优选 2 个 PPP 项目作为推荐投资项目。秩次直接计算 RSR 法的综合评价数学模型和应用步骤如下：

（一）编列原始数据矩阵

设综合评价对象含有 n 个评价对象 m 个指标，相应的指标观测值分别为 a_{ij}，$i = 1,2,⋯,n$；$j = 1,2,⋯,m$。

构造原始数据矩阵：$A = (a_{ij})_{n\times m}$

4 个案例 PPP 项目构建综合评价原始数据矩阵如下：

$$A = (a_{ij})_{4 \times 6} = \begin{bmatrix} 0.7372 & 0 & 19.21 & 0.0525 & 0.0949 & 6 \\ 0.6620 & 0 & 18.10 & 0.0613 & 0.0837 & 6 \\ 0.4353 & 0.03 & 7.04 & 0.0459 & 0.0416 & 5 \\ 0.4049 & 0.15 & 13.59 & 0.0628 & 0.1326 & 3 \end{bmatrix}$$

其中，$i = 1,2,3,4$；$j = 1,2,3,4,5,6$。

（二）编秩值并构造秩次数据矩阵

1. 区分指标类型

根据评价目的，使用 PPP 项目投资专业知识，将综合评价比较体系的各项指标按属性不同划分为高优、偏高优、稍高优、稍低优、偏低优、低优 6 种类型。一般高优指标是指效益型指标，指标的数值越大越理想。本评价案例项目中第 1、第 4、第 5 项指标属于高优类指标，其中资本金财务内部收益率为高优型指标、项目全投资财务内部收益率为偏高优型指标、建安费占总投资比例为稍低优型指标。一般低优指标是指成本型指标，指标的数值越小越理想。本评价案例项目中第 2、第 3、第 6 项指标属于低优型指标，其中税后静态投资回收期是低优型指标、降造率为偏低优型指标、项目风险数量为稍低优型指标。把项目风险数量列为稍低优型指标的原因如下：4 个案例项目已经通过了单项目投资评估约束条件，对项目的每种投资风险已经提前预备了防范措施，即项目投资前对已经分析出来的风险做了预防。

2. 秩次直接计算法指标编秩

对原始数据矩阵 A 中的各项数据逐列编秩。采用秩次直接计算法，按"整秩法"编秩如下：

（1）不分指标编秩 C_0。

$$C_0 = \frac{1+n}{2} \tag{5}$$

其中，$n = 4$，为项目数量。

（2）高优型指标编秩。

高优型指标采用以下公式编秩：

$$C_j = \frac{\max\limits_{i=1}^{n} a_{ij} - \min\limits_{i=1}^{n} a_{ij}}{n-1} \tag{6}$$

其中,$i = 1,2,\cdots,n; j = 1,2,\cdots,m$。

4 个案例 PPP 项目 $n = 4$、$m = 6$。

$$K_{ij} = \text{INT}\left(\frac{a_{ij} - \min\limits_{i=1}^{n} a_{ij}}{C_j} + 0.5\right) \tag{7}$$

其中,INT( ) 为取整计算。根据公式（5）、公式（6）、公式（7）计算 4 个案例 PPP 项目的 C_0、C_j、K_{ij} 值,如表 6 所示。

表 6 指标编秩参数值计算

项目	a_{i1}	K_{i1}	a_{i2}	K_{i2}	a_{i3}	K_{i3}	a_{i4}	K_{i4}	a_{i5}	K_{i5}	a_{i6}	K_{i6}
C_j	0.1108		0.0500		4.0567		0.0056		0.0303		1.00	
项目 1	0.7372	3	0.0000	0	19.21	3	0.0525	1	0.0949	2	6	3
项目 2	0.6620	2	0.0000	0	18.10	3	0.0613	3	0.0837	1	6	3
项目 3	0.4353	0	0.0300	1	7.04	0	0.0459	0	0.0416	0	5	2
项目 4	0.4049	0	0.1500	3	13.59	2	0.0628	3	0.1326	3	3	0
C_0	2.5											

各指标编秩计算：

A 中第 5 列资本金财务内部收益率为高优型指标,第 i 个指标按如下公式编秩：

$$r_{ij} = 1 + K_{ij} \tag{8}$$

A 中第 4 列项目全投资财务内部收益率为偏高优型指标,第 i 个指标按如下公式编秩：

$$r_{ij} = \frac{1 + K_{ij} + C_0}{2} \tag{9}$$

A 中第 1 列建安费占总投资比例为稍低优型指标,第 i 个指标按如下公式编秩：

$$r_{ij} = \frac{\frac{1 + K_{ij} + C_0}{2} + C_0}{2} \tag{10}$$

如还存在高优型指标,依据以上公式接续向下编秩,本案例无。根据公式(8)、公式(9)、公式(10)计算矩阵 A 中第 1、第 4、第 5 列各项指标编秩值,见表 7。

表 7 指标秩值数据

项目	r_{1j}	r_{2j}	r_{3j}	r_{4j}	r_{5j}	r_{6j}
项目 1	2.875	3.25	1	2.25	3	1.375
项目 2	2.625	3.25	1	3.25	2	1.375
项目 3	2.125	2.75	4	1.75	1	1.625
项目 4	2.125	1.75	2	3.25	4	2.125

(3)低优型指标编秩。

A 中第 3 列税后静态投资回收期是低优型指标,第 i 个指标按如下公式编秩:

$$r_{ij} = n - K_{ij} \tag{11}$$

A 中第 2 列降造率为偏低优型指标,第 i 个指标按如下公式编秩:

$$r_{ij} = \frac{n - K_{ij} + C_0}{2} \tag{12}$$

A 中第 6 列项目风险数量为稍低优型指标,第 i 个指标按如下公式编秩:

$$r_{ij} = \frac{\frac{n - K_{ij} + C_0}{2} + C_0}{2} \tag{13}$$

如还存在低优型指标,依据以上公式接续向下编秩,本案例无。根据公式(11)、公式(12)、公式(13)计算矩阵 A 中第 2、第 3、第 6 列各项指标编秩数据,见表 7。

3. 计算 RSR 值

在一个 n 行(n 个评价对象)m 列(m 个评价指标)矩阵中,含有权重指标的 RSR 值的计算公式为:

$$\text{RSR}_i = \frac{1}{n \times m} \sum_{j=1}^{m} \omega_{ij} r_{ij} \tag{14}$$

其中,$i = 1, 2, \cdots, n$;$j = 1, 2, \cdots, m$;ω_{ij} 表示第 i 行第 j 列指标的

权重值，r_{ij} 表示第 i 行第 j 列元素的秩。

根据公式（14）计算 A 中每个 PPP 项目的秩和比 RSR_i 值，其中 $i = 1$，2，3，4。

第一个 PPP 项目的秩和比 RSR_1 值计算如下：

$$RSR_1 = \frac{1}{4 \times 6} \sum_{j=1}^{6} \omega_{1j} r_{1j} =$$

$$\frac{2.857 \times 0.1974 + 3.25 \times 0.1858 + 1 \times 0.0234 + 2.25 \times 0.1867}{4 \times 6} +$$

$$\frac{3 \times 0.1874 + 1.375 \times 0.2194}{4 \times 6} = 0.1033$$

采用相同方法，计算出第 2~4 个公路 PPP 项目的 RSR 值，4 个项目的 RSR 值分别为：

$RSR_1 = 0.1033$；$RSR_2 = 0.1012$；$RSR_3 = 0.0827$；$RSR_4 = 0.1090$。

4. 确定 RSR 的分布情况

通过统计分析得到秩和比的概率分布详见表 8。表 8 中，第 1 列为 PPP 项目名称，第 2 列为各 PPP 项目的秩和比 RSR 值，第 3 列为各 RSR 值在 4 个项目中出现的频率，第 4 列为每个 RSR 值向下依次累积的频率，第 5 列为 RSR 值的排序（升序），第 6 列为每个 RSR 排序值的平均值，第 7 列为计算的百分数（$RSR/n \times 100\%$），第 8 列根据第 7 列的百分数查找《百分数与概率单位对照表》得到各公路 PPP 项目单位概率值 $Probit_i$，第 9 列为根据回归方程计算出 RSR 理论估计值，第 10 列为 RSRfit 归档（即排序）。

表 8　RSR 的分布及对应的概率单位值

项目	RSR 值	f	$f\downarrow$	R	$\hat{R}$	累计秩百分比/%	概率单位值 $Probit_i$	RSRfit	分档
项目 3	0.0827	1	1	1	1	25	4.3255	0.0875	4
项目 2	0.1012	1	2	2	2	50	5.0000	0.0949	3
项目 1	0.1033	1	3	3	3	75	5.6745	0.1022	2
项目 4	0.1090	1	4	4	4	93.75	6.5301	0.1116	1

注：最后一个累计秩百分比按（$1 - 1/4n$）$\times 100\%$ 估算。

5. 计算回归方程

以累积频率所对应的概率单位值 $Probit_i$ 为自变量,以 RSR_i 为因变量,拟合线性回归模型,作回归分析,列线性回归方程为:

$$RSR = \beta_0 + \beta_1 \times Probit \tag{15}$$

经过计算,求得一元线性回归方程为:

$$RSR = 0.0402 + 0.0109 \times Probit \tag{16}$$

计算线性相关系数 $r = 0.6780$,$0 < r < 1$,概率单位值 $Probit$ 与 RSR 线性正相关。RSR 值的一元线性回归方程(15)具有统计学意义,概率单位值与秩和比 RSR 之间存在线性关系。将 4 个案例项目的 $Probit$ 值代入一元线性回归方程(16),得到 RSR 理论估计值如下:

$RSRfit_1 = 0.1022$;$RSRfit_2 = 0.0949$;$RSRfit_3 = 0.0875$;$RSRfit_4 = 0.1116$。

6. RSR 值排序

根据田凤调教授提出的分档标准,结合相关文献,根据概率分布进行分档。按合理分档数表,根据理论估计值及分布将 4 个比选项目分为最优、优、次优、中四档。本案例 4 个项目已通过了单项目投资评估条件,即均满足投资限制条件,因此四档中最差档设"中"档,不设不可投资的"差"档。依据 RSR 值对各评价对象进行排序,RSR 值越大,其评价结果越好。

根据以上 4 个 PPP 项目的 RSR_i 值,排序如下:

$$RSR_4 > RSR_1 > RSR_2 > RSR_3$$

7. 根据比选结果推荐投资项目

依据 RSR 值排序和表 8 分档结果显示,4 个案例 PPP 项目综合评价比选结果如下:

(1)最优档是项目 4,即某市智慧公路网及配套公共服务建设 PPP 项目;

(2)优档是项目 1,即某省二级公路 PPP 项目;

(3)次优档是项目 2,即某省联络线高速公路 PPP 项目;

(4)中档是项目 3,即某省高速公路 PPP 项目。

根据比选要求和综合评价比选结果,采用 RSR 法从本案例 4 个公路交通

PPP 项目中选出最优档、优档项目两个项目,即选出某市智慧公路网及配套公共服务建设 PPP 项目、某省二级公路 PPP 项目,作为综合评价优选的研究结果,并作为风险低、收益稳定的项目,推荐给政府和社会资本方作为候选投资项目。

五、RSR 法揭示深层投资项目风险注意事项

(1)要全面分析原始数据指标,科学构建综合评价指标体系。构建科学合理的评价指标体系是综合评价比选结果正确的基础。投资项目的原始数据含有多项指标,根据指标选取原则,选取具有代表性、独立性的指标,避免将内容交叉重叠的指标列入综合评价体系,是保障 RSR 法比选结果正确性的基本要求。

(2)要创建新指标纳入综合评价体系。在全面正确理解项目评估指标含义,并清楚指标之间的逻辑关系的前提下,可以创建新指标并纳入综合评价体系。新指标必须来自原数据指标之间的关联关系,且满足投资方对评价结果的合理需求。

(3)要正确判断指标属性。指标属性需要根据评价目的和指标含义加以分析判断并确定。本案例来自真实的投资项目,参评指标只涉及高优型、低优型两种属性。若实际应用中涉及其他类型指标(如居中型指标、区间型指标),可参考相关文献,进行指标的一致化处理。

(4)要按项目投资专业要求对各个指标编秩。编秩方法较多,可根据需要选取。构造秩次数矩阵在逻辑上要通顺,符合项目的客观现实,不许出现混乱现象和逻辑错误。

(5)评价结果可能出现 RSR 值相等的情况。如果存在两个(或两个以上)项目的 RSR 值相等,即两个项目秩和比值相等,无法排出优劣,建议采用增加参评指标数量或其他综合评价方法对 RSR 值相等的项目进一步分档。

六、结论

本文研究分析四个真实 PPP 项目投资比选案例,依据决策数据赋值,结合秩次直接计算 RSR 法,得出综合评价比选排序结果,为从四个 PPP 项目中

选择两个风险更小、收益更稳定的 PPP 项目提供决策依据。决策数据权重赋值方法是一种客观赋权方法，利用项目评估指标自身原始数据确定指标的权重，避免了权重赋值的主观性和仅依据排列位次的单向赋值问题。秩次直接计算 RSR 法原理简单明了，与决策数据赋权相结合，可以揭示 PPP 项目原始数据内部深藏的投资风险信息，解决 PPP 多项目投资决策评估指标不系统、资料分析不全面、风险信息揭示不彻底和投资决策偏主观性等诸多问题。基于决策数据赋权的秩次直接计算 RSR 法，是适用于 PPP 多项目综合评价比选排序的科学方法。该方法集参数统计与非参数统计于一身，有描述有推断，依据数据本身包含的信息进行科学的统计和分析，可以增加 PPP 多项目投资决策信息的客观性、全面性、有效性，为选择投资风险可控、收益稳定的 PPP 项目提供可靠的决策工具和数据信息，从而增强政府和社会资本对投资 PPP 项目的信心。因此，基于决策数据赋权的秩次直接计算 RSR 法适合在 PPP 多项目投资领域应用，并值得在其他多项目投资领域深入研究推广。

(2021 年 6 月)

注：本文发表于《中国公路》杂志 2021 年第 13 期。

第二篇
企业管理

把职业生涯管理应用于中国建筑企业

2006年3月,中国铁道建筑总公司派笔者到中铁十二、十三、十四、十五、二十三局集团有限公司承包施工的宜万铁路(湖北宜昌至四川万安新建铁路)施工现场检查工作。在施工现场,笔者看到工地技术人员缺乏,尤其年轻的熟练技术人员少。在听取汇报过程中,笔者问现场领导为何现场缺少技术人员?现场管理人员汇报,目前铁路工程造价低,宜万线造价指标更低,人员工资发得少,施工条件艰苦,现在的大学生几乎都是独生子女,娇惯不肯吃苦,企业留不住人才。近年分配到工地的大学生,看到工地条件艰苦,有的行李都不肯放下就走了,有的干几天觉得不适应也走了,更有的干几年晋升到中级职称,有点闯社会的资本就辞职了。有的单位反映,去年来了5个大学生,已经走了3个;今年来了3个大学生,一个多月走了2个。中国铁道建筑总公司是国有大型建筑施工企业,一线施工现场留不住新分来的大学生,人才流失严重,现场缺少技术人才,将直接影响企业可持续发展。

随着市场竞争的日益激烈和经济全球化趋势快速发展,人才对我国建筑企业生存与发展的作用越来越突出,已经上升到决定性高度。建筑企业只有拥有人才、利用好人才,才能在市场竞争中立于不败之地。因此,我国建筑企业需要构建人才体系,加快人力资源的开发与整合,留住人才、培养人才、用好人才、储备人才,以适应企业扩大发展的需要。把人力资源管理中的职业生涯管理应用于建筑企业,是加强建筑企业人才资源管理的好方法。目前在我国建筑企业,职业生涯管理还没有得到应有的重视。从上述案例看来,建筑企业的人才在建筑行业感到工作环境艰苦、发展路径狭窄、成长希望渺茫、自身才能没有得到发挥，导致辞职出走现象严重。为了改变我国建筑企业人才困境，找到有效管理人才的好方法，有必要把在其他行业行之有效的职业生涯管理引入建筑企业，对建筑业人力资源管理应用进行新的探索。

一、职业生涯管理概述

所谓生涯，根据美国组织行为学专家道格拉斯·霍尔的观念，是指一个人一生工作经历中所包括的一系列活动和行为。职业生涯管理，是指企业帮助员工制定生涯规划和帮助其生涯发展的一系列活动。对员工个人来说，职业生涯就是指一名员工从凭借自己劳动取得合法收入开始，到不再依靠劳动取得收入为止的人生历程。职业生涯管理是指为了更好地实现个人目标，使个人在整个职业历程的工作更富有成效，对整个职业历程进行计划实施、评估，并根据外部环境和自身因素以及实施的效果进行调整的过程。企业职业生涯管理，需要企业主动对员工自我职业生涯进行指导、帮助，为员工发展成长创造条件，协助员工实现职业生涯管理的目标。企业要主动探索总结实施职业生涯管理的方法，不断总结成功经验，吸取不成功的教训，不断对每位员工的自主精神资源进行有效管理，有效地抑制企业与员工个体在目标整合上的偏差，避免员工削弱、丧失工作的主动性、积极性。

职业生涯管理是美国近二三十年来从人力资源管理理论与实践中发展起来的新学科。在企业实际管理活动中，明智的企业都注重员工的职业生涯管理，把这种管理方法作为企业人力资源配置的重要工具。国际性大公司如西门子、福特、IBM、Xerox、迪斯尼等，自20世纪90年代开始相继实施职业生涯管理并取得了预想的效果，企业开创性高素质人才不断涌现，企业规模不断扩大，经济效益得到提高。我国建筑企业要适应国际化趋势，做大做强，必须重视和加强职业生涯管理，寻找总结适合建筑企业的职业生涯管理方法。

二、我国建筑企业实施职业生涯管理的必要性

我国将人力资源管理引入国有大型建筑企业的历史并不长，企业职业生

涯管理的应用更是没有得到重视。过去在我国国有企业，人力资源管理被片面地理解为人事管理和干部管理，企业设置人事部门或干部部门，只注重人员招聘和干部选拔。改革初期，建筑企业普遍采用奖金刺激和思想教育的方式留住员工。随着社会和经济发展，传统人才管理方式越来越受到限制。特别是我国加入世界贸易组织以后，国际性大公司纷纷进入我国，人才流动具有了全球性、频繁性等特点。外国公司以职位高薪、带薪休假、出国旅游、定期培训等诱惑，到我国知名企业挖人才，给我国国有企业人力资源管理带来新的挑战。我国国有企业必须重视人力资源管理的市场挑战，对于职业管理体系关键要素是什么、如何解决员工流失率高问题、如何缓解员工职业生涯管理危机，需要找出关键举措。

自20世纪90年代起，许多大学毕业生分配实行双向选择，现在更是以市场为导向自由择业，由于不愿意长期两地分居，新进入建筑企业的人才辞职、调离、不辞而别的数量增多。人才流失会给企业造成较大的经济损失。美国一家顾问公司的调查表明，一位工作三年以上的员工离职，企业的直接经济损失是5万美元，包括该员工的岗位培训费，新员工的招聘、培训费用等。因此员工队伍的稳定能降低企业人才流失风险，减少企业损失。人员不稳定，对公司战略、业务会造成极大的负面影响，特别是一些关键岗位的人员流失，会导致公司业绩下滑；公司核心技术研发人员的离职，严重的甚至会断送企业产品的生命。面对企业需要人才，而又留不住人才的局面，企业必须拿出办法改变被动局面。根据MERCER对中国企业的调查，87%的企业认为职业生涯管理是留住员工的最重要方法。

为了应对外国公司的挑战，我国建筑企业必须转变观念，更新企业人力资源管理理念，运用先进的管理方法和技术，从人才的职业生涯起点做起，为人才的成长培养注入应有的关心。企业需要改变传统的员工教育方式，对人才实行职业生涯管理。应用职业生涯管理可以更好地开发员工的潜能，调动员工的积极性，培养员工对企业的献身精神，留住企业需要的人才，从而为企业发展注入新的活力。对于一个成功的国有建筑企业，只有企业员工的才能和潜力得到充分发挥，企业的生存成长才能有取之不尽的源泉。近十几年来，随着企业纷纷寻求如何增强员工的价值主张，职业生涯管理成为企业具有战略意义的人力资源管理课题。

三、我国建筑企业的职业生涯目标的确定

在建筑企业，职业生涯发展目标可分为两个目标，即员工个人发展目标和企业发展目标。员工个人职业生涯发展目标管理是以实现个人发展的成就最大化为目的，通过对个人兴趣、能力和个人发展目标的有效管理实现个人发展愿望。企业职业生涯发展目标管理以提高企业人力资源质量，发挥人力资源管理效率为目的，通过个人发展愿望与企业发展需求的结合，实现企业发展目标的最大化。详见图1。

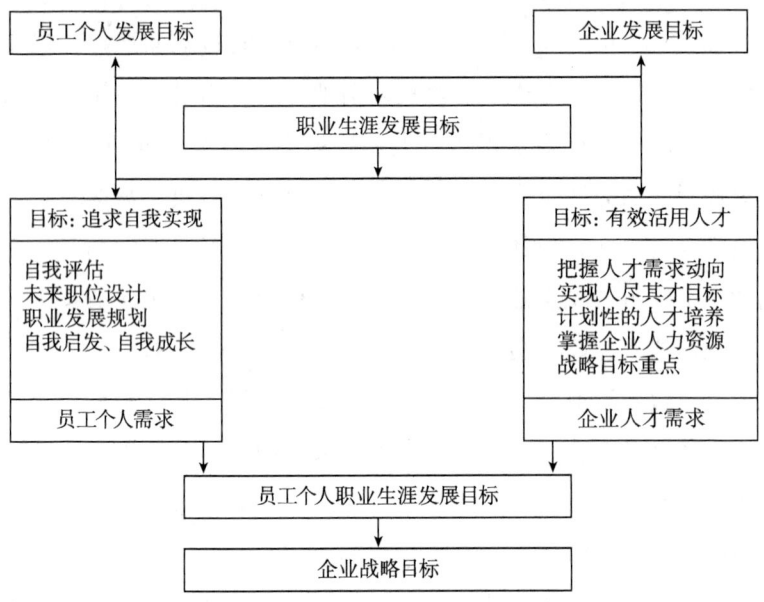

图1 职业生涯发展目标管理示意图

在我国大型建筑企业，员工的个人职业生涯管理不仅仅是个人的事情。每个员工根据其自身条件和外部工作环境，设立各自的职业生涯目标，通过职业发展目标去制定自身职业生涯发展计划。

（一）根据员工的职业行为特点确定不同的职业发展目标

不同的企业员工有不同的行为特点，企业可以根据员工的自身行为特点，以及其对待工作和职业的态度，将建筑企业的员工划分为五种职业类型：技术钻研型、管理进取型、创造发明型、职业稳定型和独立自主型。

1. 技术钻研型员工

技术钻研型员工对技术有特殊的偏爱，追求掌握技术本领，有自我更新技术的要求，不断学习新技术，将解决企业技术难题作为自己的人生需要和价值观，在工作中强调实际技术或某项职能业务工作。此类员工热爱自己的专业技术或职能工作，注重个人专业技能发展，一般适合从事工程技术、机械维修、软件开发、投标报价、概预算计价、审计财务、计划统计等工作。

2. 管理进取型员工

管理进取型员工愿意担负管理责任，且责任越大越好。管理权力是此类型员工的追逐目标，他们倾心于全面管理，总想掌握更大权力，肩负更大的责任。这类员工不看重具体的技术工作或职能工作，仅仅把技术和职能工作看作通向更高、更全面管理层次的阶梯，这种类型的员工从事一个或多个技术职能工作，只是为了更好地展现自己的能力，其人生目标定位在企业中上层管理者职位。管理进取型员工适合担任工程队长、项目经理、工程公司和集团公司的企业负责人。

3. 创造发明型员工

创造发明型员工职业追求比较独特，与其他类型的员工分类有重叠。创造发明型员工要求有自主权，能施展自己的才干。他们不愿意照本宣科，不愿意遵守企业工作纪律。追求创造空间和创意，发挥创造才干是其工作追求的主要目标。

4. 职业稳定型员工

职业稳定型员工把职业的稳定和安全作为职业追求、人生驱动力和价值观。此类员工的安全取向有两种：一种是追求职业稳定，不喜欢工作环境变动或尝试其他种类职业，喜欢在企业中从事安稳固定的工作；另一种是注重情感的安全稳定，通过自身努力融入企业团队，从而获得安全稳定感。

5. 自主独立型员工

自主独立型员工既在组织中从业，又想最大限度地摆脱组织约束，以追求能施展个人职业能力的工作环境为目的。此类员工认为，企业规章制度是非理性的，限制了个人的自由发展空间，甚至侵犯了个人私生活。他们追求自由自在、不受约束或少受约束的工作环境。

根据建筑员工职业类型，企业可以指导员工选择不同的职业生涯目标，据此制定判断雇员职业成功的标准，从而有针对性地为员工开展职业生涯规划，最大限度地激励员工。

（二）根据不同时期员工特点，采用不同的职业生涯管理策略

我国建筑企业的员工按进入企业的时间可以分为新员工、中期员工和老员工三类，应分别对其进行具有不同特点的职业生涯规划管理。

为了调动新员工的职业兴趣，发挥新员工的职业潜能，企业需要做的最重要事情之一就是为新雇员提供一份富有挑战性的工作。"初生牛犊不怕虎"，新员工刚刚进入企业或者刚刚参加工作，想要表现自己，工作热情高，不怕苦不怕累，不讲条件，很想干出一番事业。在建筑企业，以交给新员工技术难题、造价管理新目标、企业管理新手段和方法的应用为主题，有利于发挥新员工的工作热情。在对以美国电报电话公司的年轻管理人员为对象的调查中发现，新员工最初的工作越有挑战性，其工作越有效率，员工的职业目标越易成功。即使在企业工作了5~6年的老员工中，这种情况依然存在。提供富有挑战性的起步性工作是企业帮助新员工取得职业发展的最有力、最简单的途径之一。在古德曼·萨奇斯公司，管理者们总是期望公司的年轻专业人员能较快地作出贡献，能通过承担富有挑战性的工作，迅速地找到自己的位置。正如该公司高层所说："当某个项目组与客户会谈时，项目组长从不首先发言；相反，第一个发言的往往是新来的雇员。"新员工担负起某种决策责任，整个小组全力支持。能在工作初期就获得决策能力，正是许多人被吸引到古德曼·萨奇斯公司工作的重要原因。

对在建筑企业工作 3 年以上的中期员工，职业规划方法则是提拔晋升，使中期员工的职业通路顺畅，让其看到职业生涯发展的切实目标。这一时期的规划主要应用于有培养前途、有作为、能独当一面的员工。对于中期员工，企业已经比较熟悉，因此要充分信任，大胆地将富有挑战性的工作和新的工作任务交给中期员工。中期员工提拔目标以中小型项目经理、企业中层干部、小型独立公司法人等为宜，个别能力突出、品行优秀的中期员工，要及时培养进修，扩大知识面，完善知识结构，助其向企业高层管理者方向发展。

对于长期在建筑企业工作的老年员工，职业进入后期阶段，退休问题提上日程是必然的事情。退休对员工可能造成伤害，对企业在职员工也会产生影响。为减少和避免可能的伤害与影响，对雇员退休事宜，企业必须给予细致周到的计划和管理。在老年员工的职业规划上，要注意做好细微的思想工作，完善退休后的计划与安排，并及时妥善办理退休之前的工作衔接和接续人才的工作安排。

建筑企业员工职业生涯的管理在实施时应以规范化、长期化为主。企业要首先分析员工的理想职业和现实职业的目标是否一致，两者的距离越近，员工利益与企业利益的冲突就越小。因此，不同类型不同时期的员工，其职业选择往往是个人理想与企业现实二者的折中。

（三）建筑企业员工职业生涯管理步骤

很多成功企业的经验表明，帮助员工设计未来职业生涯规划，使员工走上通往未来的人生事业成功之路是企业实现人才战略目标的重要手段。根据其他行业的企业实施职业生涯管理的经验，建筑企业实施职业生涯管理可以分为以下五个步骤进行：职业通道管理、员工职业生涯设计、员工能力开发、员工检查评估和反馈修正。

第一，职业通道管理。企业根据业务、人员的实际情况，建立若干员工职业发展通道体系（即职业体系），包括企业管理、项目管理、工程技术、财务管理、经济管理等体系。建筑企业职业生涯规划有两个方向：一是纵深发展，比如一个工程技术员，从初级职称做起，可以沿中级职称、副高级职称、正高级职称方向发展。二是水平发展，钻研到一定程度后，会跨职能发展，也就是水平发展。根据不同行为类型、不同时期的员工特点找到适合其上升的路径，避免所有人都拥挤在管理跑道上，是企业职业生涯管理中应该注意的问题。企业应明确不同职系的晋升评估、管理办法以及职系中不同级别与收入的对应关系，不断给予员工上升的机会。

第二，员工职业生涯设计。企业针对每个员工，可以设立职业发展辅导人制度，上层的直接主管或资深员工可以成为员工的职业辅导人。职业辅导人在新员工公司试用期结束后，应与该员工谈话，可以使用测评工具对员工个人特长、技能评估和职业倾向进行调查。帮助新员工根据自身情况，如职业兴趣、资质、技能、个人背景等，明确职业发展意向、设立未来职业目标、制定发展计划表。

第三，员工能力开发。主要包括以下三个层面：一是制定员工能力开发规划。许多员工辞职去外企的理由就是外企给员工培训机会。MERCER 在 2005 年对中国企业员工培训和发展调研发现，中国企业员工在培训和发展方面没有获得足够的机会，将近 1/4 员工表示他们所在的企业没有提供良好的培训机会帮助他们增强自己的职业选择；接近一半的员工表示，他们的经理没有积极鼓励他们参与各种各样的培训。建筑企业应结合员工职业发展规划为员工提供能力开发的条件。能力开发的措施包括培训、工作实践和业务指导等。企业可以根据员工的职业情况，提供包括在职、脱产等各种形式有针对性的培训并鼓励员工自我培训，以完善员工知识结构，扩大其知识面。二是丰富工作实践。企业可以扩大员工工作内容或设置工作轮换制度。扩大员工工作内容，指在员工的现有工作中增加更多的挑战或让其承担更多的责任，例如安排员工执行特别的项目，在一个团队内部变换角色，探索为顾客提供服务的新途径等。工作轮换制度是指在集团的几种不同职能领域中为员工做出一系列的工作安排，或者在某个单一的职能领域中为员工提供在各种不同工作岗位之间流动的机会。三是制定业务指导制度。让公司中富有经验、生产率较高的资深员工担任导师，为经验较少的员工提供业务指导。业务指导不仅对被指导者有利，同时可以提高指导者的能力，教学相长，共同进步。

第四，员工检查评估。公司应定期组织对职业生涯管理制度的执行情况进行检查，同时对员工能力、绩效进行及时评估，确定能力开发成果，分析员工是否达到或超出目前所在岗位资格要求，距离下一步职业目标的差距，为下一步的发展提供依据。

第五，反馈修正。指阶段性的检查评估结束后，企业向员工反馈评估结果，根据评估结果，帮助员工分析职业生涯中的问题和差距，并提出改进措施或者建议调整未来发展目标和方向。

四、我国建筑企业职业生涯管理的五个特点

根据我国建筑行业的特点可以归纳出我国建筑企业实施职业生涯管理具有以下五个特点。

（一）全员性

受拿破仑"不想当元帅的士兵，就不是好士兵"的影响，经常有人会把企业职业生涯规划理解成企业引导员工向管理层发展。比如，有的国有企业对所有员工的职业生涯规划都是从一般职员到主管，到部门经理，再到副总经理，最后到总经理。这样的职业生涯发展规划非常不现实，大家的发展规划都一样，企业能提供那么多管理岗位吗？职业生涯管理是整个企业人力资源管理的一部分，员工职业生涯规划和其他部门紧密关联，并需要员工、人力资源部门、企业决策层的共同合作和有效配合，为不同类型、不同时期的员工设置不同的职业体系，充分体现职业生涯管理全员性的特点。

（二）长期性

建筑企业员工职业生涯发展规划要贯穿员工职业生涯的始终。只有坚持长期性，才能获得员工的认同感，从而取得较好的管理实效。从现有管理体系实施效果看，员工对职业生涯管理的低认同感是造成职业管理的低效率和职业生涯管理短期性的关键问题。坚持长期推行职业生涯管理就能克服临时应付、短期造假、蒙骗过关现象，把职业生涯管理落到实处。

（三）动态性

根据企业发展战略和企业组织结构的变化，企业要指导员工根据不同时

期的发展需求,对个人职业生涯管理规划进行相应调整。一个完整的员工职业生涯管理流程离不开及时的监督、反馈和评估,因此实行职业生涯管理一段时间后,企业就要对其管理效果展开评估,一方面审视中间存在的问题并及时予以更正,从而确保职业生涯管理目标的实现;另一方面则是总结和积累经验,为下一轮职业生涯管理工作的开展提供科学依据。

关于如何开展对职业生涯规划的监督、反馈和评估,现行传统观点认为,应该锁定在两个关键点上:一个是员工群体。通过实施职业生涯管理工作之后,员工在哪些行为上发生了改变?员工的满意度是否增加?员工流失率是否发生变化?员工对职业生涯管理工作的切实感受是怎样的?这些都是管理效果评估的重要指标。另一个关键点就是企业。企业的人才竞争力是否增强?企业原有的人力资源管理状况是否发生改变?企业在此项工作中成本和收益的关系是怎样的?只有及时地监督、反馈和评估,员工职业生涯管理工作才能在不断推进的过程中朝着既定的目标前进。必须认识到,对员工来说,职业生涯的开发是贯穿始终的、不断调整适应的过程。

设计员工职业生涯目标时必须设置跟踪管理制度。职业生涯目标并非一成不变,在不同的职业发展过程中,每个人的学习能力及适应能力的差异,将对预先制定的员工职业生涯目标产生一定程度的缺陷性修补。职业生涯规划制定好后,员工将沿着设计的发展通道不断地从一个岗位转移到另一个岗位,从较低层次上升到较高层次,直到实现职业生涯最终目标。伴随着岗位和层次的变化,员工必须不断接受变化,不断提高自身素质,改善素质结构。为此,职业生涯目标确定后,企业仍需加强对员工职业生涯规划的跟踪管理和跟踪指导,定期或不定期地对其工作进行反馈和评点,鼓励和肯定好的一面,帮助其克服存在的不足,督导员工往职业生涯规划中设定的目标方向发展,最终实现职业生涯目标。创造体现自我的环境,提供竞聘平台。职业生涯管理的一个重要目的是充分体现事业留人的主题。企业在引入生涯管理的同时,除了与员工建立良性、互动的沟通渠道,还要求企业内各级管理部门积极创造宽松的工作环境,为员工实现职业生涯目标提供舞台。同时要尽可能避免行政干预、揠苗助长等调配手段,侧重创造公平竞争的竞聘平台,鼓励员工不断进取、不断提高自身竞争力。

(四) 自我认知性

建筑企业实施职业生涯管理有利于员工自我实现。马斯洛的需求层次理论告诉我们,当员工解决了温饱和安全等基本需求后,就会产生更高一级的自我尊重和自我实现需求,每位员工都想在企业中寻求发展。员工求职时经常会问到的一个问题是:"我所在的岗位将来在企业中有何发展?"建筑企业实施员工职业生涯管理,必须让员工认识到职业生涯发展的自我认知性特点,以此提高员工执行个人职业生涯规划的自觉性。若员工被动接受职业生涯规划,将导致企业难以推动职业生涯管理。

(五) 相关性

员工职业生涯规划和企业发展规划具有相关性。员工总是从自己的角度考虑发展,当前从事的有可能是员工自己不适合、不喜欢的岗位。企业推行职业生涯管理,要为企业发展战略、发展目标服务,单纯为发展、培训而规划,很可能导致员工参加了很多培训课,却不清楚自己职业发展目标,同时对企业战略目标也没有促进作用。只有促进企业发展的职业生涯规划,才是容易实现的;只有制定切实可行的职业生涯发展规划,才能更好地促进企业战略目标的实现。

五、建筑企业实施职业生涯管理的关键点

(一) 根据行业特点实施职业生涯管理

MERCER长期调研发现,在中国每5个员工中就有1个在考虑离开所在的企业,寻找新的工作。根据建筑企业的行业职业生涯管理的特点进行规划,才能使员工确认自己的职业发展方向,在企业发展中实现人生抱负,同时对企业留住人才也起到积极的作用。在建筑企业实施职业生涯规划,可以使员工保持对工作的新鲜感。员工在某一岗位工作太久,就会产生厌烦情绪。每个人都有一定的心理厌倦周期,如果不及时对员工的工作和心态进行调整,会对企业产生一些潜在的不利影响。大部分人力资源管理人员只是把职业管

理简单归结为个人的职业定位与职业发展,这是静态的认识。真正的职业生涯规划管理则完全是全员的、动态的、双赢的,至少要包括:明确驱动绩效的关键职业生涯发展路径,员工晋升的特定路径,企业需要的关键岗位按照角色明确划分,取得成功所必需的技术和行为素质,每个职业路径的"入口"和"出口",获得技术和行为经验所需的培训和发展项目,管理人士和员工为了做出明智的决策、执行正确的职业行动所需的工具、信息和支持。

(二) 以培养员工的敬业精神和奉献精神为宗旨

如果企业缺乏有效的职业管理框架体系,员工流动率就高。企业在成长的过程中,非常需要建立职业生涯管理体系,这样既能够帮助企业减少员工流失率、增加员工参与度,又能开发员工的卓越品质。企业实施职业生涯管理,关键在于开发企业员工的敬业精神和奉献精神,为企业员工创造条件,使之有机会获得一份有成就感和自我实现感的职业。确保员工能长期得到企业的保护与培养,给每个员工提供不断成长、挖掘个人潜力并获得成功职位的机会,让员工争取发挥全部潜力,进而培养出员工的敬业精神和奉献精神,这才是建筑企业实施员工生涯管理的宗旨。

每年年终绩效考核时,员工和部门经理会有对话,这既是考核过程又是职业生涯设计的过程。对话完成后,员工和部门经理会达成共识,明确员工下一步的发展。当员工的目标和企业对员工的判断不一致时,企业会运用科学的测评手段,帮助员工加深对自己的认识,共同制定出既让员工满意,又符合企业用人需求的最佳方案。公司对员工的规划,第一选择一般是纵深发展。员工一进公司就进入了这一体系,每走一步都面临选择,一定有更高一层的"阶梯"在等其努力攀登。

(三) 职业生涯的管理规范化

Brenda Wilson 在对中国企业职业管理实践调研后得出结论,大约35%的企业感到,只有推动职业管理流程和工具正式化,在有效激发和指导管理人士和员工方面才能做得很好。在我国,建筑企业实施职业生涯管理目前还是新事物,企业要不怕失败,摸索前行,在实践中不断总结成功的经验和不成功的教训，最后将行之有效的步骤方法规范化，甚至在建筑企业可以形成工法，以利推行。

我国建筑企业要走可持续发展之路，人力资源管理学中的职业生涯管理是企业可持续发展的金钥匙。职业生涯管理应用于我国建筑企业，目前尚处于探索阶段，需要不断地总结成功的经验。企业管理中的第一资源是人力资源，建筑企业只有把企业的战略目标与员工的职业生涯规划很好地结合起来，达到双赢，才能达到我国建筑企业追求的揽才留才、持续发展的结果，最终达到利用人才，促进我国建筑企业可持续发展的最终目标。

(2007年12月5日)

注：本文是作者在读工商管理博研班期间提交的"人力资源管理学"课程论文。

现代企业领导人必须学习领导科学知识

领导 A 是某大型国有企业重要部门的负责人,其领导方式优点:①肯钻研工作,业务素质较高;②工作作风正派,遵纪守法,严格执行企业规章制度;③要求下属做到的事情,自己基本都能够做到;④敬业精神较强,几乎天天主动加班加点工作;⑤与上级领导关系较好;⑥不折不扣执行上级命令,令行禁止;⑦下属个人有困难,能够真诚帮助解决。领导 A 的领导方式缺点:①脾气暴躁,说话像吵架;②要面子,知错不改;③不民主,听不进下属员工任何不同意见,布置工作就是下命令,下属必须执行;④自身文凭低,怀疑文凭高职称高的下属有不服从的意识;⑤怀疑每一位员工对工作不热情,对企业不忠;⑥不顾场合,不顾及女职员面子,对男女职员采用相同的批评方式;⑦怀疑员工向上讨好越级汇报工作。

随着该企业竞聘上岗,领导 A 所领导的部门员工集体上访,要求撤换领导 A。该企业上级领导和人事部门觉得领导 A 仍具有老共产党员的突出优点,只是已不适合继续担任部门领导职务。最后将领导 A 提职调离部门领导岗位,从事以技术工作为主的较高领导职务,平息上访事端。

现代市场经济快速发展下的企业集团对企业领导者提出了更高的要求,领导者除了要具备工作业务素质,还必须具备领导科学知识,掌握科学的领导方法和领导艺术,否则难以胜任领导工作。不论是企业的主要领导人还是部门负责人,都需要在钻研掌握专业知识的同时,自觉学习领导科学理论,并应用于实际工作,提高领导素质,学会与被领导者沟通,调动员工的积极性,完成组织规划目标。

一、领导权变理论观点

领导科学的权变理论认为,领导者领导行为效果的差异,不仅取决于领导者本人的素质和能力,还取决于许多客观因素,如被领导者的特点、领导的环境等。领导行为是一个很多因素的函数,是诸多因素起作用相互影响的过程。领导科学的权变理论观点可用下述公式表示:

$$领导 = F(领导者,被领导者,领导环境)$$

上述公式表明,领导者行为效果系统受到领导者、被领导者、领导环境三个要素的影响。现代领导科学认为,没有"最好"的领导行为,一切要以时间、地点、条件为转移。领导者的任务,就在于学会各种领导方式,以便"一把钥匙开一把锁",针对不同的被领导者、不同的环境而采取相应的领导方式。学会运用各种领导方式的关键在于提高领导者的判断能力,以判定领导者面临的情况。

加拿大多伦多大学组织行为学教授罗伯特·豪斯的途径目标理论是领导科学权变理论中重要理论之一。该理论是由北美著名心理学家和行为科学家维克托·佛洛姆的期望理论引申而来。豪斯认为领导者的主要功能在于影响部属的偏好与预期,假若领导者能够增进部属对达成目标的偏好,以及采取行动去除达成目标的各种障碍,增进预期达成的概率,将会使部属更努力工作,并使部属有较高的满足感。目标途径理论认为领导行为有工具行为、支持行为、参与行为和成就导向行为等四种,这四种行为可由同一领导者依情景的不同而选择。需要考虑的情景因素主要有三类:一是员工的特性,包括员工本身的能力、需要和动机等;二是工作环境的特性,包括部属的工作内容和工作团体等;三是组织因素,包括对部属工作的约束程度、紧急情况、稳定情景等。豪斯的途径目标理论所提出的领导行为较具弹性,应依情景因素的不同而选择适当的行为。

二、现代经济发展形势对领导者的能力素质要求提升

现代西方领导科学理论要求领导者采用不同的领导方式维持组织内部凝聚力,对组织成员给予精神和物质鼓励,增进与组织成员的沟通,影响并激

励组织人员与领导者一起完成组织目标。领导的目的是增强组织成员对组织的信心，激励被领导者与领导者共同完成组织目标。

本案例中的领导 A 没有系统学过现代领导科学知识（或者学过但不能用于实践），不懂得领导科学权变理论，其领导方法没有随着被领导者和领导环境的变化而改变。领导 A 依仗与上级具有良好的私人关系，不与下属员工交流沟通，对员工采用下命令强制执行方式领导，不仅无法建立领导权威，反而造成了被领导员工的反感，最终危及领导者自身的威信和领导地位。根据领导科学的权变理论，领导的行为方式和领导方法需要随被领导者的不同而改变。本案例中领导 A 是从基层直接提拔到上级机关担任重要部门的负责人。在基层工作时，工人的学历层次普遍较低、一般干部自我约束力不是很强，领导 A 对基层员工习惯于命令领导方式，只要以身作则，严格要求基层工人和一般干部，基层工人和一般干部就可以按领导的指令行事。但领导 A 上调到集团公司后，被领导者都是高学历、高职称、高素质的员工，此时领导 A 需要改变领导行为方式，以明确组织目标、划清员工职责、激励员工志气、树立员工勇气、发挥员工创造精神、改变成员精神状态、加强与员工的信息交流互动为主要领导方式，即因被领导成员的改变而改变其自身的领导方式，才能被集团下属员工接受。

在集团公司工作，领导 A 从来没有以积极主动的态度与被领导者沟通，没有起到凝聚组织成员力量的作用。领导 A 担任重要部门领导多年，不了解下属员工的不同人格特质，不熟悉员工的特性，没有认识到每位员工本身的能力、需要和动机，没有针对不同的被领导者采用不同的领导方法，而是对不同的员工采用千篇一律的领导方法，批评员工时连基本的员工男女性别都不进行区分，不分场合，脾气暴躁，说话像吵架，知错不改，听不进任何不同意见，除了自己怀疑所有员工，私下认为所有员工（除了他自己）对工作都是三心二意，怀疑下属对企业不忠诚。这种领导者与被领导者相互猜忌、互不信任的工作环境，逼迫员工集体反抗，最后导致员工集体上告，要求上级领导和人事部门调换领导 A。

根据领导科学的权变理论，领导者的行为方式和领导方法要随着领导环境的改变而改变。领导者要为员工创造宽松、愉悦、上下一心、人际关系良好的工作环境，创造被领导者接受领导意图和指令的良好环境。这是一种人文环境，是领导者发挥主体意识才能创造的良好的人际关系环境，是检验领导者能力的重要标志。要建立良好的人际关系，领导者首先要正确理解"人和"，创造一种团队内部和谐融洽的气氛。领导者既要适当地保持沉默，冷静思考后再做出决策，也要在发布命令时言简意赅，给员工留下自由发挥和想象的空间，让员工在执行领导命令时充分发挥主体能动性，对员工进行协调引导，建立相互监督和制约的环境机制。领导者要放下架子，虚心与被领导者进行坦率和真诚的互动交流，这样才能建立和谐融洽的人际关系。良好的人际关系环境能够让员工心情舒畅地执行领导指令，更好地实现领导者的意图，提高员工的工作效率，实现组织既定目标。

《吕氏春秋·孝行览·遇合》载："凡举人之本，太上以志，其次以事，其次以功。三者弗能，国必残亡，群孽大至，身必死殃。"即大凡举荐提拔人的根本，第一是心志，第二是做事，第三是功劳。如果三种情况都不能得到举荐，国家就一定残破灭亡，坏人就会到来，自身也必定遭遇死亡和祸殃。本案例中的领导A，其本人不能说没有心志，但是却怀疑被领导者的心志；其本人工作业务素质较高，却造成与被领导者的人际关系紧张，无法带领被领导者一起提高业务素质；其本人天天加班工作，自身觉得工作中出力不少，最后却被本部门员工厌烦抛弃。该案例给所有领导者提供了一个鲜明的反面案例，说明领导者必须主动学习领导科学知识，掌握领导方法技能，在实践中不断创新领导技巧，融合在组织文化的氛围内，才能领导组织中的成员共同实现组织目标。

三、不断学习和实践，提高领导能力和素质

现代社会日益发展，科学技术飞快进步，企业规模越做越大，对领导者的素质要求也越来越高，客观上要求领导者既要有高于被领导者的业务素质，还要有更胜一筹的领导科学知识和领导艺术。现代企业领导要善于学习钻研现代领导科学，从领导实践中摸索总结领导经验和方法，根据被领导者和领

导环境因素的改变，主动改变千篇一律的领导方法，这样才能使自身立于不败之地，在组织中更好地发挥领导作用。

（2007 年 11 月）

注： 本文是作者在读工商管理博研班期间提交的"领导学"课程论文。

提高建筑企业经济效益的途径和方法

提高经济效益是我国经济建设和社会发展的一项战略任务。提高建筑企业经济效益是建筑企业在激烈的市场竞争中求得生存并取得发展的必要条件。

一、加强资本管理是提高建筑企业经济效益之本

建筑企业特别是国有大型建筑企业,经过多年的经营和积累,已具备了丰厚的资本和庞大的生产能力。在计划经济时期,建筑企业具有各种管理目标;在市场经济时代,企业管理的重心应该是资本管理。一切管理的系统、层次和要素都要围绕加强资本管理,提高经济效益这个目标来进行。建筑企业对资本的管理,就是在利润最大化的原则下,使企业资本在再生产过程中实现保值增值。建筑企业加强资本管理,首先要清理陈年旧账,明确产权关系;其次要通过投资、重组、兼并提高资本利润率;最后要加强产权和资产管理,增加资本流动性,使资本运营发挥更大效益。

二、加强建筑企业内部经济管理和生产管理是提高经济效益之基

建筑企业要以提高经济效益为核心,全面加强企业经营和生产管理,采用先进的项目和工程管理技术,推行计划经营管理和企业内部的成本管理、经济核算。建筑产品的特点决定了建筑企业点多面广、项目管理机构庞杂、管理难度大的特点。因此,建筑企业的员工要上下通力协作,使内部管理工作系统化、规模化、程序化、科学化和高效化,才能使建筑企业的整体经济效益得到提高。

（一）加强成本控制，降低工程造价

1. 降低人工成本

想要提高企业的劳动生产率，既要提高单个劳动者的生产效率，也要提高劳动组合的施工生产效率。劳动生产率的提高要与建筑企业生产者的切身利益挂钩。从西方发达国家的经验来看，企业职工工资和福利待遇的增长必须慢于企业经济效益的增长，否则就会形成短期行为，影响企业经济效益的持续增长。

2. 降低材料费

材料采购是在保证材料质量的前提下，实行货比三家及材料供货阳光竞标，从而降低采购成本和运输成本。建筑企业要控制当地材料价格，施工前要向当地政府购买沙石料的开采权，控制当地料的价格，防止施工期间材料涨价造成成本增加。

3. 降低施工机械使用费

要做到按时对施工机械设备保养与检修。建筑企业的生产在很大程度上是一场机械设备决战，要防止施工中发生机械设备故障造成人待机和施工生产难以正常进行的现象发生，避免产生不必要的经济损失，影响企业提高效益。

（二）科学合理组织设计施工

施工组织设计是建筑企业进行施工生产的主要依据，在施工前企业必须编制科学合理的施工组织设计。施工组织设计在编制阶段要进行周密的施工现场调查，比选不同的施工方案，按照建设单位的要求有计划地安排工期和分项工程的施工程序，合理地安排好施工方法、施工所需要的工料机消耗量和临时工程计划。施工组织设计在实施阶段，既要保证施工组织设计文件贯彻执行的严肃性，又要预测不可抗力事件的发生，如在工程地质、天气、运输距离和工料机有变的情况下，及时调整施工组织设计，杜绝施工中窝工和浪费现象发生。

（三）提高机械化施工水平

建筑企业要在施工中不断提高机械化施工水平，充分利用高科技的最新成果和机械设备的优势，提高劳动生产率。目前，虽然我国人口众多，人力资源丰富，劳动力成本低廉，但是建筑企业要有前瞻意识，要认识到随着社会的发展，人力资源的成本会越来越高，机械设备成本相对会越来越低。建筑企业经济效益的提高，最终会体现在生产的机械化水平上。建筑企业一要立足于现有的机械设备，加强机械设备的科学管理；二要紧跟科学技术发展的步伐，更新老化陈旧的机械设备。

（四）充分利用综合性管理的优势

建筑企业特别是国有大型建筑企业绝大多数是大中型的建筑企业，这就决定了建筑企业的管理是综合性的管理。企业要提高经济效益，必须采用科学的管理技术：在计划上，要实行全面的计划管理；在施工组织上，要实行网络计划管理；在施工作业程序上，要实行流水作业法管理；在个人施工操作上，要实行动作法管理；在技术上，要加强技术管理，总结和推广行之有效的技术成果；在工程质量上，要建立 QC（Quality Control，质量控制）小组，实行全面质量管理，建立健全质量保证体系；在施工现场，要实行文明施工管理；在成本上，要加强成本分析，控制生产成本，加强成本核算；在企业发展方针上，要实行科学预测和决策技术；在工程任务下达后，要实行工程承包和合同管理。施工单位的企业管理涉及管理技术的众多方面，为了提高企业的经济效益，建筑企业必须发挥综合管理技术的优势，走综合效益整体提高之路。

（五）注重长期经济效益，走质量效益型道路

目前，建筑市场竞争激烈，建筑企业在提高经济效益的同时，必须加强质量管理，走质量效益型道路。大型建筑企业集团要考虑长远利益，不能重产值轻效益、重数量轻质量，要把创优质工程、交用户满意产品与创造良好信誉、提高经济效益统一起来。企业的信誉是企业的无形资产，企业的经济效益和无形资产的价值同步提高，才是提高企业经济效益的最佳途径。

（六）采取多种投标策略，降低承揽成本

建筑企业要加强投标管理，在投标时不能仅靠降低工程造价获取工程。要根据工程任务的不同情况，采取不同的中标策略。如果只为了中标，不顾项目成本一味地降低工程造价，提高经济效益就成了一句空话。对于不同的工程项目，建设单位有不同的要求。例如，特大型商场工程项目，甲方比较注重工期，只要工程能够提前竣工，商场就能早开业早获益；再如，某摩天大楼工程和地质情况复杂的隧道工程，建设单位主要注重施工单位的施工能力和技术装备水平。所以，施工单位要从让甲方了解施工单位的良好信誉和所具有的施工技术、设备水平入手，降低工程造价不是唯一的竞标策略。

（七）建立面向建筑市场的信息收集和反馈系统

建筑企业应建立面向建筑市场的高效信息收集和反馈系统，及时了解工程任务、建筑材料、人工成本和机械设备的市场变化，及时掌握国家发布的各项经济和金融政策。建筑企业建立市场信息反馈系统可从三个方面入手：一是要建立面向市场的信息收集和反馈系统，二是要建立国家有关宏观经济控制和金融政策方面的信息收集和反馈系统，三是要建立收集和反馈基层单位提高经济效益的建议和措施的信息收集和反馈系统。建筑企业要随时监控建筑市场信息的变化，及时了解工程造价的各种信息，实现信息资源在企业内部的有偿共享。

三、做好思想政治工作是提高建筑企业经济效益的动力

从西方现代企业管理发展趋势分析，企业管理的对象正由对物和人的管理转向以资本为中心的综合管理，但我国的建筑企业丝毫不能放弃对员工进行思想政治工作，因为生产者是生产中唯一的能动因素。建筑企业只有充分调动和发挥劳动者的积极性和创造性，让劳动者将提高劳动生产率当成自觉行动，企业的经济效益才能真正提高。过去我们党的各级组织拥有良好的思想政治工作传统，在目前的市场经济条件下，思想政治工作面临新的任务和挑战。政治思想工作只有深入人心，才能激发职工的生产积极性，提高企业经济效益才能具有真正的保证。建筑企业做好思想政治工作的目的是要让企

业职工认识到企业的长远利益和眼前利益、企业发展和个人前途、企业经济效益和个人收益之间的关系。增强职工对企业生存发展的责任感,培养职工对国家、集体和用户高度负责的精神,才能达到提高经济效益和促进企业发展的目的。

经济效益是企业的命脉,建筑企业只有形成以资本管理为核心,以提高经济效益为目标的管理体系,并充分利用综合管理的优势,建立适应市场需要的信息收集和反馈系统,加强思想政治工作,调动管理人员和施工人员提高企业经济效益的自觉性,才能适应建筑市场发展的需要,才能在激烈的市场竞争中发展壮大,立于不败之地。

(2001年2月)

注: 本文刊载于《铁路工程造价管理》杂志2001年第3期。

国有企业改制后在公司治理方面存在的问题及解决办法

一、现代国有企业改制后存在的公司治理问题

1993年以来,随着在国有企业推行现代企业制度,国有企业在公司治理结构方面存在的问题纷纷暴露出来。从现有情况看,国有企业改制后在公司治理方面存在以下问题。

一是公司核心对象模糊,企业不知为谁服务。国有企业长期形成的传统是以企业职工为中心,职工的生老病死都由企业负担。企业不以创造效益为最终目标,而以能否保持企业职工的利益为目标。国有企业实行现代企业制度改革以后,逐渐被改造为现代股份制企业,企业创造效益的对象随之发生根本变化。现代股份制企业不再以职工利益为中心,而以股东利益最大化为最终目标,企业员工的利益成为企业人力资源的成本。

二是董事会、管理层、监事会职责不清,存在越权现象。国有企业实行现代企业制度,主要存在的问题是董事会、管理层、监事会的职责界定不清,有的企业改制后虽然对"两会一层"进行了职责界定,但是没有严格执行,越权现象仍然严重存在。特别是许多改制后的国有企业,董事长兼总经理、董事普遍兼任高层管理人员现象大量存在。这种董事和管理人员互兼现象,让董事会和经理层如同虚设,不利于公司加强管理。

三是独立董事难以发挥作用。健全规范的现代企业中,独立董事制度是必行制度。独立董事发挥作用要依靠两个基石——独立性和参与决策。国有企业引进现代企业制度以后,是否实行独立董事制度,独立董事是否独立参与决策是判断企业改制是否彻底和规范化与否的标志。目前改制后的国有企

业，或者不设独立董事，或者形式上设立独立董事会，独立董事难有独立发挥作用的条件，独立董事制度形同虚设。

四是股权结构扭曲，中小股东利益难以保证。国有企业改制为现代股份制企业以后，存在国有股东一股独大现象，国有股东侵犯中小股东利益现象时常发生，对企业中小股东的利益难以照顾。

五是新老三会互相牵制，在矛盾和摩擦中寻求平衡。在传统的国有制企业中，原有党委会、职代会和工会起着维持企业正常运转的作用。在规范的现代股份制企业，股东大会、董事会和监事会起着决定作用。国有企业向现代企业改制，最终要用现代企业的新三会（股东大会、董事会和监事会）代替原有企业的老三会（党委会、职代会和工会），这是现代企业公司治理发展的趋势。在中国的特殊国情下，老三会在相当长的一段时间内还会存在，在新老三会共同存在期间，新三会与老三会必然要发生矛盾和摩擦。如何正确处理新老三会之间关系，是中国国有改制企业在公司治理方面面临的课题。

六是对董事和管理层的业绩考核缺乏稳定统一的标准。董事会发挥作用要依靠每位董事尽职尽责，管理层发挥作用要依靠每位管理者在企业运营中全力发挥职能。现代企业对董事、监事、高级管理人员的激励作用越来越受到重视。改制后的国有企业，需要像规范现代股份制企业一样，尽快制定出一套切实可行的针对董事和管理人员的业绩考核标准，并不断加以完善，以发挥董事、监事和高级管理人员的工作积极性，为股东创造更高的收益。

七是误以为上市等于规范。国有企业上市成功，不等于马上就成为规范的现代股份制企业了。上市后，转制的企业仍要继续解决公司治理结构问题。国有企业改制上市，长期形成的经营习惯使企业在遇到新的游戏规则后有些不适应。例如，证券市场要求信息公开化、透明化，让国有企业在获得巨额的融资后手足无措。国有企业上市后如何继续规范，控制自我膨胀，合理使用募集资金，避免突发性危机，建立现代企业制度等问题都是公司治理问题。上市是国有企业的又一次创业，公司治理结构必须规范，以解决存在的问题。

以上问题都是我国国有企业在建立和完善现代企业制度的过程中所暴露

出来的公司治理方面的问题,随着现代企业制度的不断完善,改制后的国有企业要逐渐解决这些问题,否则就会影响改制效果;不解决这些问题,企业在激烈的市场竞争中将难以生存和发展。

二、现代国有企业改制后公司治理成功案例

中国铁道建筑总公司(以下简称总公司)是全球的特大型综合建设集团之一。2007年,总公司按现代企业制度改制成为中国铁建股份有限公司(以下简称中国铁建)。2007年,按2006年的总收入计算,中国铁建在《财富》杂志世界500强公司中排名第384位;按工程承包业务总收入计算,中国铁建在《工程新闻记录》杂志评出的全球225家最大承包商中名列第6位;另外,中国铁建在中国企业联合会及中国企业家协会按总收入评选的《中国企业500强》中排名第15位。中国铁建业务分为四大板块:工程承包业务,勘察设计及咨询业务,工业制造业务,其他业务(包括与其主要业务相关联的房地产开发及物流)。此外,中国铁建的收入也来自资本运营业务,其中涉及对若干BT、BOT及BOO项目的投资。中国铁建的前身是中国人民解放军铁道兵,秉承历史传统,现在的中国铁建仍然具有铁的纪律。从1984年集体转业开始到现在,中国铁建高度重视公司治理问题,处处维护出资者(前期)和股东(改制后)的利益。该公司治理方面的特点体现在以下几个方面。

(一)公司治理原则

良好的公司治理结构是中国铁建按现代企业制度改制上市以来一直追求的目标。从2007年改制开始,中国铁建先后修订了公司章程,制定了股东大会议事规则、董事会议事规则、监事会议事规则、总裁工作细则、董事会秘书工作细则、独立董事工作制度、关联交易决策制度、信息披露管理办法、募集资金管理办法、对外担保管理制度、对外投资管理制度、董事会审计委员会工作细则、董事会薪酬考核委员会工作细则、董事会战略和投资委员会工作细则、董事会提名委员会工作细则、董事和特定雇员有关证券交易的行为守则等。这些规范企业的公司治理制度,是中国铁建按现代企业制度要求对董事、监事、高级管理人员及雇员所制定的行为守则。

（二）董事、监事及有关雇员

中国铁建是在上海证交所 A 股上市、在香港联交所 H 股上市的上市公司，将香港市场规则所要求的标准守则作为指引，确定董事、监事、高级管理人员及相关雇员的行为规范。中国铁建设置的所有董事、监事及有关雇员，均符合香港上市规则的要求。

（三）董事会

中国铁建第一届董事会由九名董事成员组成，其中执行董事两名、非执行董事三名、独立非执行董事四名。四名独立非执行董事均具备独立性。根据改制后新的中国铁建公司章程，第一届董事会任期三年，董事任期届满后可经重新选举或重新委任后连任。董事会每位董事均以股东的利益为前提，依照董事会须履行的责任和按照相关法律及规则，尽最大的努力履行职责。董事会职责包括：决定该公司的经营计划及投资方案；制定利润分配方案和补亏损方案；拟定该公司资本运营等方案及执行股东大会的决议等。董事长确保董事履行应尽的职责及维持董事会有效运作，确保及时就所有重要的事项与董事们进行讨论。董事长与非执行董事进行单独交谈，充分了解非执行董事对公司运营及董事会工作的想法及意见，董事会办公室全方位为董事服务，及时向董事提供充分的信息，使董事们及时了解公司的情况，采取适当的方式保持与股东之间的有效联系，确保股东意见传达到董事会。

中国铁建设立了足够数目的独立非执行董事，以及委任具备适当专业资格的独立非执行董事担任董事会专门委员会的主席。四位独立非执行董事具有完全的独立性，他们分别具有财务、金融以及基础设施建设方面的背景，具有丰富的专业经验，为中国铁建稳定经营及发展忠诚地提供专业意见，并为保障公司和股东的利益进行监察和协调。除与公司的工作关系外，董事、监事和其他高级管理人员概无财务、商业及家庭关系，彼此之间亦无其他重大关系。除各自订立的服务合约外，概无董事或监事与中国铁建及任何子公司订立重大合约，直接或间接持有私人重大权益。2007 年中国铁建举行了两次董事会，第一次会议的出席率为 88.89%（除一人因公出国，其余均出席），第二次会议的出席率为100%。每次会议均有专门的记录员记录会议情况，会议通过所有事项均形成决议，按照有关法律及规则记录并保存电子文档。中国铁建董事会召开时间及会议主要内容均安排在当年初，确保全体董事有机会提出商讨事项，将其列入董事会会议议程，并使董事们有足够的时间审阅各项议案。每名董事在中国铁建领取的报酬均在当年年报中披露。

（四）董事长和总裁

中国铁建的董事长和总裁按照公司章程、董事会议事规则和总裁工作细则等公司治理文件职责开展工作。董事长职权包括：主持股东大会和召集、主持董事会会议；督促、检查董事会决议；签署公司股票、公司债券及其他有价证券；签署董事会重要文件，代表公司对外签署有法律约束力的重要文件；等等。

总裁对董事会负责，行使下列职权：主持公司的生产经营管理工作，组织实施董事会决议，并向董事会报告工作；组织实施公司年度经营计划和投资方案；拟定公司内部管理机构设置方案；拟定公司基本管理制度；制定公司具体规章；提请董事会聘任或者解聘公司副总裁、总会计师、总工程师、总经济师；聘任或者解聘除应由董事会决定聘任或者解聘以外的管理人员；提议召开董事会临时会议；等等。

（五）审计委员会

董事会下设审计委员会，其主要职责是对公司财务报告进行审查，审核独立审计师的聘用，批准审计及与审计相关的服务以及监督该公司内部的财务报告程序和管理政策。审计委员会由三名董事组成，并且由独立非执行董事任审计委员会主席。审计委员会计划每年召开不少于两次审计委员会会议，共同审阅该公司拟采用的会计准则、内控制度及相关财务事宜，以及本集团的关联交易，以确保公司财务报表及其他相关数据的完整性、公允性和准确性。

（六）薪酬考核委员会

董事会下设薪酬考核委员会。薪酬考核委员会定期检讨董事会的架构、人数及董事工作情况。该委员会由三名董事组成，并由独立非执行董事担任委员会主席。主要职责为制定培训及薪酬政策，并确定和管理公司高级管理人员的薪酬，包括以下各项：批准并监督、评估公司高级管理人员的表现并决定和批准其薪酬；审阅公司董事的薪酬，并向董事会提交建议；监督公司本级薪酬制度执行情况。

目前，中国铁建执行董事和非执行董事薪酬仍然沿用公司成立前的国资委对中央企业负责人的薪酬管理办法，薪酬收入由基本薪金和绩效薪金两部分组成，按照经营业绩考核结果确定执行董事与非执行董事的绩效薪金。执行董事与非执行董事无权批准自身的薪金，其薪酬由股东大会批准。

（七）战略和投资委员会

董事会下设战略和投资委员会。该委员会由三名董事组成，并由执行董事任委员会主席。战略与投资委员会的主要职责为制定公司的整体发展规划与投资决策程序，包括以下各项：检讨公司的长期发展战略；检讨影响公司发展的主要问题；审阅须经董事会批准的重大资本开支、投资及融资项目。中国铁建战略和投资委员会的工作分别按议事规则有序进行。

（八）提名委员会

中国铁建提名委员会由三名董事组成，并由独立非执行董事任委员会主席。提名委员会的主要职责为制定董事及高级管理人员人选的提名程序及标准、对董事及高级管理人员人选的资历及其他履历进行初步审阅，制定、检讨及监督董事及高级管理人员履行职务事宜。

（九）监事会

中国铁建监事会由三名成员组成，其中一名监事是中国铁建的员工代表，并由员工选举产生。监事会负责对董事会及其成员以及高级管理层进行监督，防止其滥用职权侵犯股东、公司及公司员工的合法权益。监事会有权对公司财务状况、依法运作情况和高级管理人员尽职情况进行审查，并遵守诚信原则，积极展开各项审查工作。

（十）股东大会及投资者关系

股东大会是中国铁建的最高权力机构，为公司董事会和股东直接沟通并建立良好的关系提供机会。股东大会由主席主持，并解释会议表决程序等有关事项，股东就每项议案进行审议及表决；会议同时通知各董事，部分董事列席；会议也通知审计委员会及薪酬与考核委员会成员列席。中国铁建上市之后，立即设立了专门的管理投资者关系的部门，负责投资者关系方面的事务，制定投资者关系工作制度，规范运作。公司管理层通过路演、个别会面、会议、组织来公司访问、接待投资者来公司访问、尽量安排时间参加投资银行组织的投资会议、不断加深投资者对公司的认知等方式，与投资者、分析师及媒体保持密切的沟通。除此以外，公司的投资者关系部门负责及时回复投资者的询问。

（十一）合格会计师

中国铁建在香港发行 H 股，因此自 2007 年 12 月起在香港聘请了合格的会计师。根据香港上市规则规定，合格会计师为中国铁建的高级管理人员。

（十二）公司管理、财务汇报及内部控制

中国铁建不定期召开由公司总裁主持，由总部各相关部门负责人参加的总裁办公会议，就公司运营、投资项目实施和财务事宜进行讨论和决策。公司管理层，包括分（子）公司及联营公司经理和总部部门负责人参会，工作会议每年召开一次，检查上一年度公司运营工作情况，具体落实下一年度的运营工作。该会议有助于协调、沟通和督促各项运营工作的开展和实施。公司的独立非执行董事负责审查公司遵守同业竞争协议的情况。自上市以来，中国铁建均遵守避免同业竞争协议的相关约定。

董事负责编制每个财报期间的财务报表，保证该账目能真实兼公平地反映公司在该段期间的业务状况、业绩及现金流向表现。审核账目时，董事审查以下内容：是否选用合适的会计政策并应用；是否采纳符合《国际财务报告准则》的标准；是否作出审慎合理判断及估计，并按持续经营基准编制账目。

中国铁建的董事会和管理层非常重视内部控制制度的建立及完善，成立了专门的工作小组和项目管理委员会。为了加强内部控制，降低风险，中国铁建采取了一系列措施，包括对公司层面、信息系统总体及业务流程层面的控制体系，推行了检讨并实施了包括识别风险点、修订及完善工作流程中的内部控制制度和操作体系、测试验证内控制度执行有效性的一系列旨在建立及评估有效内部控制体系的措施。在市场方面，完善购销管理体制，规避市场风险，继续夯实各专业管理等。在风险管理方面，初步建立了一套系统的风险评估和风险管理架构体系，使公司能够对各种来自内部及外部的风险进行识别、评估和管理，使风险降到最低。在财务控制方面，初步建立了全面预算管理系统，实施统一的会计核算制度及资金的集中管理和调配，并编制管理报告，提呈董事会有关检讨内部控制体系有效性工作的情况。目前，中国铁建正在抓紧信息化系统的建立和完善，进一步提高办公效率。

（十三）审计师酬金

中国铁建委任安永会计师事务所及安永华明会计师事务所为其国际及国内审计师。审计师酬金均在中国铁建年度报告中披露。

三、改制后不断完善适应市场机制的公司治理模式

面对国有企业在改制后出现的各种公司治理方面的问题，企业必须具有强烈的现实感，全面地认识和把握国内外公司治理研究的前沿成果和最新动态，注意从中国企业的实际情况出发，把解决国有企业改制后公司治理问题的立足点放在建立中国股份公司的治理结构模式上；同时，借鉴国内外成功的公司治理经验，特别是将中国成功转制公司的公司治理模式和经验，用到中国公司治理的实践上去，解决中国转制企业出现的各种问题。

（一）股东利益最大化理念必须受到重视，并落实到日常企业管理中去

西方经济学认为，在有效资本市场中，满足资金需要的企业应该使其股东利益最大化。由于西方企业越来越重视通过证券市场筹集资金，而且证券投资的跨国化趋势迅速发展，股东利益日益受到各公司管理层的高度重视，

股东价值已被普遍接受为衡量管理层业绩的基准。国有改制企业必须贯彻股东利益最大化理念，发挥股东大会作为最高权力机构的作用，并且将这一理念运用于整个公司的每一个活动，使转制企业走简化组织结构、注重核心竞争优势、分拆非营利业务、减少成本开支、正确对待公司员工利益等良性发展道路。观念决定一切，用现代企业制度代替原有的国有企业管理制度，观念转变极其重要。中国传统观念注重对职工负责，而忽视股东利益。中国企业管理者已经开始意识到，在全球化的竞争环境中，对股东利益的重视将使企业更注重盈利能力和竞争地位，使企业的经营更加透明，决策更加民主，更有利于企业的长远发展和股票市场的稳定。

（二）增强董事会的前瞻性、独立性，发挥独立董事的战略引领作用

根据统计资料，对美国100家最大公司董事会的分析表明：外部董事和内部董事的比例平均为3∶1，超过1/4的公司董事会的外、内部董事比例大于5∶1，只有7家公司的内部董事占董事会的多数，而外部董事中又以专家董事和其他公司的经理人员为主。另外，董事会中还设立了审计委员会、薪酬委员会等专门的委员会，对公司的财务报表、内部风险监控、审计报告、管理层薪酬等事宜进行严格监督，加强对管理层的考核与监督。西方企业大量外部董事加入董事会，使其董事会的独立性、专业性和积极性大大增强。

根据中国铁建的成功转制经验，国有企业转制的股份公司必须增加独立非执行董事人数，使其数量在董事会中不少于半数，并成立多种董事会专门委员会，专门委员会的主席由具有专业特长的独立非执行董事担任，以增强独立非执行董事的独立性和决策参与性，为发挥独立非执行董事的作用创造条件。董事会专门委员会可设立审计委员会、薪酬考核委员会、战略和投资委员会、提名委员会，并制定《董事会议事规则》《监事会议事规则》《总裁工作细则》《董事会秘书工作细则》《独立董事工作制度》《关联交易决策制度》《信息披露管理办法》《募集资金管理办法》《对外担保管理制度》《对外投资管理制度》《董事会审计委员会工作细则》《董事会薪酬考核委员会工作细则》《董事会战略和投资委员会工作细则》《董事会提名委员会工作细则》

《董事和特定雇员有关证券交易的行为守则》等工作制度，规范董事会、监事会、经理层的各自职权，按各自的规则、工作细则和管理制度有序运作董事会、监事会、经理层。这样，才能保持董事会的独立性，增加决策的客观性和独立性，加强对公司经理阶层的激励、监督和约束，维护股东的利益。

（三）发挥投资者对企业管理的积极作用

西方企业越来越重视加强与投资者，特别是机构投资者的联系和沟通，以保持公司经营的透明度，树立公司在资本市场上的良好形象。根据英国投资者关系协会的统计资料，对英国200多家大型企业的高层经理的调查表明，72%的人都认为他们比三年前更重视企业与投资者的关系。而投资者为保证持续获利，也希望与企业建立一种长期信任的关系。

根据中国铁建经验，转制后股份公司非常有必要设立专门的管理投资者关系的部门，进而建立投资者协会，分享信息，积极投票，通过股东提议，向管理层提供建议，加大中小股东对企业的影响力，不断加深中小股东对公司的认知，保持与投资者、分析师及媒体密切沟通，及时回复投资者询问的问题。这样，才能改变中小股东通过"用脚投票"来表达对管理层的不满的现象，才能使越来越多的股东，特别是机构投资者发现参与"投资者沟通"有助于提高自己的投资远见，才能使股东日益加强和管理层的接触。在公司治理中，中小股东若能发挥积极的作用，其利益也会得到重视。

四、走中国特色的公司治理之路

对于转制公司治理机制的健全和完善，上市只是万里长征走完了第一步。转制后的中国铁建仍要借鉴国内外公司治理成功经验，结合中国文化、中国市场、本企业的特点，独创出适合自己企业的公司治理模式。

目前世界上公司治理模式主要有以下两种：一是英美型外部治理模式；二是德国、法国、瑞士、日本、韩国等国以企业集团、银行和控股公司为治理主体的内部治理模式。过去人们普遍认为以赶超型为主的内部治理模式能更好地解决代理问题，亚洲金融危机以后，英美的外部治理模式成为仿效的对象。但2008年世界金融危机以后，英美的外部治理模式也出了问题。企业内部治理模式的弊端是必须协调许多利益相关者的利益，而实际上企业很难制定长期目标，从而导致公司追求较为分散且可能是相互矛盾的一系列目标，忽略了企业盈利能力的下降和竞争力的衰弱。银行控制模式将信贷导向目标产业，企业财务松散，从而导致生产能力大量过剩、企业过度负债和资本利用效率低下。以市场为导向的外部治理模式以股东利益为基础，以盈利为导向，重视资本市场作用，似乎更适应当今全球经济环境的急剧变革和信息技术产业的飞速发展。

外部治理模式和内部治理模式各有优缺点，内部治理的基本特征是以产权为主线的内在制度安排，其治理载体就是公司本身；外部治理则是以竞争为主线的外在制度安排，其治理载体是市场体系。虽然公司内部治理和外部治理的侧重点不同，但是两者的关系不仅是相互依赖、相辅相成的，而且是互动的，片面地强调任何一方面，都不能达到有效的公司治理。中国的国有企业需要探索出一套适合中国企业的公司治理模式，这种全新的治理模式具有以下特点：第一，新老三会结合，互相补益，共同促进企业发展；第二，既注重股东利益，又关心员工利益；第三，公司既注重对高管人员的激励作用，又注重发挥员工的积极性；第四，既关心大股东利益，又充分听取中小股东的意见；第五，既发挥外部治理模式的优势，又吸纳内部治理模式的益处；第六，既严格管理，制定各项管理制度和工作细则，又不放弃传统的思想工作方法，发挥党、团、工会组织的积极作用。市场经济运行的方式是多种多样的，因此公司治理的模式也是丰富多彩的，不可期望某种公司治理模式适合所有市场形势。公司高管们应该抛弃那种信奉所有好公司都应该遵循某种最佳治理模式的观念。相反，真正得到良好管理的公司很可能经历多次所有权和控制权形式的变更，不断进取，逐渐摸索出适应市场变化的独特的公司治理模式。

认真开展公司治理活动，是国有转制企业规范运作、提高适应市场能力的重要举措。国有企业要以转制为契机，提高对公司治理重要性的认识，对内部的治理要进行全面梳理，完善内控制度，加强对投资者关系管理，建设独具特色的公司治理企业文化，发挥绩效考核的激励作用，促使公司治理结构更趋健康和完善。国有企业只有持续不断改进,加强公司治理,才能进一步提升企业运作的透明度,提升企业的核心竞争力,不断增强国有企业的发展后劲,促进国有企业更好地融入世界经济全球化发展之中。

(2008年10月)

注:本文是作者在攻读工商管理博研班期间提交的"公司治理学"课程论文。

中国铁建资本运营信息管理系统功能和信息化实现途径

中国铁建资本运营信息管理系统（CRCC_COM），自2010年10月启动，经过一年多的努力开发成功，再经过半年多上线试用后正式启用。2011年9月15日，CRCC_COM完成系统初验，从此中国铁建资本运营投资管理实现信息化。

一、投资需求催生企业资本运营信息管理系统

中国铁建在"十一五"期间营业收入提升很快，公司在上海、香港实现IPO（Initial Public Offering，首次公开募股）后，企业投资项目数量和投资规模突飞猛进。中国铁建的产业结构调整必须向产业链上下端延伸，投资业务是调整结构的重中之重。"十一五"期间，资本运营板块是中国铁建六大创效板块之一。为了继续保持企业持续稳健增长，中国铁建必须提升资本运营管理模式，实现信息化管理，提高经济效益，提升发展质量，调整建筑产品一头独大的产业结构。"十二五"规划中，中国铁建持续提升资本运营业务比重，把特许经营作为"7+1"产业（"7"为工程承发包、勘察设计咨询、房地产、特许经营、工业制造、物资物流、矿产资源，"+1"为金融信托保险及其他孵化的新兴产业）构成之一，规划到2015年特许经营占企业总营业收入的2.1%、利润比例达到2.4%，资本运营业务将获得更大发展空间。2010年统计资料显示，中国铁建具有资本运营投资项目26个，长期股权投资项目92个，投资项目主要是公路、铁路和市政项目，当时确定要向水电、城轨、矿产、城市污水等领域拓展。2010年中国铁建国外投资项目2个，当时确定"十二五"期间中国铁建要投资更多国外项目，"十二五"期末，资本运营板

块将发展成为中国铁建的核心产业，为企业发展提供利润支撑。

为了适应中国铁建投资规模扩大、项目增加、投资领域拓宽、"走出去"的发展需求，资本运营业务必须改变传统的管理方法和手段，走信息化之路。为此，中国铁建资本运营部在公司信息中心的支持下，提出开发资本运营信息管理系统的信息化需求，得到了公司决策层同意和支持。

二、CRCC_COM 系统开发过程

2010年4月，公司信息中心开始为公司各部门信息化做准备。2010年5月，"中国铁建资本运营信息管理系统"（CRCC_COM）被列入中国铁建总部机关第一批信息化项目。2010年7—8月，经过招标，在五家软件公司中评标组最终选择了报价最低、承诺条件最好的北京起步科技股份有限公司（以下简称起步科技）。2010年9月15日，CRCC_COM系统正式启动，项目组进场。在起步科技项目组成员的协助下，中国铁建资本运营部将投资业务需求进一步系统化后，系统进入开发阶段。系统启动后，资本运营部到中国铁建在重庆的三个投资项目进行现场调研，根据调研结果修改并增加了CRCC_COM系统开发内容。

2011年4月初，系统初步开发出来并且广泛征求意见，并且在4月中旬进行系统测试。在开发过程中，CRCC_COM系统项目组积极参加信息中心组织的各部门项目组周例会，协调解决开发过程中出现的问题，沟通项目间联系，相互学习借鉴。2011年4月，基本完成最重要的投资管理模块（包括投资信息、评估决策、投资项目建设管理、运营管理、截止期管理等功能模块）的开发测试工作。2011年5月中下旬，系统初步开发完成，经过中国铁建资本运营部与起步科技两轮数据试运行，完成了系统的修改和变更工作。2011年5月30日，资本运营部与起步科技项目组一起进行全功能模块测试，CRCC_COM系统基本可以满足投资业务需求。2011年6月8日，系统上线试运行，资本运营部、信息中心、起步科技组织二级集团公司、项目公司进行视频远程培训，中国铁建29家单位共计192人参加培训；7月17日，组织4家BOT项目公司和投资公司培训；9月13日，起步科技对资本运营部人员进行系统讲解；下一步，将组织资产管理人员培训，培训采用CRCC_COM仿真系统操作训练。

三、CRCC_COM 系统功能概述

中国铁建资本运营业务主要包含六项业务：投资管理、资产管理、风险管理、信息披露、文件传阅和临办工作。六项业务中，除了文件传阅和临办工作在中国铁建 OA 办公系统中实现信息化，投资管理、资产管理、风险管理、信息披露通过 CRCC_COM 系统实现信息化。

依据四项业务，CRCC_COM 系统分成五大模块：投资管理模块、独立项目财务指标计算模块、资产管理模块、风险信息模块、系统管理模块。开发重点是投资管理和资产管理两大模块。投资管理模块分为项目前期、建设期、运营期、截止期四个小模块；独立项目财务指标计算模块作为单独一个模块；资产管理模块分为中国铁建总公司、锦鲤中心、中国铁建股份公司三个资产管理小模块；风险信息模块分为风险管理、信息披露两个小模块。各个不同的大小模块实现不同的管理功能，合并组成中国铁建资本运营信息管理系统（CRCC_COM）。

（一）CRCC_COM 系统功能

中国铁建资本运营信息管理系统包括系统管理、投资信息、评估决策、建设管理、运营管理、截止管理、资产管理等功能模块，包含对投资项目进行全生命周期的管理。

1. 运行环境

建议用户使用 Windows 操作系统，IE 浏览器为 Widows IE8 浏览器。

2. 目标和原则

（1）目标。

对系统业务架构和技术架构进行定义，并对接口和系统集成进行设计，明确系统总体架构和设计原则。

（2）设计原则。

基于稳定性、准确性、实用性、安全性、可扩展性等方面考虑，对系统进行总体设计。

(二) CRCC_COM 系统架构设计

1. 业务角色和组织架构(含资产管理投资业务,见表1)

表1 CRCC_COM 系统业务角色和组织架构设计

系统角色	业务角色	功能权限
系统管理员	系统管理人员	对组织和人员信息进行维护,并为相应用户进行角色分配
二级单位项目信息员	二级单位负责信息填报人员	投资信息、评估决策功能模块中新建数据的功能,可对数据进行增删改查
建设管理信息员	建设管理信息填报人员	建设管理功能模块中新建数据的功能,并对数据进行增删改查
运营管理信息员	运营管理信息填报人员	运营管理功能模块中新建数据的功能,并对数据进行增删改查
截止管理信息员	截止管理信息填报人员	截止管理功能模块中新建数据的功能,并对数据进行增删改查
资本运营部项目与评估管理员	资本运营部负责项目登记、审核、评估、分析人员	投资信息、评估决策功能中的所有功能
资本运营部建设管理员	资本运营部负责建设管理人员	建设管理中的统计分析功能
资本运营部运营管理员	资本运营部负责运营管理人员	运营管理中的统计分析功能
资本运营部截止管理员	资本运营部负责截止管理人员	截止管理中的统计分析功能
股份公司资产信息员	股份公司资产信息管理人员	资产管理,股份公司功能中的新建数据功能
中国铁建资产信息员	中国铁建资产信息管理员	资产管理,中国铁建功能中的新建数据功能
锦鲤资产信息员	锦鲤公司资产信息管理员	资产管理,锦鲤公司功能中的新建数据功能
资产信息管理员	资本运营部负责资产管理人员	资产管理中的新建和统计分析功能

2. 业务模型（见图1）

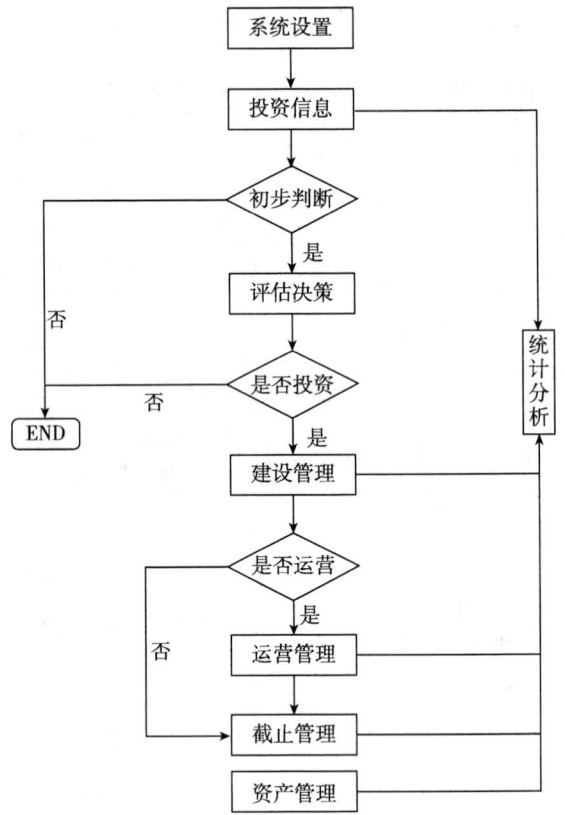

图1 中国铁建资本运营信息管理系统业务流程（总）

3. 总体技术架构（见图2）

总体技术路线：采用 J2EE 为基础开发语言，起步科技 X5 开发平台为系统开发工具，遵循 X5 平台开发技术路线。

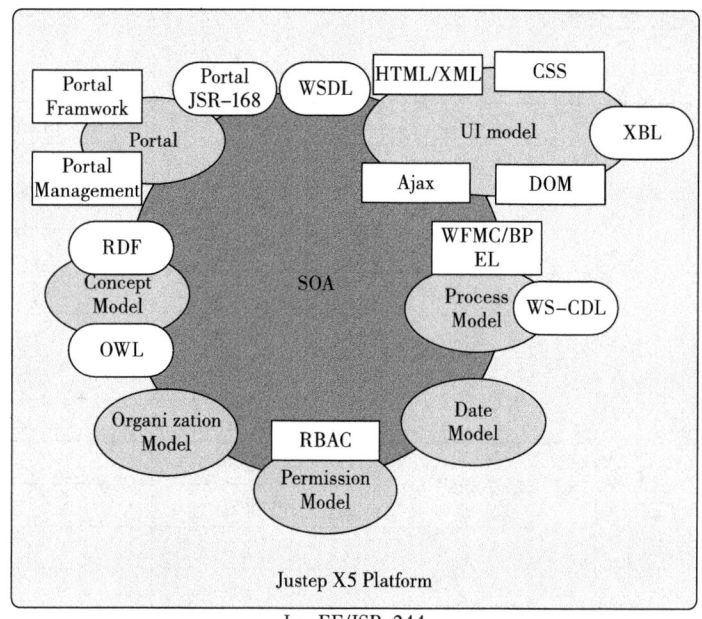

图2 中国铁建资本运营信息管理系统总体技术架构

4. 总体逻辑架构（见图3）

系统分为持久层、业务层、表示层。持久层负责数据的存储；业务层与系统业务处理逻辑相关，针对业务逻辑对数据进行处理；表示层负责系统UI。业务层中各逻辑相关功能通过持久层进行数据交互。

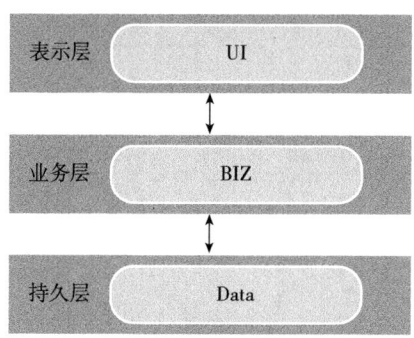

图3 中国铁建资本运营信息管理系统总体逻辑构架

5. 系统功能架构（见表2）

表2 CRCC_COM 系统功能架构

一级菜单	二级菜单	三级菜单	相关说明
投资信息	信息登记		
	信息关注		
	信息审核		
	信息管理		
	信息查询		
	信息统计	信息统计	
		年度统计	
	信息报表	信息报表	
		年度报表	
	信息分析	数量分布	
		年度分布	
		状态分布	
		投资方式分布	
评估决策	现场调查		
	尽职调研		
	项目评估	财务评估	
			评估方案
			不确定性分析
			方案比较
		风险评价	
			风险评级
		经济效益评估	
	合作对象	上会决策	

续表

一级菜单	二级菜单	三级菜单	相关说明
建设管理	合同管理	投资合同	
		投资合同查询	
		建设合同	
		建设合同查询	
	项目公司	公司登记	
		公司查询	
	计划管理	计划上报	
		计划查询	
		计划审核	
		计划汇总	
	滚动计划	计划制定	
		计划统计	
	投资统计	投资上报	
		投资查询	
		投资汇总	
	计量支付	计量支付	
		支付统计	
	形象进度		
	安全质量	安全管理	
		安全查询	
		质量管理	
		质量查询	
	资金监管	资金来源	
		来源统计	
		资金支付	
		资金支付统计	
	造价控制	造价控制	
		重要变更	
		变更统计	

续表

一级菜单	二级菜单	三级菜单	相关说明
建设管理	索赔管理	对上索赔	
		对下索赔	
		对下统计	
		分配登记	
		分配统计	
		索赔汇总	
	重要上报	项目上报	
		监管意见	
		主管意见	
	竣工管理	竣工登记	
		竣工查询	
运营管理	运营公司	公司登记	
		公司查询	
	公司制度	制度登记	
		制度查询	
	安全管理	安全制度	
		制度查询	
		安全年报	
		年报查询	
	年度计划	计划制定	
		计划查询	
	收费管理	每日收费	
		收费统计	
		年度比较	
		比较查询	
	多元化	投入登记	
		收入登记	
		多元化统计	

续表

一级菜单	二级菜单	三级菜单	相关说明
运营管理	成本利润	成本上报	
		成本统计	
		利润上报	
		利润统计	
	三会管理	会议通知	
		决议登记	
		决议汇总	
	年度总结	年度总结	
		总结查询	
	重要上报	重要上报	
		事件查询	
截止管理	回购管理	回购管理	
		回购登记	
		回购查询	
	资产移交	资产移交	
		资产统计	
		移交核销	
		移交统计	
	项目终评	移交总结	
独立投资项目财务评价	财务评价指标		
	投资形象		
风险披露	风险管理	风险评估	
		损失登记	
		风险统计	
		损失统计	

6. 数据体系架构（见图4）

系统项目数据为数据总线，在项目各个不同阶段，根据项目不同功能，对项目数据进行补充，统一由数据库进行数据存储。通过项目全生命周期数据，针对同一项目不同阶段和不同项目同一阶段，进行统计、比对和数据展示。

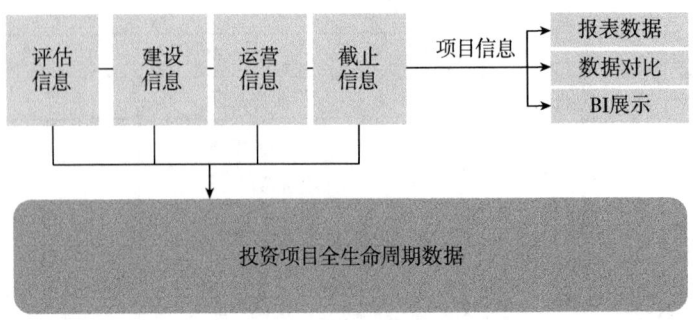

图4 中国铁建资本运营信息管理系统数据体系架构

7. 技术支撑架构

系统根据总体技术路线设计，各个逻辑层次软硬件技术环境和基础结构见图5。

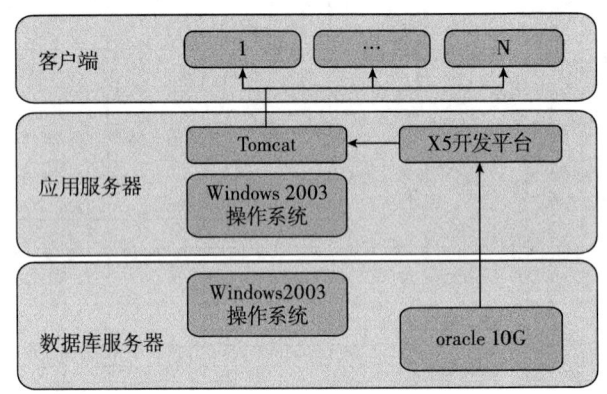

图5 中国铁建资本运营信息管理系统软硬件技术环境和基础结构

（三）CRCC_COM系统中资产管理概述和模块划分

1. 功能概述

资产管理模块主要负责管理中国铁建、股份公司的房产土地以及锦鲤资产管理中心的全部资产，并对资产进行统计。

2. 模块划分（见表3）

表3 CRCC_COM 系统资产管理模块划分

一级菜单	二级菜单	三级菜单	相关说明
资产管理	中国铁建	查询处置	
		资产管理	
		资产统计	
		收购登记	
		出售登记	
		置换登记	
		合并登记	
		收购统计	
		出售统计	
		资产登记	
	股份公司	查询处置	
		资产管理	
		资产统计	
		收购登记	
		出售登记	
		置换登记	
		合并登记	
		收购统计	
		出售统计	
		资产登记	
	锦鲤资产	查询处置	
		资产管理	
		资产统计	
		收购登记	
		出售登记	
		置换登记	
		合并登记	
		收购统计	
		出售统计	
		置换统计	

四、计分考核推广应用 CRCC_COM 系统

开发 CRCC_COM 系统目的是提高中国铁建资本运营工作效率，为企业提升经济效益。为了改变多年来使用 Excel 报表上报的习惯，推广应用新开发出来的 CRCC_COM 系统，从 2011 年底开始，中国铁建资本运营部下发通知，要求停止使用 Excel 报表上报资本运营投资年报和 2012 年度资本运营投资计划，并制定考核计分办法，推广应用 CRCC_COM 系统。

CRCC_COM 系统应用考核内容包括投资信息管理应用、投资项目管理应用、实物资产管理应用、信息系统应用管理、信息系统完善管理五个考核点。本项考核由中国铁建资本运营部和 CRCC_COM 系统运营维护组联合评分。对中国铁建下属各工程局集团公司的考核与中国铁建投资公司的考核采用相同标准。

（一）投资信息管理应用计分标准

本项为基本分项，满分 7 分。

以报批项目和跟踪项目入库率为考核标准。考核年度上会报批投资项目数 $A1$ 个，其中在资本运营或投资信息模块中登记报批项目数 $B1$ 个；年度总结上报跟踪投资项目数 $A2$ 个，其中在资本运营或投资信息模块中年度登记跟踪信息的项目数 $B2$ 个。

投资信息管理应用得分 $S=$（报批项目入库率×70% + 跟踪项目入库率×30%）×7 =（$B1/A1$×70% + $B2/A2$×30%）×7

通过资本运营信息管理系统直接查询对照年度报批项目和年度跟踪项目。本项考核由公司资本运营部实施评分。

（二）投资项目管理应用计分标准

本项为基本分项，满分 7 分。

以在建项目入库率、运营项目入库率、统计项目上报率、截止项目入库率为考核标准。上报查询资本运营项目年度在建投资项目数 $A1$ 个，其中在资本运营或投资项目管理（建设管理）模块中登记在建项目数 $B1$ 个（不含统

计上报项目）；考核年度运营投资项目数 $A2$ 个，其中在资本运营或投资项目管理（运营管理）模块中登记运营投资项目数 $B2$ 个（不含统计上报项目）；考核年度统计投资项目数 $A3$ 个，其中在资本运营或投资项目管理（统计上报表格）模块中上报登记的统计项目数 $B3$ 个；考核年度未结算完毕的截止期投资项目数 $A4$ 个（含上年结转延续项目），其中在资本运营或投资项目管理（截止管理）模块中登记的未结算截止项目数 $B4$ 个。

投资项目管理应用得分 S =（在建项目入库率×25% + 运营项目入库率×25% + 统计项目上报率×25% + 截止项目入库率×25%）×7 =（$B1/A1$×25% + $B2/A2$×25% + $B3/A3$×25% + $B4/A4$×25%）×7

通过资本运营信息管理系统直接查询对照在建、运营、截止项目，上报查询资本运营项目统计信息。

本项考核由公司资本运营部实施评分。

（三）实物资产管理应用计分标准

本项为基本分项，满分4分。

以实物资产入库率为考核标准。本单位的资产管理数 A 个，其中在资本运营或资产管理模块中上报登记的项目数 B 个。

实物资产管理应用得分 S = 实物资产入库率×4 = B/A×4

通过资本运营信息管理系统直接统计对照实物资产。

本项考核由公司资本运营部实施评分。

（四）信息系统应用管理计分标准

本项为基本分项，满分2分。

以本单位资产管理人员信息系统启用率为考核标准。本单位本年度从事资本运营人员数 A 人，登录资本运营信息管理系统的资本运营人员数 B 人。

信息系统应用管理得分 S = 系统启用率 = B/A

通过本项考核提高资本运营信息管理系统普及使用率。

本项考核由天瑞公司运营维护组实施评分。

（五）信息系统完善管理计分标准

本项±1分，以本单位资产管理人员提出完善信息系统更改或建议为考核标准。本年度提出本单位登录信息系统人员更改名单（增加或减少登录人员名单），或提出信息系统完善建议加1分；发现从事资本运营工作的人员有变动，但本年度未及时上报变动登录系统人员名单，扣1分。从事资本运营人员无变动，或无完善信息系统建议，不加分也不扣分。通过本项考核更加完善信息系统。

本项考核由中国铁建资本运营部、运营维护组联合实施评分。

经过年底统计，考核计分推广CRCC_COM系统应用效果明显，中国铁建所属各单位逐渐适应使用CRCC_COM系统上报和实时管理投资项目。中国铁建所属各单位按照考核办法，千方百计推广使用CRCC_COM系统，达到考核推广目标。

五、CRCC_COM系统开发经验

CRCC_COM系统的开发，实际工作量远远超出最初的想象，系统开发经验值得总结推广。

（一）业务需求是一个逐步完善的过程

CRCC_COM系统设计最初只提出一张需求总表和部分功能需求分表。随着需求调研深入，最后的需求报告和表格达到近百页。为了完善需求，公司项目开发组和起步科技查找参照大量资料，并组织现场调研，丰富开发内容。CRCC_COM系统开发证实，业务需求是信息化最重要的基础工作，需求的收集工作烦琐复杂，是一个由少到多、由粗到细逐步完善的过程，要精心、细心、耐心，不厌其烦，直至系统完成需求调研，该项工作才能暂告一段落。

（二）通力合作是开发成功的关键

CRCC_COM系统是中国铁建资本运营部、信息中心、起步科技，以及负责运营维护的北京天瑞科技发展有限公司（以下简称天瑞公司）共同完成的一项综合性工作。信息中心起牵头作用，全面指导协调，签署合同，提供

EAC 平台。天瑞公司负责招标组织和合同起草。资本运营部负责提出需求、提供业务知识、检查试用完善系统。起步科技负责编程、调试、补充、修改、试用期维护。CRCC_COM 系统将来设置业务接口仍需要信息中心、财务部、法律合规部、发展规划部支持配合。在系统开发过程中，公司信息中心起到重要的组织和主导作用；起步科技项目团队年轻有朝气，对投资和资产业务由生疏到逐渐熟悉，其开发组态度诚恳，做事认真，用信息化技术基本实现公司投资业务需求。信息化是综合性工作，通力合作是关键，没有合作就没有信息化系统的完成。

（三）全员参与，大力推广

CRCC_COM 系统是为实现资本运营业务人员工作信息化而诞生的，因此需要资本运营系统全员参与，上下共同努力。CRCC_COM 系统上线后，项目组与开发组先后组织了三次培训、试用，下一步仍将大力推广应用 CRCC_COM 系统，充分发挥和挖掘 CRCC_COM 系统功能、功效。

（四）系统安全运营维护极其重要

中国铁建的全部资本运营信息都在 CRCC_COM 系统中，因此，安全工作尤为重要。信息化是一项长期任务，系统应用过程中的改进、维护、安全运营任务更加艰巨，只有安全使用、精心维护，才能使 CRCC_COM 系统发挥更大的作用。

六、CRCC_COM 系统后续工作方向

CRCC_COM 系统完成初验以后，在应用和后续完善维护方面需要做以下工作：

一是继续补充完善 CRCC_COM 系统，制定更加详细的推广计划。试用期结束后，即从 2012 年开始，中国铁建总部和二级公司正式使用该系统。

二是编制下发 CRCC_COM 系统信息化使用手册，制定 CRCC_COM 系统信息更新和上报管理制度。

三是资本运营部与信息中心、天瑞公司配合，做好保障信息安全、系统运营维护和改进升级工作，使 CRCC_COM 系统不断满足资本运营投资业务发

展需要。

　　中国铁建实现资本运营投资业务信息化,是资本运营从业人员多年的愿望。这一愿望随着 CRCC_COM 系统的开发成功和上线应用得以实现。CRCC_COM 系统是中国铁建资本运营部、信息中心、起步科技、天瑞公司联合工作结出的科研硕果。中国铁建资本运营从业人员将更好地发挥 CRCC_COM 系统的作用,为中国铁建资本运营投资事业不断稳健发展作出更大贡献。

(2011 年 11 月)

> **注**：作者是中国铁建一期资本运营信息管理系统（CRCC_COM）的重要参与者,是系统需求提出者和投资业务方面负责人。本文是作者在读工商管理博研班期间提交的"信息管理技术"课程论文。

中国铁建长期股权投资回报率低的问题分析和解决措施

根据国有资产管理委员会调研组对中国铁道建筑总公司（以下简称中国铁建）长期股权投资回报率统计，截至2009年上半年，中国铁建各项不在合并财务报表范围内的长期股权投资总额18.92亿元，其中账面余额在1000万元以上的长期股权投资项目有25项，投资回报率仅为0.38%，远低于中国铁建的主业投资回报率。国资委要求中国铁建作出合理解释，并提出整改措施，尽快扭转被动局面。按照上级要求，经过调研，中国铁建资本运营部对该问题做出解释，并提出切实可行的整改和预防措施。

一、长期股权投资回报率低的原因分析

中国铁建长期股权投资回报率低是多种原因和多年沉积形成的，现从以下六个方面加以分析：

（一）BOT项目多数是近年开始运作，尚处于投入期和市场培育期

中国铁建正在运作的BOT项目共有10个，其中，中国铁建本级项目6个（重庆某高速公路、北京某高速公路二期、南京某隧道、咸阳某市政大桥、广东某高速公路、京沪高速公路山东乐陵至济南段），下属集团公司项目4个（湖北某铁路专用线、哈尔滨某高速公路北段、山东某大桥、某国轻轨）。BOT项目普遍投资规模较大，投资前都经过市场调查和财务评价，经济效益前景较好，投资过程规范，严格履行企业投资决策程序。

由于中国铁建目前投资的多数BOT项目处于前期投入期和市场培育期，随着项目建成和市场培育期的结束，项目的效益将趋于符合投资预测。具体情况如下：①效益较好的重庆某高速公路项目，设计概算总投资47.47亿元，

完工验收项目结算节省投资 2 亿元左右,并提前一年开通运营,2008 年收费 6.13 亿元,2009 年收费 7 亿元,开通当年即达到可研报告评估流量,并实现盈利。②中国铁建下属公司投资承建的某大桥 BOT 项目,总投资约 4.7 亿元,特许经营期 30 年,2008 年 11 月通车后车流量稳步增长,至 2009 年上半年已经实现利润 635 万元。③北京某高速公路二期项目,原设计概算投资 39.19 亿元,因为拆迁涨价,投资增加 4 亿多元,特许经营期 28 年,前三年因为三期在建,没有全线开通,效益不理想;随着三期的开通,二期项目效益开始显现。2009 年,该项目前 10 个月交通流量比上年同期高出 12%,交通费收入比上年同期高出 15%。④咸阳某桥项目,总投资 1.2 亿元,特许经营期 25 年,2005 年开通后前两年效益较好,目前流量减少,盈利能力降低,项目公司正克服困难,千方百计增加收入。⑤中国铁建下属公司投资的湖北某地方铁路 BOT 项目,总投资 1.97 亿元,特许经营期 17 年,自 2005 年开通至 2008 年底,第一年亏损,其后三年均盈利,至 2008 年底实现利润 108 万元。⑥中国铁建投资的南京某隧道项目,全长 5.853 千米,概算总投资 33.18 亿元,在该隧道项目公司和参建单位的精心组织下,克服了世界性技术难题,双线隧道已经全部贯通,运营准备工作正在进行中。⑦以色列某轻轨项目正处于建设投入准备期。⑧东北某市绕城高速公路项目东段即将完工,正由 BOT 项目转为 BT 项目,不再运营管理,数年将收回成本和利润。⑨广东某高速公路项目已经被广东省政府下文收回,中国铁建基本无损失。⑩2012 年 8 月中国铁建以 71 亿元中标京沪高速公路山东乐陵至济南段,目前该项目处于前期设计阶段,尚未开工。

(二)为了承揽工程任务,满足业主要求,施工单位被迫发生投资行为,这类投资基本上处于无收益状态

目前,国内建筑市场不规范,施工企业为了保证主业持续发展,为了承揽工程任务,为了保证中标签订施工合同,在投标前或者签署施工承包合同前,对业主提出的无理要求(包括投资入股要求),一般均给予满足,否则将不能中标工程施工。例如:①中国铁建一些下属公司入股的武汉某酒店项目。该酒店控股单位是业主方多元经营投资管理公司,第二大股东是业主方另一家公司。前两大股东均为业主方下属单位，以部分货币和实物出资，其他五家股东是施工单位。施工单位均于 2005 年被邀参股投资，中国铁建下属几家公司各投资 3000 万元，各占 6% 股份。该酒店自 2006 年营业至今一直处于亏损状态，预计 2009 年能有盈利。下属公司自投资该酒店后，截至 2009 年 10 月底，先后在业主方所管建筑市场中标签订了多个施工项目，合同额达到 230 亿元，在武汉铁路建设市场占据了一定的市场地位，为该下属公司搬迁到中心大城市打下了经济和人脉基础。②中国铁建多家下属公司投资的南昌某大厦项目。该项目由业主方下属投资集团控股运作，公司名称为某房地产公司，2005 年 10 月 20 日注册成立，大厦主体 23 层，总建筑面积 55940 平方米，目前只有写字楼部分出租运营，酒店部分尚未完工。③北京某大厦投资项目。

该类投资项目一般具有以下特点：

第一，被裹挟投资。业主在施工单位中标前提出投资要求，施工企业没有选择权，只能被迫接受，否则就中不了标、承揽不到施工任务。

第二，该类项目对外投资合法，内部投资程序有的需规范。该类投资施工单位一般没有上报中国铁建审批，上报了也不会得到批准。该类投资项目只履行了下属集团公司内部投资程序。业主虽然裹挟施工单位投资，但是在投资程序、公司法人治理结构上一般依法操作，没有违法行为。

第三，投资前不进行正式的效益评估。该类投资项目施工单位一般不进行全面的效益评估，只进行简单的投资测算，若拿到工程任务后所获得的施工利润大于业主要求的投资入股额，即做出投资决定。

第四，该类投资普遍效益差，回收无期。该类投资施工单位所占股权较小，在董事会没有决策权，也很难参与日常经营管理，业主找不到投资者才裹挟施工企业投资。因此该类投资项目效益普遍较差，亏损时间长，一般回收无期，拟通过不断提取减值准备方式处理。从目前统计资料分析，该类投资控股单位的母公司都是国家部委所属大型国有企业，这些单位具有国家基建投资的控制使用管理权，掌握施工企业的中标大权，提出无理要求施工单位不得不接受，入股投资却要求施工企业签订正式的自愿投资合同。随着我国建筑市场法规的逐步健全，随着党建工作的深入开展，这种不合理的投资现象将会越来越少。

(三) 工程款被拖欠，业主欠债通过转股方式变成投资

施工企业履行完毕施工承包合同，业主当时没有资金支付工程结算款，长期拖欠，企业以拖欠的工程款入股业主的投资项目。例如，中铁十二局施工的广东某地方铁路项目，施工任务完成后项目业主无力支付部分工程款，提出以债权2920万元转股份（占44.65%股份），共同组建某地产有限公司，中国铁建下属公司经利弊权衡，无奈同意业主要求，实行了债转股，该投资多年没有产生效益。

该类投资具有以下特点：

第一，施工企业具有一定的选择权。该类投资一般是业主主动提出债转股，施工单位或者选择同意被欠工程款转投资股权，或者选择继续保留债权，等待业主资金情况好转偿还被拖欠的工程款，因此施工单位具有一定的选择权。

第二，该类投资具有迫不得已性质。该类投资属于业主的陈年欠款，施工单位多次讨要无果，业主一方理亏。施工单位如果诉诸法律，既损害了与当地的政府企业的社会人脉关系，又牵扯大量精力，还往往出现赢了官司要不回钱的结果。因此，对于业主提出的债权转股权要求，施工单位虽然不是很情愿，但是在权衡利弊之后，如果认为投资项目具有盈利前景，一般会同意业主的投资要求。

第三，该类投资施工单位没有控制权。该类投资施工单位所占股权往往比较小，因此在董事会没有决策权，经营权掌握在控股股东手里。

第四，该类投资效益普遍较低。研究认为，债权的有效期一般为两年，不断拖欠带来的风险比计算为股权带来的亏损更严重。

(四) 有的试探性投资项目效益较差

中国铁建投资部成立于2002年，成立之初主要是负责公司本级的投资资本管理工作。2004—2005年，投资部具有了引导管理全系统投资工作的职能，出台了投资指导性文件。2005年下半年，中国铁建开始规范全系统的对外投

资活动，2006年4月下发《中国铁建投资决策办法》，2006年11月建立了统一的投资项目计划统计上报制度，2008年12月下发《中国铁建对外投资管理制度》，并及时转发国资委系列投资管理文件。2007年7月，中国铁建成立资本运营部，负责全系统的投资和资本项目管理工作。

2005年下半年规范投资活动以前，中国铁建所进行的投资活动均属于试探性投资，目前有的效益较低的投资项目，即属于当时投资的项目。该类投资具有以下特点：

第一，与主业关联不大。由于是初期的试探性投资，为了获得比施工利润更高的利润，几乎是什么产品有市场、什么行业利润高，企业就投资什么。例如，中国铁建下属公司投资广东某高速公路（2003年）、中国铁建下属某公司投资海南某大酒店（2005年8月）和某啤酒厂（2000年2月）、中国铁建下属公司投资某焦电项目（2003年12月）等。这些项目几乎都是投资新的行业和领域，没有依托主业。这些公司对新行业新领域不熟悉，造成投资效益低下、退出困难的局面。

第二，市场前景预测偏差难以把握。中国铁建没有从事新行业新产品的生产经验，因此对市场预测不准。投资前产品有市场有利润，建成后产品市场已经饱和或行业整体利润水平走低，中国铁建没有跟上产品的市场变化，没有及时对产品进行更新换代，没有进行相应的技术改造，造成投资项目效益低下。

第三，人才和技术储备不足，对项目缺少控制力。该类投资属于中国铁建的市场跟风投资，企业没有人才和技术储备。投资项目建成后市场竞争激烈，企业在新的行业尚处于探索阶段，特别是缺乏经营管理和技术人才，产品缺乏竞争力，导致企业在激烈的市场竞争中生存困难，效益低下。

（五）金融危机降低投资项目效益

2008年下半年发生的世界性金融危机，席卷了全球的金融和产品市场。国内产品市场受金融危机影响，部分行业发生危机，产品出现过剩，价格出现下跌。中国铁建部分投资项目，金融危机前效益还不错，金融危机期间产品价格下跌，造成效益下降或亏损。例如：①中国铁建下属公司投资的河北某铁矿，金融危机前产品价格高,项目效益预测很好,受金融危机冲击,产品价格下跌,生产亏损,目前处于停产状态。②中国铁建下属公司投资的某焦电项目,可研报告批复产能年产80万吨,目前建成产能年产20万吨,金融危机前还有效益,金融危机发生后焦炭需求过剩,工厂基本处于半停产或停产状态。

(六) 历史遗留投资问题没有解决

中国铁建属于历史内涵丰富的老牌国有企业,1984年公司改制,特别是1992年实行市场经济以后,众多的大集体企业,如宾馆、招待所、印刷厂、商场等多种经营项目及企业医院被留存下来。这些投资项目属于企业历史遗留问题,容易解决和处理的已经进行了解决和处理,留下来的都是难以处理的"老大难"问题项目。这类项目在存续资产中所占比例不大,但数量不少,只能通过长期、持续、细致的工作逐渐化解。这些历史遗留"老大难"投资资产,有些投资企业效益低下,但为了维持社会稳定和谐,处于艰难的维持状态。处理这些历史遗留问题需要时间,有的甚至可能要等其自然消亡灭失。

二、解决长期股权投资回报率低的措施

中国铁建长期股权投资效益低,特别是低于主业的投资回报率,已经偏离了中国铁建的投资初衷,在国务院国有资产监督管理委员会调研组调查前,就已经引起了中国铁建领导层和管理部门的高度重视。国有资产管理监督委员会调研组调查后,中国铁建更加重视,并立即采取了多种措施加以解决。

(一) 严格规范长期股权投资的管理制度和决策程序

经过近年努力,中国铁建已经建立起严格的对外投资制度和投资决策程序。中国铁建要求下属公司必须严格遵守已经下发的对外投资制度和投资决策程序文件,投资必须坚持效益优先的原则,并执行严格的责任追究制度。长期股权投资必须经过严格的事前效益评估,效益不好的投资项目,不论是业主要求投资,还是被拖欠工程款转股权,都坚决不能投资,否则追究投资决策者决策失误责任。

(二) 清理转让效益差的投资项目

资全面清理现有的长期股权投资项目,对多年亏损、不分红且预计未来经

营状况继续恶化，扭亏无望的投资项目，及时进行清理转让。已经处理了中国铁建上海某设计院投资的上海某检测公司，还有一些无效益的公司正在处理中。

（三）提取必要的财务减值准备

目前效益差的长期股权投资项目，多数是多年历史原因造成的，如果经营尚能维持，转让比较困难，就要在财务当期计提减值准备。2009年上半年，已经计提投资减值准备金1356万元。

（四）密切跟踪被投资单位动态，做到投资效益最大化

对盈利预期前景较好的长期股权投资项目，要配备强有力的、具有开拓精神的领导班子，加强管理，降低成本，提高收入。资本运营和财务管理部门要密切跟踪被投资项目的经营状态和财务状况，解决投资中出现的问题，做到投资效益最大化。

（五）做好存续资产管理工作

按照国资委的要求，认真做好存续资产管理工作，采取分类、分效果的原则，以有利于资产增值、有利于增强国有经济控制力、有利于社会发展与稳定大局为目标，有步骤、有控制，在最大程度减少社会不利影响的情况下，妥善处理好存续投资项目的历史问题。

（六）积极开拓市场，尽早发挥近年投资项目的效益

近年运作的长期股权投资项目，多数投资额较大，事前经过严格的经济评估，效益前景较好。股份公司应要求项目公司加强建设期管理，严格控制建设期投资，禁止出现结算超概现象；争取项目提前建成投入运营；千方百计开拓市场，提高收入来源，尽早发挥投资项目的经济效益。

（七）科学决策与谨慎投资

对新开工和即将开工的投资项目，以实现资产的价值创造力为目标，按照效益优先、风险可控、规范运作、结构合理的公司投资原则进行投资；不出现投资失误，实现稳步兑现预期效益，尽早为公司贡献投资利润。

三、避免后续出现长期股权投资回报率低的问题

为了避免今后再发生长期股权投资回报率低的情况,中国铁建及其下属各公司制定并实施内部投资管理"三不投""十不准"原则。

(一) 投资坚持"三不投"

①效益不好不投资;②风险不可控不投资;③程序不规范不投资。

(二) 投资严守"十不准"

①不准投资国家控制的行业;②不准投资不符合企业发展战略的项目;③不准投资与主业无关的项目;④不准投资与民企合作不控股的项目;⑤不准投资股权不明晰的项目;⑥不准投资资本金不到位的项目;⑦不准投资融资不能落实的项目;⑧不准投资前期存在遗留问题的项目(特指兼并收购项目);⑨不准投资当地政府不支持的项目;⑩不准出卖企业牌子搞虚假投资。

困难虽然很多,但是为了企业长远发展,长期投资必须要有稳定的回报。要解决当前长期股权投资回报率低的问题,避免类似问题今后继续出现。中国铁建正在着力解决长期股权投资存在的问题,并防范后续新项目出现类似问题。中国铁建上下正共同努力,按照所确定的解决措施和内部投资原则逐项落实,力争早日扭转长期股权投资回报率低的被动局面,为中国铁建稳健发展筑牢根基。

(2012年1月20日)

> **注:** 本文是作者就国务院国有资产监督管理委员会专项调查报告所提出中国铁道建筑总公司长期股权投资回报率低的问题所作专题工作报告。

参考文献

[1]郭玉清,薛琪琪,郑一帆.债务风险视域下的PPP项目杠杆问题研究[J].公共财政研究,2020(3):4-17.

[2]刘胜强,肖晓虹,吕潮林.企业资本运营中风险的成因、种类及对策探究[J].中国市场,2017(14):117-119.

[3]刘艳玲.项目风险预警系统的建构[J].建筑管理现代化,2003(4):25-29.

[4]李汉军,何亚伯.项目融资的动态风险分析[J].数量经济技术经济研究,2000(5):46-48.

[5]于慧,李春海.基本建设领域存在的风险及防范[J].北京石油管理干部学院学报,2012(4):72-76.

[6]喻天舒,游伊博,苏日娜.基于PPP模式的基础设施项目治理风险实证分析[J].中国房地产,2019(9):44-56.

[7]刘韶华.PPP项目风险及应对措施[J].科技经济市场,2019(4):120-122.

[8]格莱葛·W.霍顿.投资学:以Excel为分析工具[M].张永冀,霍达,译.北京:机械工业出版社,2015.

[9]沈建明.项目风险管理[M].北京:机械工业出版社,2004.

[10]卢向南.项目计划与控制[M].北京:机械工业出版社,2004.

[11]戚安邦.项目论证与评估[M].北京:机械工业出版社,2004.

[12]赵国杰.工程经济学[M].天津:天津大学出版社,2003.

[13]张仲敏,钱从龙.投资学[M].大连:东北财经大学出版社,1998.

[14]李洋洋.项目管理及风险预警系统需求[EB/OL].(2011-10-10).

[15]周德芬.基于熵权TOPSIS法的房地产投资项目评价模型研究[J].企业经济,2011(3):120-122.

[16]袁荫棠.概率论与数理统计[M].北京:中国人民大学出版社,2013(2):92-93.

[17]王煜,徐泽水.OWA算子赋权新方法[J].数学的实践与认识,2008(2):51-61.

[18]卢戈梅,刘海澜.基于TOPSIS法的航运企业竞争力评价研究[J].中国水运(学术版),2007(6):212-213.

[19]司守奎,孙玺菁.Python数学试验与建模[M].北京:科学出版社,2020:262-264.

[20]郭斌,张建国,赵涛.山区铁路枢纽高速道岔铺设方案及技术探讨[J].铁道建筑技术,2019(6):147-151.

[21]段云龙,周静斌,申晓静.基于熵权TOPSIS法的房地产项目后评价模型研究[J].项目管理技术,2011(9):40-43.

[22]张阿芬.TOPSIS在投资项目风险评价中的运用[J].大众科技,2006(1):164-165.

[23]陈锦华.叠代法、综合指数法、TOPSIS法在评价某医院综合效益中应用的比较[J].中国医院统计,2003(3):19-22.

[24]孙宏伟.房地产开发项目管理的重点及难点分析[J].铁道建筑技术,2013(1):232-233.

[25]霍莉.现代房地产及建筑工程目标成本管理浅析[J].铁道建筑技术,2014(11):107-111.

[26]杨宗周,徐琪,彭文欣.基于主成分分析法和TOPSIS法的供应商选择方法研究[J].情报杂志,2008(11):4-10.

[27]周德芬.基于熵权TOPSIS法的房地产投资项目评价模型研究[J].企业经济,2011(3):120-122.

本书引用参考文献说明:本书引用大量专业杂志论文及互联网、报纸和相关书籍文献,并几乎引用了案例项目的全部可行性研究报告、同行同事调研资料数据,及工程经济学、MBA、DBA教材中的相关管理理论。受限于多方要求,众多引用文献和作者姓名无法全部列出,在此作者对所有被引用文献的作者深表歉意并深怀谢意。作者将在价值中国网站个人网页全部列出本书引用文献,以示感谢。

后 记

本书是作者多年在企业从事项目投资和管理工作，将项目投资和企业管理真实案例，结合工程经济学、工商管理原理，所创作论文和管理思想的总结。全书包含两部分内容，项目投资与企业管理。论文共二十篇。其中，第一篇包含项目投资类论文十四篇；第二篇包含企业管理类论文六篇。这些都是作者发表在专业杂志和在攻读工商管理博研班期间结合真实案例而创作的投资类、管理类论文。

"逆水行舟，不进则退""终日所思，不如须臾所学""学而不思则罔，思而不学则殆"，人的一生是工作、学习、生活不断自我修炼、自我提升的过程，既要向书本学习，也要向实践学习。总结工作经验，丰富理论知识，走理论与实践相结合之路，提升投资业务能力，是作者一生的追求。

本着简捷、实用、满足企业决策需要的原则，本书对许多投资项目与企业管理真实案例，只是从一个或数个角度，采用一种或数种科学方法进行研究、分析、归纳、总结。本书所提供的真实案例和研究方法，对项目投资和管理人员具有一定的参考价值；为项目研究人员从另外方向和视角切入，采用其他科学方法继续深入研究真实案例，及在校大学生和研究生撰写毕业论文提供真实的素材和研究方法，具有重要参考价值。

感谢中国经济出版社为本书出版所做大量工作，感谢中国铁建李宁副总裁为本书作序，感谢郭建喜同志为本书提升图画质量付出辛劳，感谢我的家人为本书所做的校对和文字复核工作！

荀照杰

2021 年 6 月 15 日